정조의 화성행차, 그 8일

정조의 화성행차, 그 8일

한영우

효형출판

책을 내면서

조선시대 연구자에게 가장 매력 있는 군주 두 사람을 들라고 하면 아마 세종과 정조를 드는 데 거의 이의가 없을 것이다. 세종은 15세기 왕조문화와 국력을 절정으로 끌어올린 영주이고, 정조는 18세기 왕조중흥의 영주이기 때문이다. 세종이 앞에서 끌어 주고, 정조가 뒤에서 밀어 주어 왕조의 수명이 519년간 지속되었다 해도 지나친 말이 아니다.

그런데 세상 사람들에게 세종은 매우 친근한 반면, 정조는 아직 낯설다. 그것은 국문자를 창제한 세종의 위업이 너무나 크기 때문일 것이다. 하지만 국문자 창제의 업적을 제쳐두고 생각한다면, 정조는 결코 세종에 뒤지는 군주가 아니다.

세종과 정조는 공통점이 많다. 집현전(集賢殿)과 규장각(奎章閣)이라는 학술기관을 각각 만들어 인재를 양성하고, 학문을 진흥시켜 현란한 문치의 꽃을 피웠다는 것이 서로 같다. 또한 사람을 다치지 않는 뛰어난 문화정책으로 정치적 안정을 가져왔을 뿐 아니라, 경제·국방상으로도 부국강병을 달성하여 국제적 위상을 드높였다는 것도 닮은 꼴이다. 대체로 문치시대에는 문약에 빠지는 폐단이 있지만, 세종과 정조는 정신문화와 물질문화에서 다같이 혁혁한 업적을 쌓은 것이 다른 군주들과 차별화된다. 그래서 이 두 시대를 우리 역사의 르네상스 시대라고 불러도 좋다. 그러나 무엇보다도 우리가 주목해야 할 것은 두 군주의 애민정신, 즉 백성을 사랑하는 마음이다. 비록 정치형태는 오늘의 민주주의와 다른 점이 있지만 민주적 정치문화를 진작시켰다는 점에서는 두 임금이 모두 귀감이 될 만하다. 특히 정조는 세종보다 350여 년 뒤에 태어난 까닭에, 그간의 사회진보를 반영하여 백성들에게 한층 더 가깝게 다가선 임금이다. 경제력이나 과학기술의 측면도 정조 때가 한층 앞서 있다. 이는 두 지도자의 차이라기보다는 두 시대의 차이다. 그래서 오늘의 기준에서 바라본다면, 정조시대가 세종시대보다도 한층 현대적인 모습을 지니고 있다고 할 수 있다.

세종의 애민정신이 위대한 국문자를 만들어냈다면, 정조의 애민정신은 철저한 기록문화를 남겼다는 것도 서로 비교된다. 왕조정치의 가장 중요한 특징이 기록정치에 있다고 할 수 있는데, 정조시대의 기록문화는 그야말로 기록문화의 백미라고 할 수 있다.

원래 기록이라는 것은 정치의 투명성과 책임성을 보증하는 수단이다. 그래서 통치행위가 정당치 못한 통치자일수록 기록을 두려워하고 멀리하는 것이다. 이를 뒤집어 말한다면, 기록을 철저히 남긴다는 것은 그만큼 정치가 정당하고 자신이 있다는 뜻일 것이다.

정조시대의 기록문화가 어느 정도인가를 물어올 때 나는 그저 "무섭다"고 대답한다. 특히 이 시대에 만든 의궤(儀軌)는 기록문화의 꽃이라고 할 만하다. 그 중에서도 화성(華城)이라는 신도시를 건설하고 나서 만든 공사보고서인 『화성성역의궤(華城城役儀軌)』와 1795년(정조19)에 어머니 혜경궁과 아버지 사도세자의 회갑을 맞이하여 화성과 현륭원에 다녀와서 만든 8일간의 행차보고서인 『원행을묘정리의궤(園幸乙卯整理儀軌)』는 "무섭다"는 감탄사밖에는 표현할 길이 없다. 이 두 의궤는 정조의 통치방향과 통치수준을 한눈에 보여 준다. 나는 이렇게 철저하고 상세한 국정보고서를 아직 본 일이 없다.

특히 놀라운 일은, 행사에 참여한 사람의 명단을 신분의 고하를 막론하고 모두 기록하고, 행사에 들어간 비용을 일일이 무슨 물품이 몇 개요, 그 단가가 몇 전이라고 기록하고, 행사에 참여한 미천한 신분의 노동자와 기술자의 이름과 주소, 복무일수, 실제 한 일, 품값 등을 이 잡듯이 기록한 것이다. 행차보고서에는 심지어 매일 아침, 저녁, 그리고 간식으로 든 음식의 종류와 그릇수, 그 음식을 만드는 데 든 재료의 종류와 양, 그리고 비용을 그릇별로 기록해 놓았다. 모든 국정(國政)이 철저한 실명제로 운영되고 있다는 증거이다.

『의궤』의 독특한 특징은 문자기록에만 그치지 않는다. 행사에 쓰인 주요 도구와 행사의 주요 장면을 화원을 시켜 그려놓도록 하였으니, 말하자면 문자기록과 시각자료를 합친 것이다. 그러니 왕조 시대의 생활사를 이해하는 데 이보다 더 좋은 연구자료가 없다.

　서울대학교 규장각에는 약 6백여 종 2천5백여 권의 『의궤』가 있다. 나는 이 좋은 자료를 세상에 알려야 한다는 생각으로 몇 년 전 규장각을 관리하는 동안, 위에 말한 정조시대 『의궤』들을 포함하여 여러 종의 『의궤』를 영인본으로 간행한 일이 있다. 그러나 자료가 워낙 방대하고 한문으로 쓰여져 있어 일반인이 이해하기에는 어려움이 많다. 그래서 이것을 쉽게 이야기로 풀어서 세상에 알리는 작업이 있어야 한다고 생각했다.

　이번에 내놓게 되는 『정조의 화성행차, 그 8일』은 오랫동안 묻어 왔던 나의 숙제 하나를 풀어 본 것이다. 이 책은 『원행을묘정리의궤』를 토대로 1795년 화성행차 8일간의 이야기를 엮은 것이지만, 원본에 담긴 방대한 정보의 10분의 1도 담지 못했다. 하지만 독자들은 이 간단한 책에서도 많은 것을 느끼게 될 것이다. 행차의 현장을 따라가면서 크게는 왕조를 중흥시킨 정조의 비범한 정치경륜을 읽을 수 있을 것이며, 작게는 어버이에 대한 정조의 지극한 효성에 눈시울을 적실지도 모른다.

　이 책은 1천7백여 명이 등장하는 장엄한 반차도(班次圖) 하나만으로도 문화재적 가치가 있다. 왕조의 위엄과 질서와 자신감이 넘쳐흐르면서, 동시에 단원 김홍도(檀園 金弘道) 화풍 특유의 낙천적이고 익살스러운 얼굴들이 보인다. 그 당당하면서도 여유만만한 얼굴들이 바로 우리들의 모습이 아닌가.

　이밖에도 독자의 관심에 따라 이 책에서 얻을 수 있는 정보는 적지 않다. 궁중음식, 궁중무용, 복식과 의장, 한강의 배다리, 군사조직, 화성의 도시 모습과 경제 사정, 서울에서 화성에 이르는 도로 사정 등이 그것이다. 또 이 책에는 왕과 신민(臣民)들이 주고받은 많은 대화가 들어 있다. 그래서 소설이 아닌 정사(正史)의 기록이면서도 마치 소설을 읽는 착각이 들지도 모른다.

그러나 이 책을 쓴 나의 입장에서 가장 강조하고 싶은 것은 그 철저한 기록정신이다. 오늘날 왕조시대보다 더 나은 민주정치를 한다고 자부하는 최고통치자들이 이러한 수준의 국정보고서를 남기고 있는지를 생각하면 저절로 얼굴이 붉어진다. 왕조시대 기록정치의 전통이 제대로 계승되었다면 정권이 바뀔 때마다 전직대통령을 청문회에 내세우는 민망스러운 일은 되풀이하지 않아도 될 것이다.

나는 우리 역사가 3백 년을 주기로 국가중흥을 이룩한 사실을 의미 있게 바라보고 있다. 세종에서 정조가 3백 년이요, 정조에서 3백 년을 긋는 시기가 바로 21세기가 아닌가. 우리의 미래가 과거 역사의 논리대로 열린다면, 21세기는 새로운 중흥의 시대가 될 것이 틀림없다. 그러나 역사는 역사의식을 가진 이에 의해서만 새롭게 창조되는 것이다. 다음 세기 한국인의 모습이 김홍도 화풍보다도 더 당당한 필치로 다시 그려질 날이 오기를, 이 책을 읽는 독자와 이 책을 만들기 위해 나와 함께 현장을 뛰어다닌 효형출판 가족 여러분과 함께 기대한다.

1998년 9월 10일
관악산 湖山齋에서
韓 永 愚

차례

1795년 화성행차의 배경

정조는 어떤 나라를 만들려고 하였는가 ·76
정조는 왜 화성(華城)을 건설하였는가 ·90
정조는 왜 화성을 자주 방문하였는가 ·104
1795년(정조19) 화성행차에 대한 자료 ·108

1795년의 화성행차

행차의 준비과정 ·128

8일간의 화성행차

첫째 날 – 윤2월 9일
      새벽에 창덕궁을 떠나다 ·158
      노량행궁(용양봉저정)에서 점심을 들다 ·160
      시흥행궁에서 하룻밤을 묵다 ·163

둘째 날 – 윤2월 10일
      시흥 출발, 청천평에서 휴식 ·171
      사근참 행궁에서 점심을 들다 ·173
      진목정에서 휴식 ·174
      저녁에 화성행궁 도착 ·177

셋째 날 – 윤2월 11일
      아침에 화성 향교 대성전에 전배하다 ·183
      오전에 낙남헌에서 문무과 별시를 거행하다 ·186
      오후에 봉수당에서 회갑잔치를 예행연습하다 ·189

넷째 날 – 윤2월 12일
    아침에 현륭원에 전배하다 ·191
    서장대에 친림하여 주간 및 야간 군사훈련을 실시하다 ·197

다섯째 날 – 윤2월 13일
    오전에 봉수당에서 회갑잔치를 하다 ·203

여섯째 날 – 윤2월 14일
    새벽에 화성주민에게 쌀을 나누어주다 ·221
    오전에 낙남헌에서 양로연을 베풀다 ·225
    한낮에 방화수류정을 시찰하다 ·230
    오후에 득중정에서 활쏘기를 하다 ·239

일곱째 날 – 윤2월 15일
    귀경길에 오르다—화성을 떠나 시흥으로 ·242

여덟째 날 – 윤2월 16일
    시흥에서 백성들과 대화를 나누다 ·245
    노량 용양봉저정에서 점심을 들다 ·249

행차의 뒷마무리 ·251
    각종 시상 ·251
    『원행을묘정리의궤』 제작 ·253
    6월 18일의 연희당 회갑잔치 ·256

끝을 맺으면서 ·260

부록
1795년 원행 배종(陪從) 신하명단 및 직책 ·288
행차에 쓰인 모든 물품 및 지급된 돈 등의 재용(財用) ·311

주요 그림들

반차도 11~74
정조대왕 능행도 119~126
무용도 262~275
상화 276~279
깃발 280~285
사신도 286

목매도 78
홍재전서(弘齋全書) 81
김홍도의 규장각도 82
『경모궁의궤』와 경모궁 배치도 83
『동여도(東輿圖)』중의「도성도(都城圖)」87
정조어필파초도(正祖御筆芭蕉圖) 89
수원부 지도 91
『동국여도(東國輿圖)』중의 기전도(畿甸圖) 95
수원능행반차도 116
김학수 소장 반차도 117
『동국여도』중의「도성도」142
시흥현 지도 166
삼세여래체탱 196
김홍도의 서성우렵도(西城羽獵圖)와 한정품국도(閒亭品菊圖) 237

채제공 전신 좌상 138/ 심환지 초상 188/ 유언호 초상 188
홍낙성 초상 199/ 김이소 초상 199/ 홍봉한 초상 206

『화성성역의궤』중에서
거중기 전도 88/ 화성전도 92/ 낙성연도 107/ 팔달문 외도 192
서장대도 198/ 연거도(演炬圖) 202/ 동북각루 외도2 230/ 동북각루 내도 231
북수문(화홍문) 외도 233/ 영화정도 234/ 치성도 235

『원행을묘정리의궤』중에서
『원행을묘정리의궤』원본 114/ 유옥교(有屋橋)와 가교(駕橋) 133
주교도(舟橋圖) 146/ 화성행궁도 178/ 알성도 184/ 낙남헌 방방도 187
봉수당 진찬도 204/ 여령·동기 복식도(服飾圖) 209/ 신풍루 사미도 221
낙남헌 양로연도 225/ 득중정 어사도 239/ 대호궤도 252
홍화문 사미도 257/ 연희당 진찬도 258

班次圖

원래는 긴 두루마리 형태로 되어 있는데 여기서는 편의상 나누어, 차례 차례 편집하였다.
수행원의 직함 가운데 신원이 명백히 밝혀진 인물의 경우에는 그 이름을 반차도 내의 해당 부분과 그림 맨 아래쪽에 각각 한자와 한글로 표기하였다. 위의 '班次圖' 라는 글자는 실제 반차도 행렬의 맨 뒤(이 책에서는 74쪽의 오른쪽 위에 해당)에서 따온 것이다.
이 반차도는 필자가 1994년에 고증과 전거(典據)에 의해 새로 채색, 제작한 반차도로 국내 처음 소개되는 것이다.
(12쪽~74쪽까지, 118쪽에 설명 참조)

정조의 화성행차, 그 8일

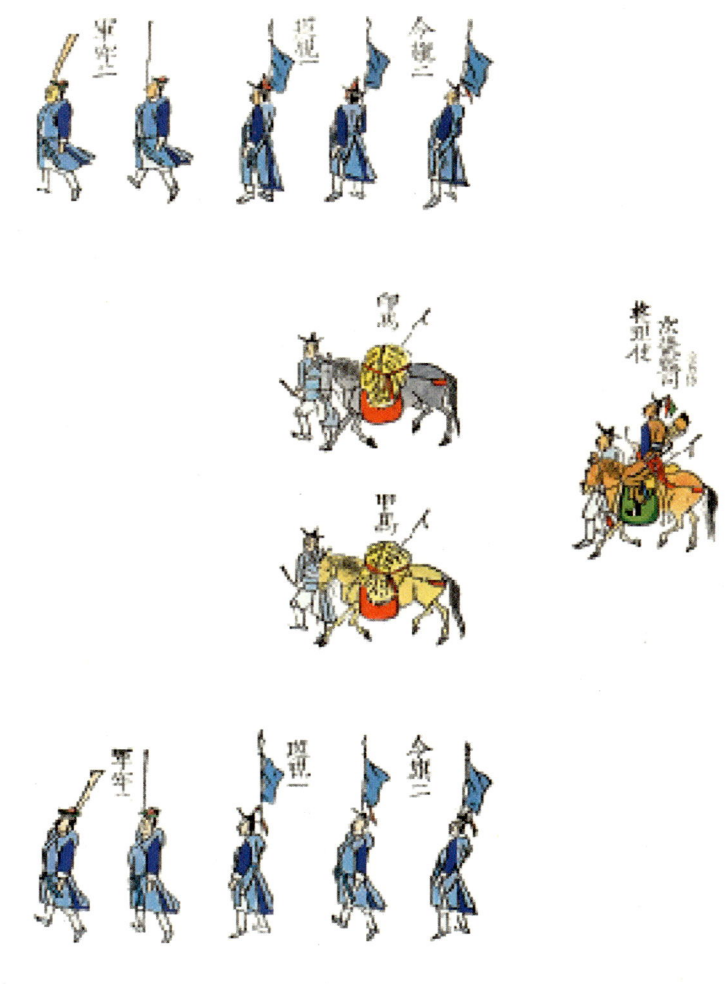

행차의 선두. 행차의 목적지가 경기도 화성이므로 경기감사(京畿監司)이자 정리사(整理使)인 서유방(徐有防)이 가장 선두에 서서 위풍당당하게 행렬을 인도하고 있다.

반차도

그 뒤를 이어 당시 정조의 신임을 가장 크게 받고 있던 정치적 실력자이며 이 행사를 총리한 우의정 채제공(蔡濟恭)이 서리(書吏)와 장교(將校), 녹사(錄事) 등의 호위를 받으며 근엄한 표정으로 행렬을 선도하고 있다.

북을 두드리며 기세를 올리는 별기대(別騎隊) 84명이 신기(神旗), 영기(令旗), 인기(認旗) 등 각종 깃발을 펄럭이며 연도의 백성들에게 행차를 알리고 있다.

반차도

정조의 화성행차, 그 8일

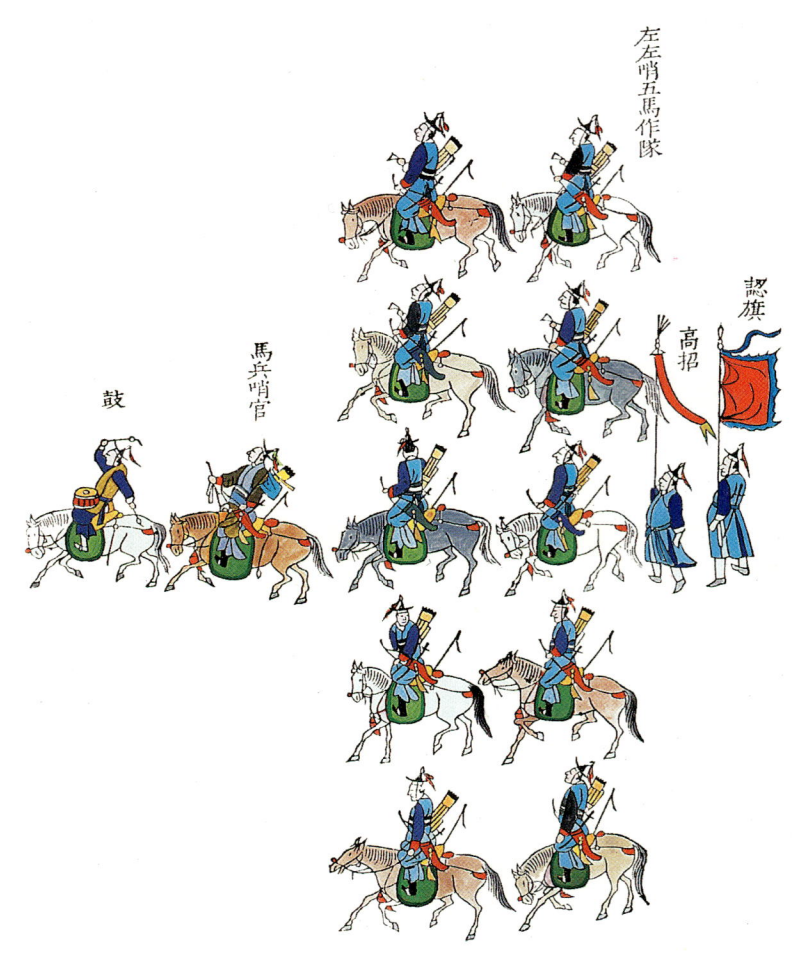

마병 초관(馬兵 哨官)과 보군 초관(步軍 哨官) 등이 북소리를 앞세우고
익살스런 표정을 지으며 따라가고 있다. 초관은 척후(斥候)를 맡는다.

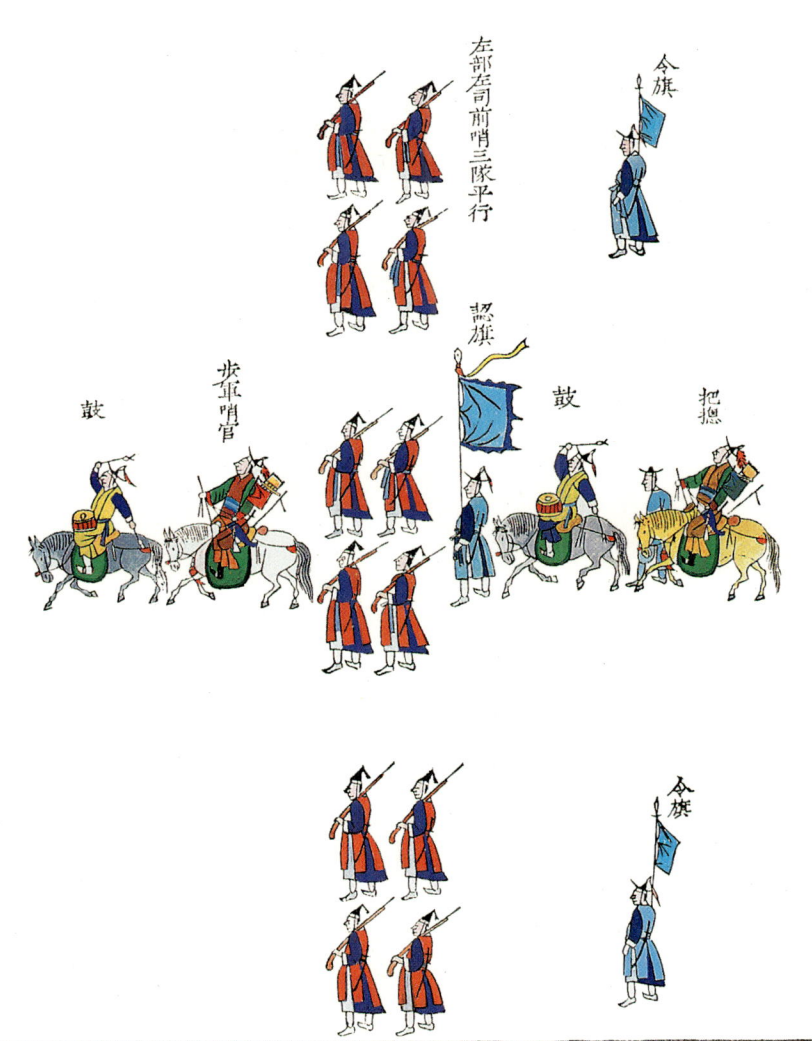

북을 신나게 두드리는 기마병 뒤에 보병 초관(哨官)이 오만한 표정을 지으며 뒤따르고,
주작(朱雀), 현무(玄武), 백호(白虎), 청룡(靑龍) 등 형형색색의 깃발이 오와 열을 맞추어 행진한다.

반차도

그 다음에 징, 북, 피리 등 각양각색의 악대가 행차를 더욱 화려하게 장식하고 있다.

정조의 화성행차, 그 8일

훈련도감의 훈련대장 이경무(李敬懋)가 차지집사(次知執事)를 좌우로 대동하고, 순시병들의 호위를 받으며 늠름하게 나아가고 있다.

반차도

정조의 화성행차, 그 8일

관인을 실은 인마(印馬)와 갑옷을 실은 갑마(甲馬)가 앞장서고,
금군별장(禁軍別將)이 위세를 뽐내며 금군 25명의 기병대 앞을 선도한다.

정조의 화성행차, 그 8일

통례 이주현(通禮 李周顯), 차비선전관 김명우(差備宣傳官 金明遇), 최정(崔珽) 등
인의(引儀) 4명이 어보를 실은 어보마(御寶馬) 뒤를 엄호하며 뒤따르고,
얼굴을 가린 18명의 나인(궁녀)들이 열을 맞추어 말을 타고 뒤따르고 있다.

반차도

나인들이 혜경궁과 두 군주(두 딸)의 시중을 든다.

정조의 화성행차, 그 8일

혜경궁의 옷을 싣고 가는 자궁의롱마(慈宮衣籠馬)가 나아가면서
차지장교(次知將校)가 호위하고 있다.

정리사(整理使)이며 수어사(守禦使)인 심이지(沈頤之)가 서리, 장교를 대동하고 가전별초 50명의 기병을 선도하고 있다.

반차도

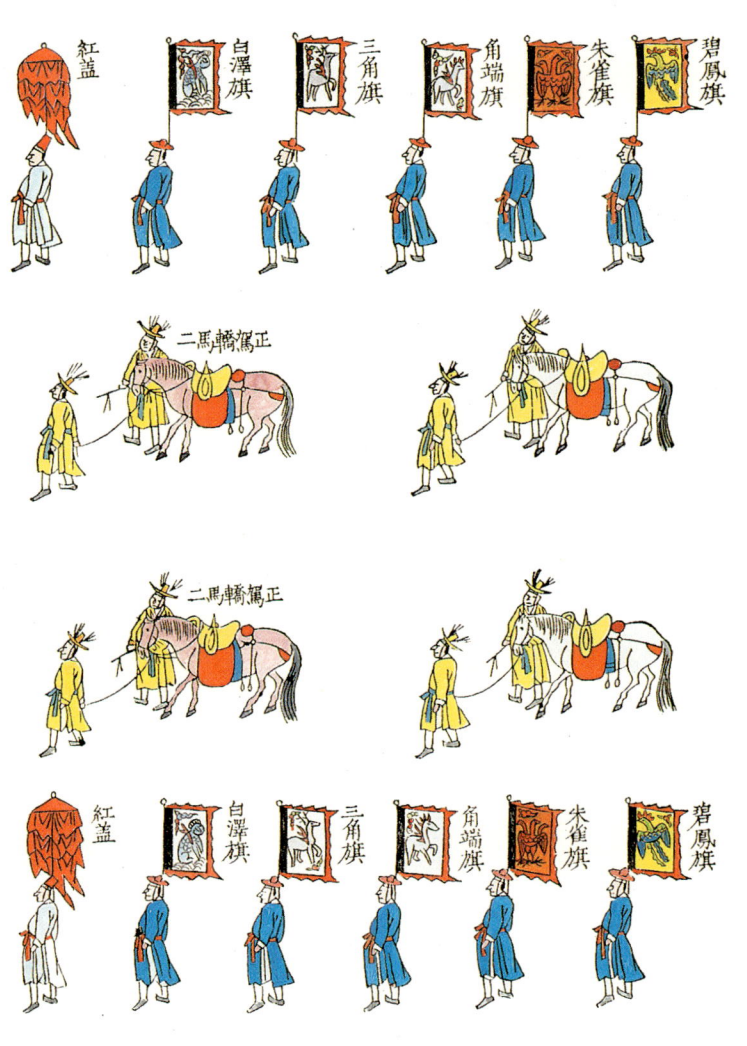

그 뒤를 이어 주작기(朱雀旗), 벽봉기(碧鳳旗), 삼각기(三角旗), 백택기(白澤旗), 각단기(角端旗) 등 현란한 깃발들이 행렬의 가장자리를 수놓고 있다.

정조의 화성행차, 그 8일

드디어 정조가 타기로 되어 있는 어가(御駕)가 나타난다. 가마는 말이 끌고 간다.
그러나 실제 정조는 이 가마에 타지 않았다.

반차도

어가 뒤에 왕을 상징하는 엄청난 크기의 용기(龍旗)를 다섯 명의 병졸들이 들고 뒤따르고 있다.

정조의 화성행차, 그 8일

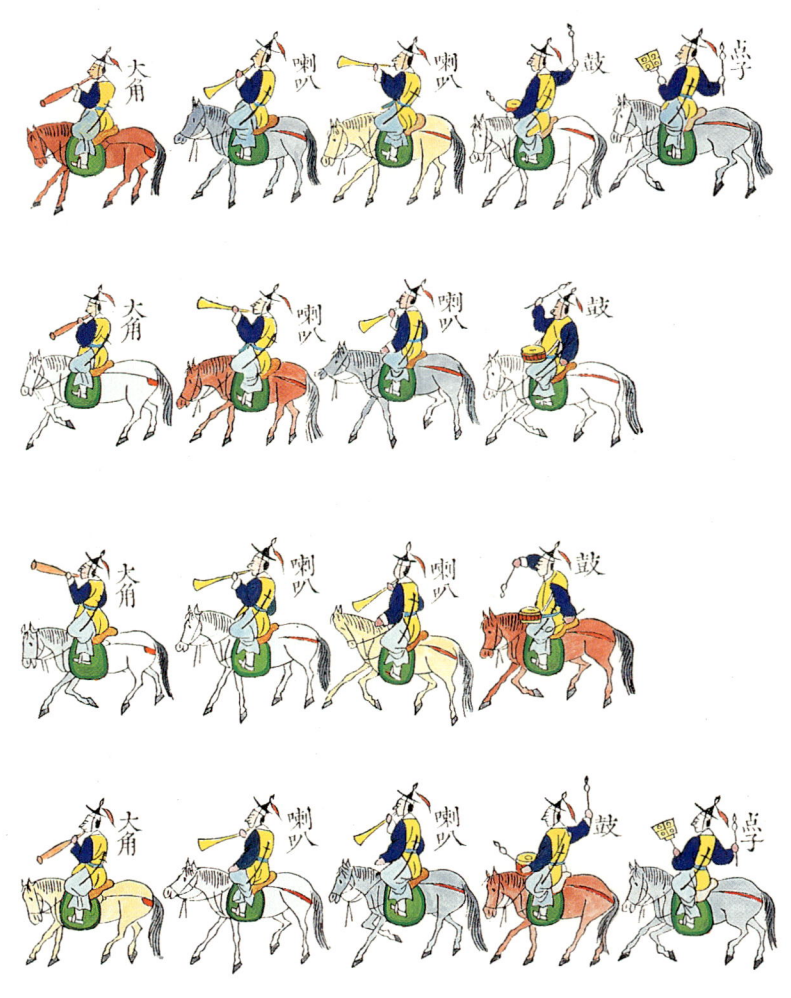

본격적인 악대의 모습이 나타난다. 대각(大角), 북, 징, 피리, 점자(点子), 해금 등 완벽한 취주악대의 모습을 갖추고 요란하게 나아가고 있다. 악대들은 장용영에서 차출되었다.

반차도

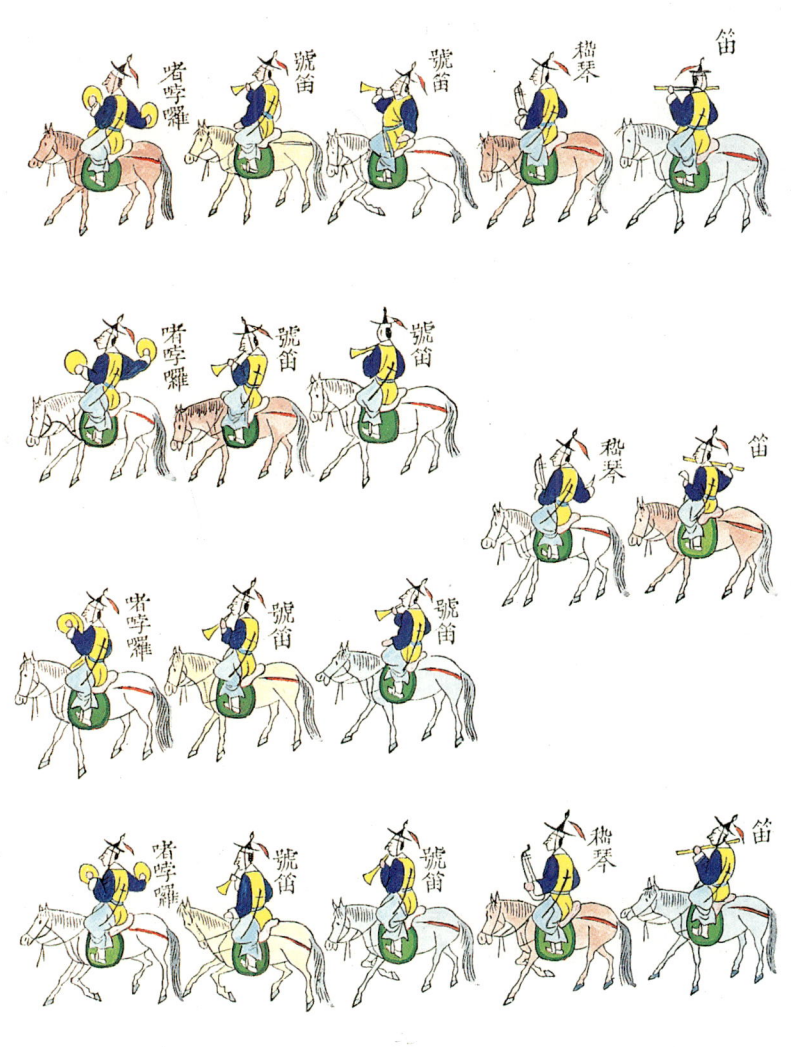

정조의 화성행차, 그 8일

반차도

계라선전관 유성규(啓螺宣傳官 柳成逵)가 청도(淸道), 동남각(東南角), 주작기(朱雀旗), 청룡기(靑龍旗), 백호기(白虎旗), 현무기(玄武旗) 등을 든 장졸들이 뒤따르는 가운데 나아가고 있다. 유성규 좌우로 나인 둘이 말을 타고 가는 것이 퍽 이채롭다.

용기초요기(龍旗招搖旗) 겸 차비선전관(差備宣傳官)인 유명원(柳明源)이 훈련도감 깃발과 장용영 깃발 및 악사들을 앞세우며 나타난다.

반차도

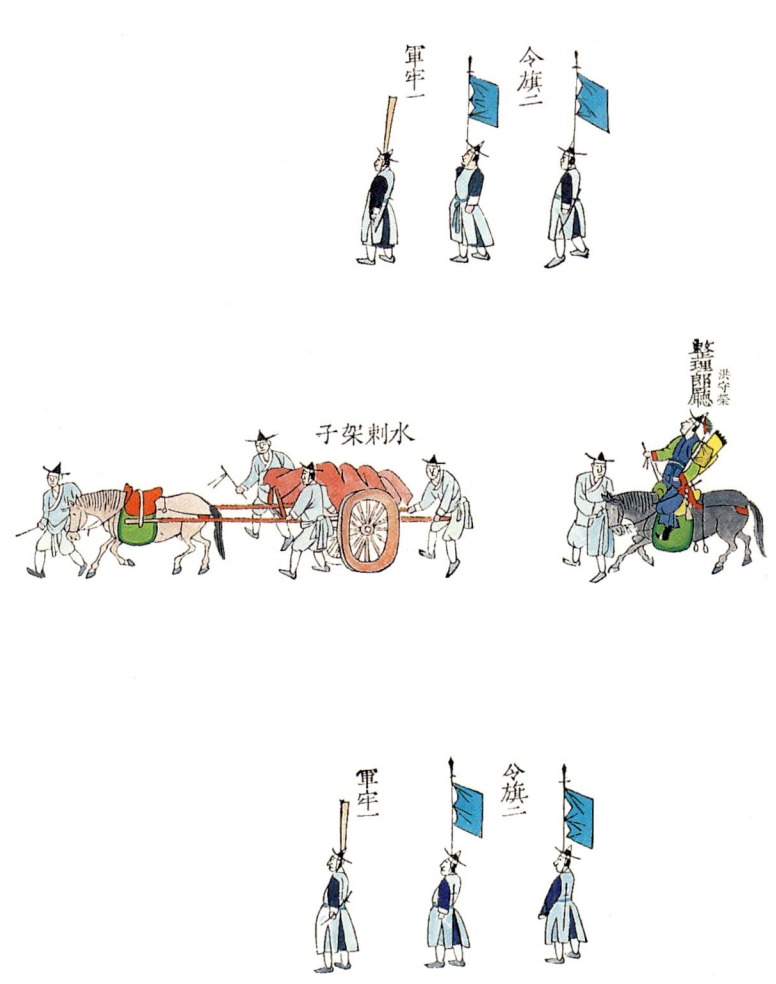

뒤이어 혜경궁이 드실 미음 등의 음식을 실은 수라가자(水刺架子) 마차가 뒤따르고,
혜경궁의 조카이며 정리낭청인 홍수영(洪守榮)이 수라 마차를 살펴보며 말을 타고 간다.

정조의 화성행차, 그 8일

정리사이며 총융사(摠戎使)인 서용보(徐龍輔)가 인마, 갑마를 앞세우고 행진하고 있다.
그의 앞뒤로 각각 서리 1명이 보인다.

반차도

뒤따르는 장교와 서리(申載源) 뒤로 나인 둘과 내관 둘이 말을 타고 무언가 두리번거리며 나아간다.

정조의 화성행차, 그 8일

유난히 화려한 복장을 차려입은 차지교련관 등이 배를 불쑥 내민 채 거드름을 떨며 행진하고 있다.

반차도

그 뒤에 여덟 마리의 자궁가교인마(慈宮駕轎引馬)가 노란 복장을 한 병졸들에게 이끌려가고 있다.

임금의 갑옷을 실은 어갑주마 두 마리가 양옆으로 늘어선 훈련도감 소속의 협련군(挾輦軍) 80명, 무예청 총수(武藝廳銃手) 80명의 호위를 받으며 나아간다.

반차도

그 뒤를 신전선전관(信箭宣傳官) 이석구(李石求)와 김진정(金鎭鼎)이 어승인마(御乘引馬) 두 필을 앞세우고 뒤따르고 있다.

정조의 화성행차, 그 8일

마침내 행차의 주인공인 혜경궁이 탄 가마(慈宮駕轎)가 협련군과 무예청 총수, 그리고 근장군사 등의 삼엄한 경호를 받으며 화려하게 등장한다.

반차도

그 뒤에는 승전선전관(承傳宣傳官) 이동선(李東善)과 신익현(申翼顯)을 비롯한 금부도사(禁府都事) 두 명이 따르고 있다.

정조의 화성행차, 그 8일

드디어 정조가 탄 좌마(座馬)가 30명의 협마무예청과 30명의 협마순노 등의 호위 아래 혜경궁 가마 뒤를 바짝 따르고 있다. 이번 행차는 어머니를 모시고 가는 관계로 일부러 가마를 타지 않았다. 말 위에 왕이 보이지 않는 것은 왕의 실제 형상을 그리지 않는 관례 때문이다.

반차도

정조의 화성행차, 그 8일

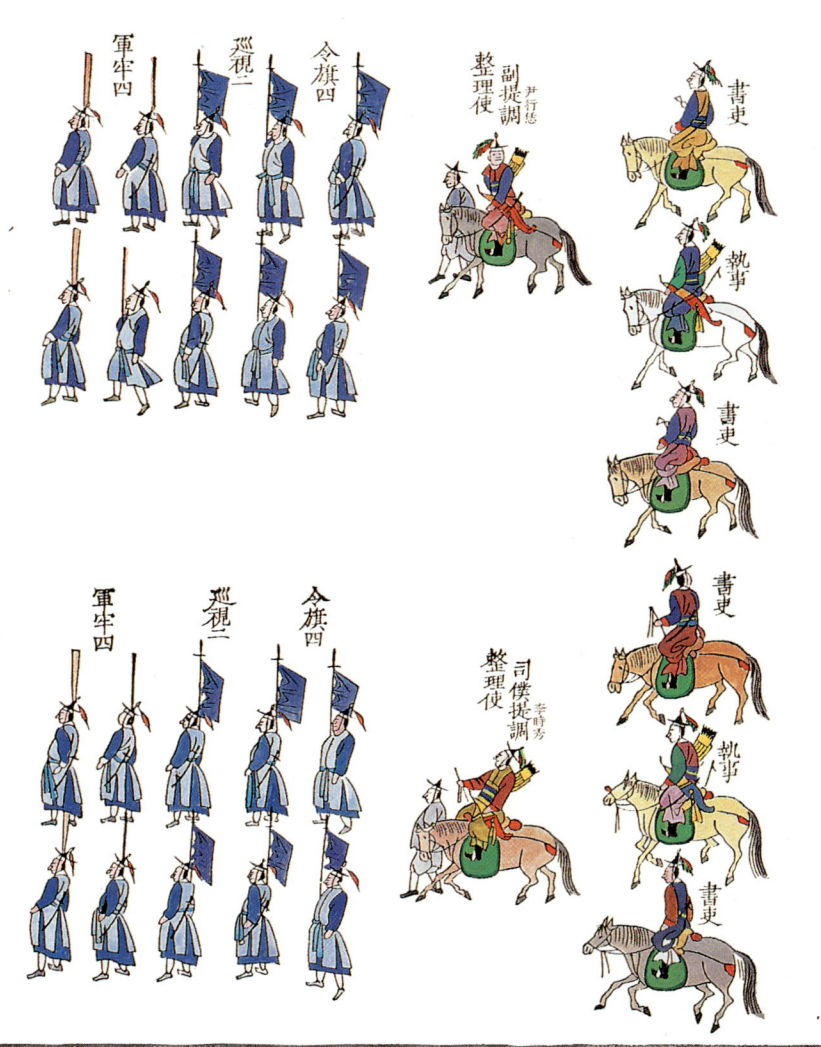

정리사이며 부제조인 윤행임(尹行恁)과 정리사, 사복제조, 호조판서를 겸한 이시수(李時秀)가 서리, 집사 등의 호위를 받으며 위풍당당하게 행진하고 있다.

반차도

그 뒤를 이어 혜경궁의 두 딸이자 정조의 누이인 청연군주(淸衍郡主)와
청선군주(淸璿郡主)가 탄 쌍가마가 모습을 나타낸다.

정조의 화성행차, 그 8일

혜경궁의 남자친척인 외빈(外賓) 두 사람이 군주 가마의 뒤를 따르고, 그 뒤에 장용영 소속의 지구관(知彀官), 패장(牌將), 선기장용위, 주마선기대, 서리, 병방승지, 규장각신 등이 대오를 이루어 따른다.

정조의 화성행차, 그 8일

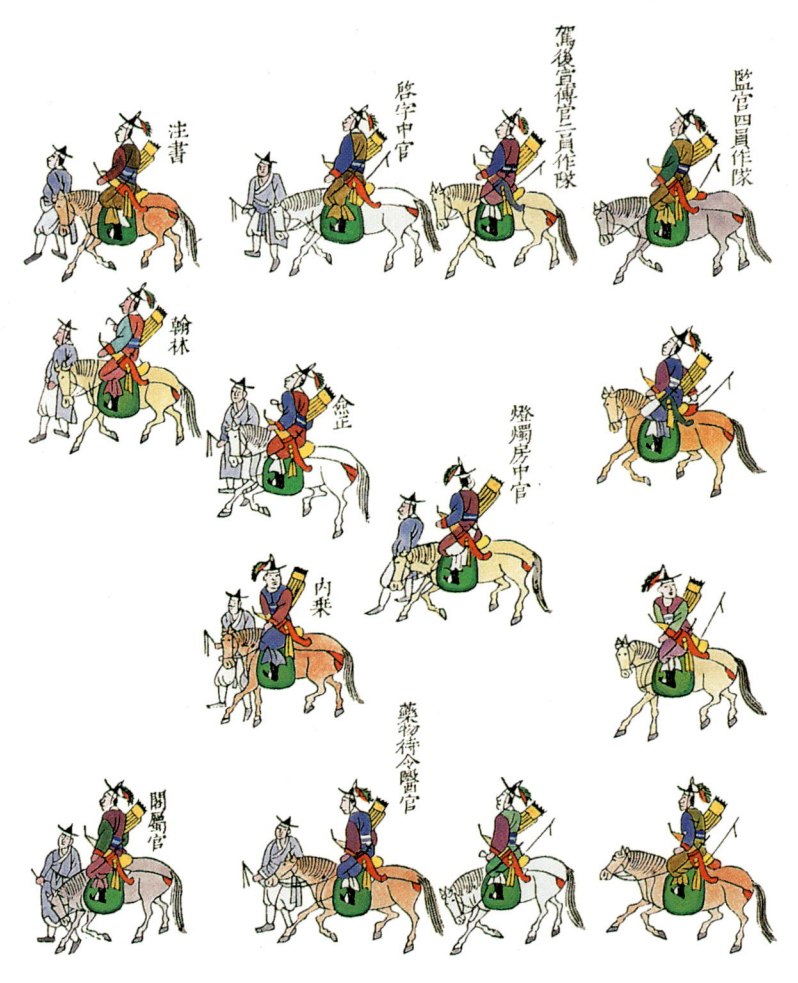

승정원 주서, 예문관 한림, 사복시 내승(吳毅常)과 첨정(조진규), 내의원 의관, 감관 등이 무장을 갖추고 말을 타고 간다.

반차도

정조의 친위부대인 장용위 군사 96명이 5열로 줄지어 따르고 있는데, 열 명만을 그렸다.

북을 두드리며 기세를 올리는 선기장(善騎將) 일행이 또 한 번 나타나고,
인기(認旗)를 앞세우고 신기(神旗), 갑마(甲馬) 등이 뒤따르고 있다.

정조의 화성행차, 그 8일

화려한 복장을 한 선기별장(善騎別將)과 선기장 등이 행진하고 있다.

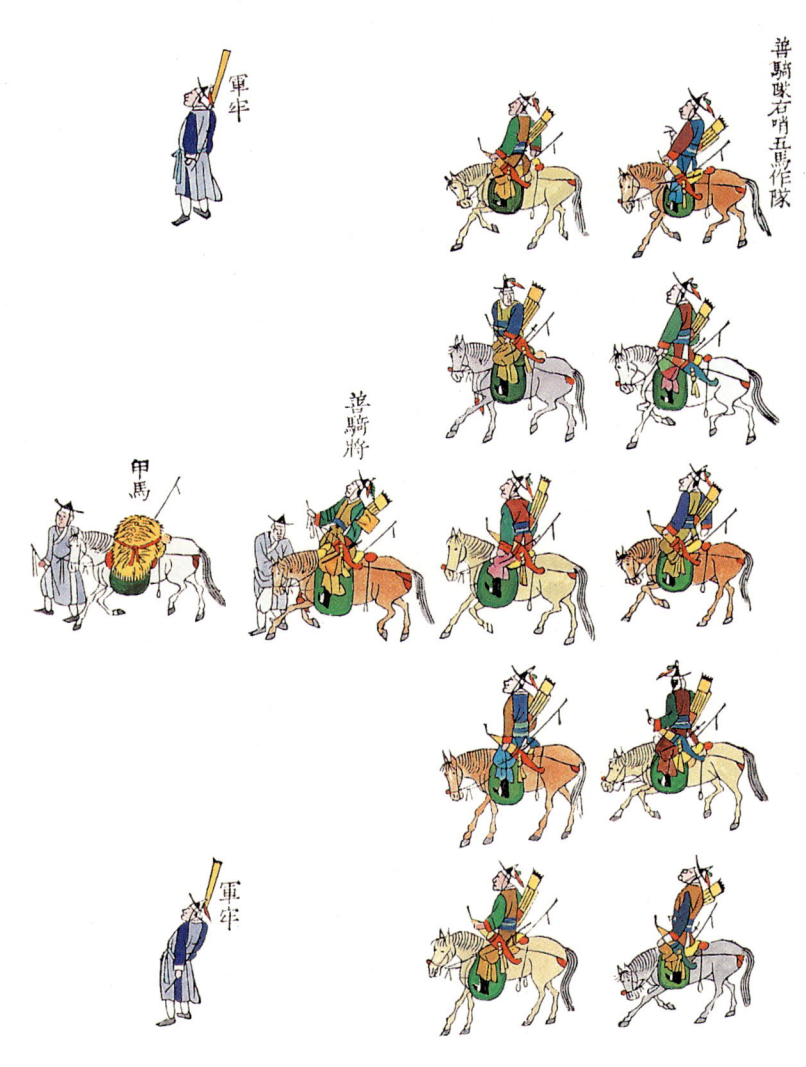

화려한 깃발 부대가 또 나타난다. 당보(塘報), 청도(淸道), 황문기(黃門旗), 동남각(東南角), 주작기(朱雀旗) 등 각양각색의 깃발들이 행진을 한다.

반차도

친위부대인 장용내영 대장 서유대(徐有大)가 장교 넷, 서리 둘,
그리고 장용영 아병(牙兵)들을 뒤따르게 하고 위엄을 보이며 행진한다.

정조의 화성행차, 그 8일

선두의 종사관(從事官)이 연신 뒤를 돌아보며 행렬의 뒤를 살피고 있다.
북을 두드리는 기병 뒤에 초관(哨官)이, 그 뒤로 신기, 인기와 군졸들이 따르고 있다.

반차도

정조의 화성행차, 그 8일

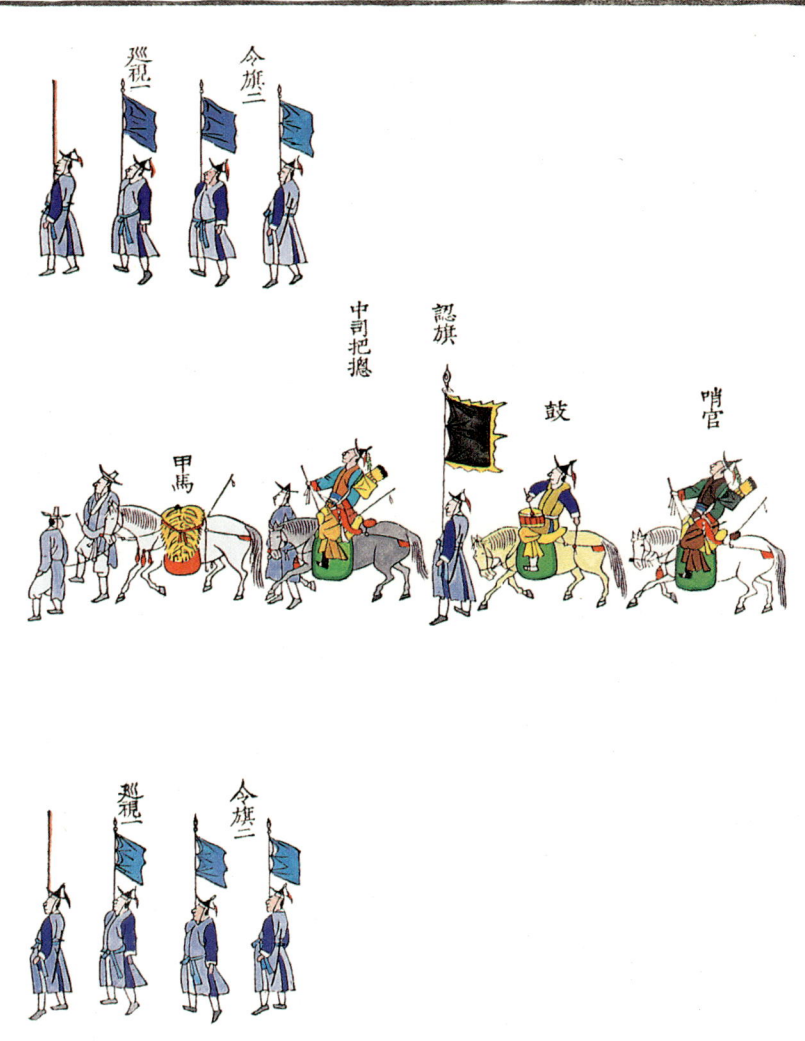

갑마 뒤에 중사파총(中司把摠) 신홍주가 뒤따르고 있다.

반차도

조금 뒤로 도승지 이조원(李祖源)이 내시, 금훤랑, 사알, 사약(열쇠 관리), 의관, 사지를 앞세우고, 승지 셋을 뒤따르게 하며 나아가고 있다.
(좌승지 李晩秀, 우승지 李益運, 부승지 兪漢寧, 동부승지 李肇源)

승정원 주서와 예문관 한림 뒤로 규장각 각신과 내의원 제조가 뒤따른다.

반차도

장용영 제조 이명식(李命植)이 경연관 두 명과 용호영에서 차출된 가후금군(駕後禁軍) 50명을 뒤따르게 하며 나아가고 있다.

정조의 화성행차, 그 8일

엄청난 크기의 표기(標旗)를 앞세우고 차비총랑(差備摠郎)과 별무사들이 행진하고 있다.

반차도

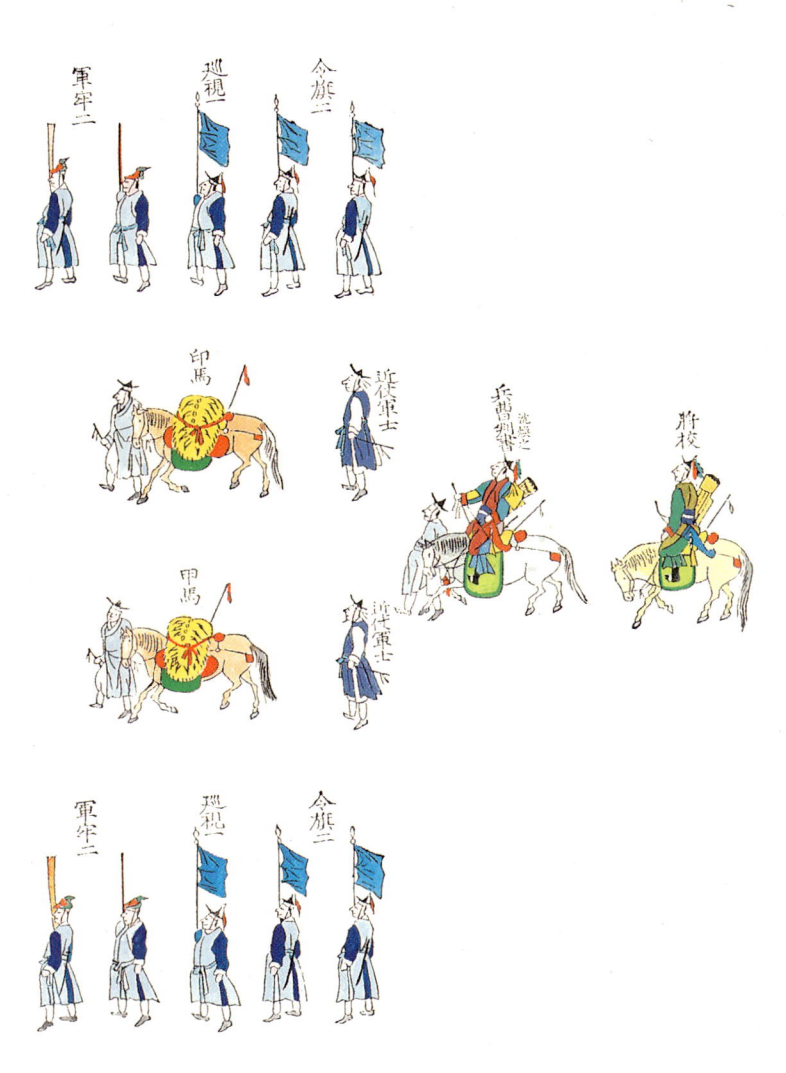

그 뒤에 병조판서 심환지(沈煥之)가 근장군사와 장교의 호위를 받으면서 따른다.

정조의 화성행차, 그 8일

양옆으로 서반(무관)과 동반(문관) 관원들이 열을 지어 행진하고 있으며,
난후금군(攔後禁軍) 25명이 5열을 이루고 따른다.

반차도

정조의 화성행차, 그 8일

장용영 외영의 초관(哨官)과 좌사파총(左司把摠) 이운창을 좌우에 두고 신기, 인기를 든 초군(哨軍)들이 나팔과 피리 소리 속에 행진을 하며 북소리가 흥을 돋운다.

반차도

좌사파총 이운창

정조의 화성행차, 그 8일

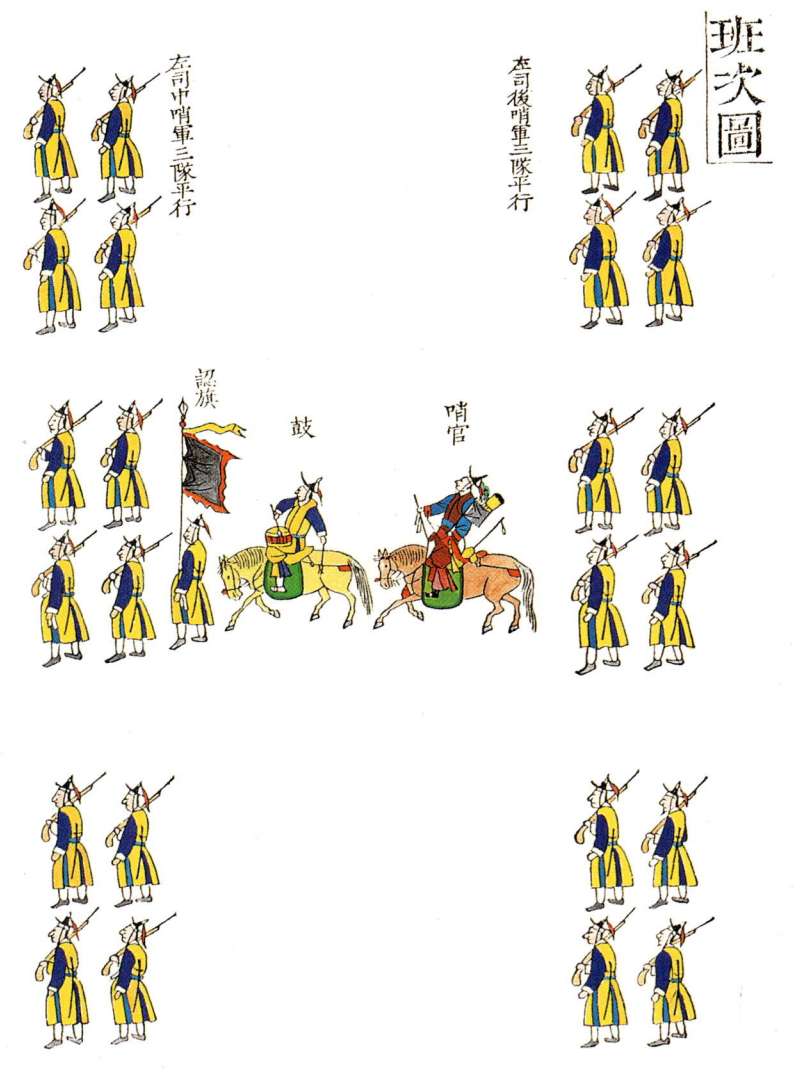

가장 후미에 좌사중초군(左司中哨軍) 3대가 평행을 이루며 행진하고 가운데 초관이 북소리에 맞추어 후미를 이끌며 나아가고 있다. 맨 뒤에는 좌사후초군(左司後哨軍) 3대가 평행을 이루며 대미를 장식하고 있다.

1795년 화성행차의 배경

정조의 여러 인장 가운데 하나로 '만천명월주인옹(萬川明月主人翁)'이라 새겨져 있다(79쪽 참조).

정조는 어떤 나라를 만들려고 하였는가

왕권 강화와 민국(民國) 사상

1776년 미국이 독립선언을 하고 신생국가로 탄생해 가던 그 해 3월, 우리나라에서는 정조(1752생, 재위 1776~1800)가 22대 임금으로 즉위하였다. 이때 임금의 나이 25세요, 미국이 독립하기 4개월 전이다. 유럽에서는 영국의 애덤 스미스가 『국부론』을 저술하고, 중국에서는 고종 건륭황제의 통치가 42년째에 접어들면서 청 문화의 융성기를 현출하고 있었다.

정조 24년간의 치세는 왕조문화의 절정기인 동시에 5천년 한국문화의 정점이기도 하였다. 전세계사적인 18세기 문명의 화려한 불꽃이 한반도에서도 피어올랐다.

정조는 조선왕조 역사상 최장기 집권(52년)의 기록을 세운 할아버지 영조(재위 1724~76)의 사랑과 보호를 받고 자라면서 군주로서의 교육과 훈련을 받았다. 그것은 그의 행운이었다. 그러나 그 뒤에는 씻기 어려운 한이 맺혀 있었다. 영조의 후계자로 지명되었던 아버지 사도세자(思悼世子, 1735~62)가 1762년 노론 벽파와의 갈등 속에서 뒤주에 갇혀 8일 만에 죽는 비참한 최후를 맞았기 때문이다. 이때 사도세자(77쪽 참조)의 나이는 28세였고, 정조의 나이 11세였다. 아버지의 비극 때문에 정조의 영광이 가능했다고도 할 수 있겠지만, 그 영광의 뒤에는 항상 아버지에 대한 연민과 함께 죄인의 자식이라는 불명예스런 꼬리표가 달려 있었다. 정조는 그것을 씻지 않고는 당당한 군왕의 면모를 과시하기 어려웠다.

사도세자의 이름은 선(愃)으로, 영조와 후궁 영빈 이씨(暎嬪李氏) 사이에 출생했다. 영조의 정비 정성왕후는 후사가 없어서, 그 다음 후궁 정빈 이씨(靖嬪李氏)가 낳은 효장세자(孝章世子, 뒤에 진종으로 추존)가 세자로 책봉되었으나 그마저 1728년에 죽자, 1736년에 사도세자가 두 살의 나이에 세자로 책봉되었다. 10세 때 풍산 홍씨 홍봉한(洪鳳漢)의 딸을 빈으로 맞이하고 별궁에 거처하였는데, 지나치게 영특하여 이미 10세 때에 영조와 노론이 처리한 신임사화(辛壬士禍)에 대한 판결을 비판하는 안목을 지녀 노론 집권층을 멀리하기 시작했다. 신임사화란 1721년(경종1)과 1722년(경종2)에 소론이 노론을 역모로 몰아 축출한 사건을 말한다.

숙종은 정비의 소생이 없어서 소론의 지지를 받는 장희빈(張禧嬪)의 소생 균(昀)을 세자로 책봉했는데, 병신처분(1716)으로 장희빈과 소론을 축출하고 노론을 등용했다. 노론은 소론의 지지를 받는 세자를 폐위시키고 숙빈 최씨(淑嬪崔氏, 무수리 출신) 소생의 연잉군을 세자로 책봉할 것을 왕에게 요구하여 소론과 대립했으나 세자를 교체하지 못한 가운데 숙종이 죽고, 원래의 세자가 왕위에 올랐다. 이가 경종(景宗, 재위 1720~24)이다. 그러나 경종은 자식이 없고 몸이 약하여 노론의 지지를 받는 연잉군이 왕세제(王世弟)로 책봉되었으며, 이를 계기로 노론과 소론의 싸움은 더욱 치열해졌다. 위기에 몰린 소론은 1721년 세제의 대리청정을 요구한 노론 4대신(김창집, 이건명, 이이명, 조태채)을 역모로 몰아 숙청하였다.

그런데 1722년에 남인 목호룡(睦虎龍)은 경종이 즉위할 무렵 노론이 경종을 해치려 하였다고 고발하여 노론파 수백 명이 사형 혹은 유배되는 큰 참사가 벌어졌다. 이를 임인옥사(壬寅獄事)라 한다. 그러나 2년 뒤인 1724년에 경종이 죽고, 왕세제인 연잉군(영조)이 즉위하자 사태는 역전되었다. 영조는 즉위 직후 1721년과 1722년의 사건(신임사화)을 노론의 입장에서 판결함으로써 소론의 입지를 약화시켰다.

영조와 노론의 이와 같은 관계로 볼 때, 사도세자가 소론의 입장을 옹호하는 것은 영조에게는 치명적인 타격이었다. 이것이 부자간 갈등의 씨앗이 된 것이다. 여기에 영조의 계비인 정순왕후 김씨(貞純王后 金氏) 일파와 영조의 후궁인 숙의 문씨(淑儀 文氏) 등이 사도세자를 무고하여 마침내 그를 서인으로 폐하고 뒤주에 넣어 8일 만에 굶어죽게 하였다. 그는 결국 당쟁의 희생이 된 셈이다.

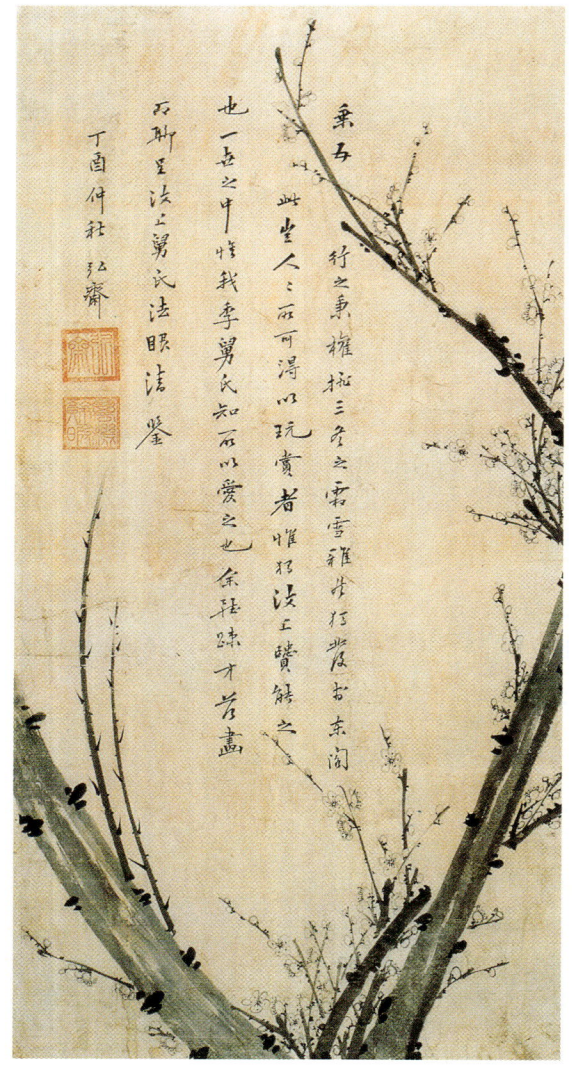

묵매도 墨梅圖
정조 그림, 종이에 수묵, 123.5×62.5cm, 1777년,
서울대 박물관 소장.
V자형으로 그려진 매화가지 사이에 작은 외숙에게
드린다는 제(題)가 적혀 있다.
원문과 그 뜻은 다음과 같다.

乘五行之秉權 排三冬之霜雪
雅然獨發於東閣 此豈人人所可得以玩賞者
惟獨汶上賢能之也 一世之中惟我季舅氏知所以愛之也
余雖疎才妓畵以聯呈 汶上舅氏法眼 淸鑑
丁酉仲秋 弘齋

오행(五行)의 힘을 타고
겨울의 서리를 이겼네.
아담하게 홀로 동각(東閣)에 피었으니
이 어찌 사람마다 모두 즐길 수 있으랴.
다만 문상(汶上)의 현인(賢人)만이 할 수 있으니
지금 세상에 오직 나의 막내 외삼촌만이
(이 매화를) 사랑할 줄 알도다.
내가 비록 재주 없으나 이렇게 그려 드리노라.
정유년 중추 홍재

개인적으로는 아버지의 한을 풀면서 할아버지가 추진해 온 탕평정책(蕩平政策)과 왕조중흥의 사업을 마무리하는 것이 바로 정조가 짊어진 과제였다.*

신하를 능가하는 학문적 기초를 다진 정조는 무예와 문예 그리고 과학기술에도 관심과 조예가 깊었고, 주희 성리학(性理學)은 물론이요, 남인 실학(實學)과 노론 북학(北學), 그리고 불교 등 당시의 온갖 사상과 지혜를 수렴하면서 강력한 정치적 지도력을 구축해 갔다. 정치의 탕평과 사상의 탕평이 병행된 것이다.

정조는 스스로를 '군사(君師)'로 자처하기도 하고, '만천명월주인옹(萬川明月主人翁)'이라고도 자임하였다. '군사'란 임금인 동시에 선생이라는 뜻이며, '만천명월주인옹'이라는 것은 '수많은 강을 비추는 달과 같은 임금'이라는 뜻이다. 이는 신하들로부터 교육을 받는 임금이 아니라, 신하들을 가르치는 임금이 되겠다는 의지가 담긴 것이다.

정조는 중국 삼대(三代)의 초월적이고 도덕적인 성인군주상(聖人君主像)과 강력한 권력을 장악했던 한·당(漢唐)의 천자상(天子像)을 빌어서 자신의 위상을 정립하려고 했다. 군사(君師)의 개념도 여기서 빌어온 것이지만, 이를 이념적으로 뒷받침한 것이 황극(皇極) 사상**이다.

* 정조는 영조의 탕평책을 계승하면서도, 시비를 명확히 가리지 않는 영조의 완론탕평(緩論蕩平)과는 달리 엄격한 시비를 가리는 준론탕평(峻論蕩平)으로 선회하였다. 이는 더욱 적극적인 탕평을 의미한다. 이에 관해서는 박광용(朴光用), 1994, 『조선후기 '탕평' 연구』(서울대 박사학위논문) 및 유봉학, 1996, 「정조대 정국동향과 화성 성역의 추이」『규장각』19. 참고.
** 황극(皇極)이란 『서경(書經)』「홍범편(洪範編)」에 나오는 구절로서, 임금이 최고의 극점에 서서 초월적 존재로 군림하고 만물을 탕탕평평하게 골고루 다스린다는 이념이다. 송대 학자 소옹(邵雍)이 『황극경세서(皇極經世書)』를 지어 우주의 순환론에 따라 주기적으로 성인이 나타나서 황극의 정치를 편다는 것을 역사연표 형식으로 정리하면서 황극사상은 역사의식과 연결되어 왕권강화 이론으로 발전해 갔다. 우리나라에서는 일찍이 세조대의 양성지(梁誠之)가 『황극치평도(皇極治平圖)』를 지어서 세조의 왕권강화를 뒷받침한 일이 있고, 17세기초에 정구(鄭逑)가 『역대기년(歷代紀年)』을 지어 황극에 바탕을 둔 역사연표를 제시한 바 있다. 대체로 황극사상은 왕권강화를 강조하던 남인과 소론측에서 주장되어 왔다.

정조가 초월적 군주상(君主像)을 업고 마무리하려는 왕조중흥은 첫째, 아버지의 비극을 빚어낸 붕당정치의 폐단을 극복하여 강력한 왕권을 세우고, 둘째, 재야의 선비〔士〕와 백성〔民〕을 적극 포용하여 지방사회의 동요를 막고 사회통합을 강화함으로써 백성을 중핵에 둔 사민국가(士民國家)를 확립하겠다는 것이며, 셋째, 과학기술과 상공업, 그리고 경쟁적인 시장경제가 발전하던 새로운 시대의 흐름을 반영하여 농업과 상공업이 병진하는 전향적인 경제질서를 구축하는 일이었다. 말하자면 근대를 향한 전진이다.

정조의 통치이념이 크게 보아 사민(士民) 통합에 있다고는 하지만, 특히 민(民)에 대한 배려가 비상하였다. 그는 기회 있을 때마다 '민국(民國)'의 이익을 강조하였으며,* 민인(民人)의 의지를 정치에 반영하려고 노력했다. 그가 군사(君師)를 자처하는 것도, 민인을 위한 정치가 극대화되었다고 믿어지는 중국 삼대(三代)의 이상적 군주상(理想的 君主像)을 빌어오겠다는 뜻이 담긴 것이다. 그러므로 정조의 왕권강화와 유교적 이상정치의 추구는 결국 민인을 위한 권력구조를 세우는 데 목적이 있었다.

전반적으로 양반사회의 학문수준과 일반 백성들의 민도가 높아진 시기의 정치지도력은 물리적 통제로써만은 확립되기 어렵다. 그야말로 세련된 문치(文治)가 병행하지 않으면 안 된다. 정조는 바로 그 점을 정확하게 이해하였다. 그래서 세손시절부터 『일성록(日省錄)』이라는 일기를 매일 기록하고, 『일득록(日得錄)』을 편찬케 하여 자신의 일과와 언행을 낱낱이 기록해 두게 하였다. 또, 자신의 글을 모아 『홍재전서(弘齋全書)』라는 방대한 문집을 발간한 것도 앞선 군주와의 차별성을 보여 주는 것이다.

* 정조는 화성행차를 위한 재원으로 정리곡(整理穀)을 마련하고, 이를 지출함에 있어서 민국(民國)을 위해 써야 한다는 것을 누이 강조하고 있다. 여기서 '민국'이란 '백성과 나라'를 의미하지만, 특히 '백성'을 위해서 써야 한다는 것이 강조되고 있다.

정조의 왕권강화 정책은 여러 각도로 추진되었다. 즉위 직후 궁안에 규장각(奎章閣)이라는 새로운 문한기구(文翰機構)를 설치하여 종전의 문한기능과 비서실의 기능을 통합함으로써 강력한 친위문신세력을 양성하고 이를 개혁정치의 선도적 중심기구로 활용하였다. 재위 5년 이후에는 초계문신(抄啓文臣) 제도*에 의해 기성관료들을 재교육시켰다. 이는 37세 이하의 젊은 문신 중

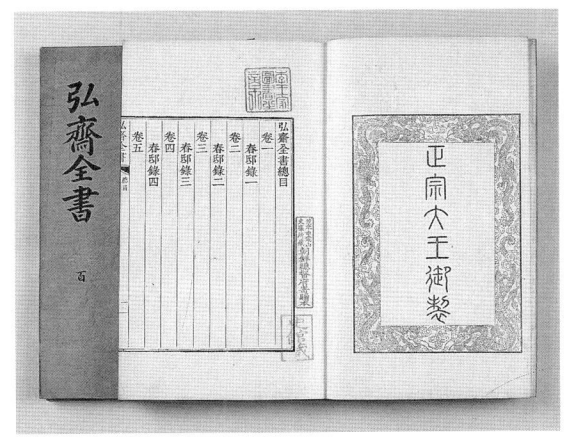

홍재전서 弘齋全書
184권 100책 인본(印本)으로, 1799년(정조23) 규장각에서 편찬하여 1814년(순조14) 간행하였다. 장서각 소장.

에서 재주있는 신하를 의정부에서 추천하여 규장각에 위탁교육시키는 제도를 말한다. 정조는 주기적으로 규장각에 나아가 직접 이들을 가르치고, 시험을 치르고, 글을 지어바치게 함으로써 자신의 정책노선을 따르는 친위세력을 양성하였는데, 정조가 죽을 때까지 초계문신으로 뽑힌 사람은 모두 138명이나 되었다. 그리고 나서 재위 6년 이후로는 각 도의 인재들을 현지에서 발탁하는 별시문과(別試文科)를 자주 시행하여 정치권의 대폭적인 물갈이를 시도했다.**

아버지의 명예를 회복시키는 것도 정조의 왕권강화를 위해 매우 긴요한 일이었다. 그것은 아버지를 핍박한 정치세력에 대한 간접적인 응징의 의미도 갖는 것이기 때문

---

* 초계문신 제도에 대해서는 정옥자(鄭玉子), 1981, 「규장각 초계문신 연구」 『규장각』 4 참고.
** 김문식(金文植), 1996, 『조선후기 경학사상 연구』(일조각) 참고.

정조의 화성행차, 그 8일

규장각도
김홍도 그림, 1776년경, 비단에 채색, 144.4×115.6cm, 국립중앙박물관 소장
가운데 2층누각이 주합루(宙合樓)로서 임금이 쓴 글을 보관하던 곳이다. 2층에 주합루, 아래층에 규장각이라는 현판을 걸었다. 주합루 왼편 건물은 책을 말리던 서향각(書香閣), 오른편 앞쪽 건물은 과거시험을 치르던 영화당(暎花堂)이며, 왼편 아래에 부용지(芙蓉池)와 부용정(芙蓉亭)이 보인다.

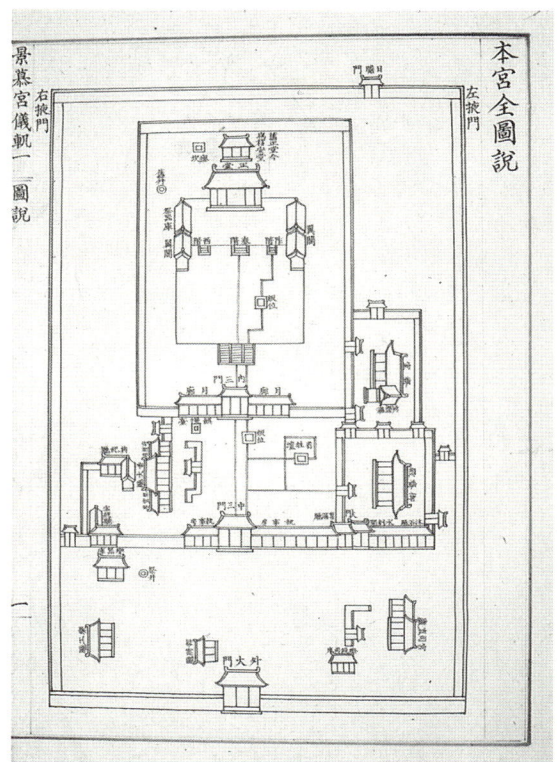

(오른편) 『경모궁의궤』
1784년경, 3책 필사본, 48.8×33.2cm.
사도세자와 경모궁에 관계된 기록과 제사 의식을 기록한 의궤. 서울대 규장각 소장.
(왼편) 경모궁 배치도. 아래에 보이는 외대문(外大門)이 지금의 서울대학교 의과대학 정문에 해당한다. 경모궁의 위치는 87쪽의 「도성도」에서 창경궁의 오른쪽에 나타나 있다.

이다. 왕은 즉위 직후 사도세자를 장조(莊祖)로 추존하고, 장조의 사당(祠堂)인 수은묘(垂恩廟, 지금의 서울대학교 의과대학 구내)를 경모궁(景慕宮)으로 승격시키고, 양주 배봉산(拜峰山, 지금의 서울시립대학교 구내)에 있는 아버지 묘소(墓所)를 영우원(永祐園)으로 승격시켰다.

군권 장악

군대의 장악도 왕권강화의 필수적인 요건이다. 정조는 재위 9년 이후로 군대개혁에 착수하였다. 장용영(壯勇營)의 설치는 그 핵심사업이었다. 조선후기 중앙기간부대였던 5군영은 붕당정치가 치열해지면서 각 당파의 이해와 긴밀하게 연결되어 점차 정치군대로 변질되어 갔다.*

정치자금도 군영에서 조달되는 경우가 많았다. 정조는 이러한 중앙 5군영의 기간부대들을 대폭 축소시키고, 장용영이라는 새로운 친위부대를 창설하여 5군영 산하의 군대를 배속시켰다. 문신 장악으로 시작된 정조의 왕권강화정책은 군대의 장악을 통해 완결을 보게 된 것이다.

장용영 중에서도 화성(華城)에 설치한 장용영 외영(外營)의 존재는 매우 중요하다.** 이는 외관상으로는 이곳에 있는 아버지의 선침(仙寢, 무덤)을 지킨다는 명분을 건 것이지만, 실제로는 국왕 정조에게 절대 충성을 바치는 친위부대였다. 원래 장용영은 정조 9년(1785)에 정조의 친위부대로 설치된 장용위에서 비롯된 것인데, 정조 17년(1793)에 장용영의 지방부대인 외영을 수원에 설치하게 된 것이다.

일찍이 18세기 중엽의 남인 실학자 성호 이익(星湖 李瀷)도 왕권강화의 한 방법으로 국왕의 친위부대 장악을 역설한 바 있는데,*** 정조는 바로 이러한 남인의 주장을 실천한 것이다.

---

* 조선후기 병제의 변화에 대해서는 이태진(李泰鎭), 1985, 『조선후기 정치와 군영제 변천』 참고.
** 장용영 외영의 군제에 대해서는 강문식(姜文植), 1996, 「정조대 화성의 방위체제」 『한국학보』 82 참고.
*** 이익의 군제사상에 대해서는 한우근(韓佑劤), 1980, 『성호 이익 연구』(서울대 출판부) 및 한영우(韓永愚), 1989, 「이익의 사론과 한국사 이해」 『조선후기 사학사 연구』(일지사) 참고.

정조가 군대를 장악하기 위해 얼마나 신경을 쓰고 있는가는 1795년의 화성행차에서 실감 있게 나타난다. 여기에 대해서는 뒤에 다시 설명하기로 한다.

경제정책과 문화정책

정조의 새로운 경제정책은 재위 15년(1791)에 이루어진 이른바 신해통공(辛亥通共) 정책에서 그 진수가 발휘되었다. 종전에 서울 시전상인(市廛商人)들에게 부여하였던 난전금지권(亂廛禁止權), 즉 금난전권을 혁파한 것이다. 이는 난전으로 불리던 사상(私商)의 활동을 보장하는 획기적 조치로서, 요즘 말로 하자면 독점상업체제로부터 경쟁적인 시장경제로 경제정책의 축을 바꾼 것을 의미한다.

조선후기의 상공업 발달로 이미 농업 일변도의 국가운영의 시대는 지나갔다. 이미 도고(都賈)로 불리는 거대한 상인들이 국가경제의 고삐를 잡고 있었다. 대외무역도 활발하였다. 중국에 가는 사행(使行)은 외교보다는 무역업무가 주목적이었다. 사신들보다도 그들을 따라간 수행원들의 활동이 더 활발하였다.

서울은 대외무역의 중심지일 뿐 아니라, 한강을 끼고 장사하는 이른바 경강상업(京江商業)의 발달로 상업도시화가 가속화되었다. 또한 지방인구의 유입으로 성 밖 곳곳에 신촌(新村)이 늘어남에 따라 서울의 행정구역이 넓어지고, 서울과 지방을 잇는 도로망도 확충되었다.*

---

* 조선후기 서울의 상업도시화 과정에 대해서는 고동환(高東煥), 1998, 『조선후기 서울 상업발달사 연구』(지식산업사) 참고.

한강가에 위치한 백리권 지역도 도시화가 촉진되면서 점차로 하나의 생활권과 문화권으로 통합되어 갔다. 즉 광역 수도권이 형성된 것이다.

화폐경제의 발달에 따라 종래 강제적인 부역노동으로 이루어지던 각종 토목공사가 인부를 고용하여 정당한 임금을 지불하는 고임제도(雇賃制度)로 바뀐 것도 주목할 만한 변화이다.*

백성들도 이제는 더 이상 대가 없는 노동력을 국가에 바치려 하지 않았다. 이에 따라 국가경영 방식도 자연히 강제성에서 벗어나 시장경제의 원칙을 수용하면서 유연하게 대처해 나가지 않으면 안 되었다.

새로운 변화의 물결에 가장 예민한 것은 정보의 중심지에 살고 있는 서울사람들이었다. 서울의 젊은 선비들은 중국에서 사들여온 사치품으로 집안을 장식하고, 중국의 대중소설인 이른바 패관소설류를 읽는 것을 취미로 삼는 풍조가 일어났다. 이 새로운 상업문화의 등장은 경제성장이라는 빛과 아울러 빈부격차의 심화와 천박한 대중문화의 범람이라는 그늘을 함께 던져 주었다. 사치의 범람과 풍속의 패퇴가 심각한 고민거리로 등장했다.

서울 상업문화의 부정적인 영향을 가장 예민하게 받은 것은 수도권에 인접한 농촌지역이었다. 이 농촌지역에서 진보적인 실학운동이 일어난 것이다.

정조는 이러한 시대의 흐름을 예리하게 포착하고 있었다. 우선 상공업 발달의 긍정적인 측면을 과감하게 수용했다. 그것이 바로 위에서 말한 대로 시장경제의 원리를 도입한 신해통공(辛亥通共) 정책으로 나타난 것이고, 장인들의 품값을 반나절까지 계산해 주는 철저한 고임제도의 도입으로 가시화된 것이다. 정조시대에 편찬된 각종 의

---

* 조선후기 고임제도의 발달에 대해서는 윤용출(尹用出), 1998, 『조선후기의 요역제와 고용노동』(서울대학교 출판부) 참고.

화성행차의 배경

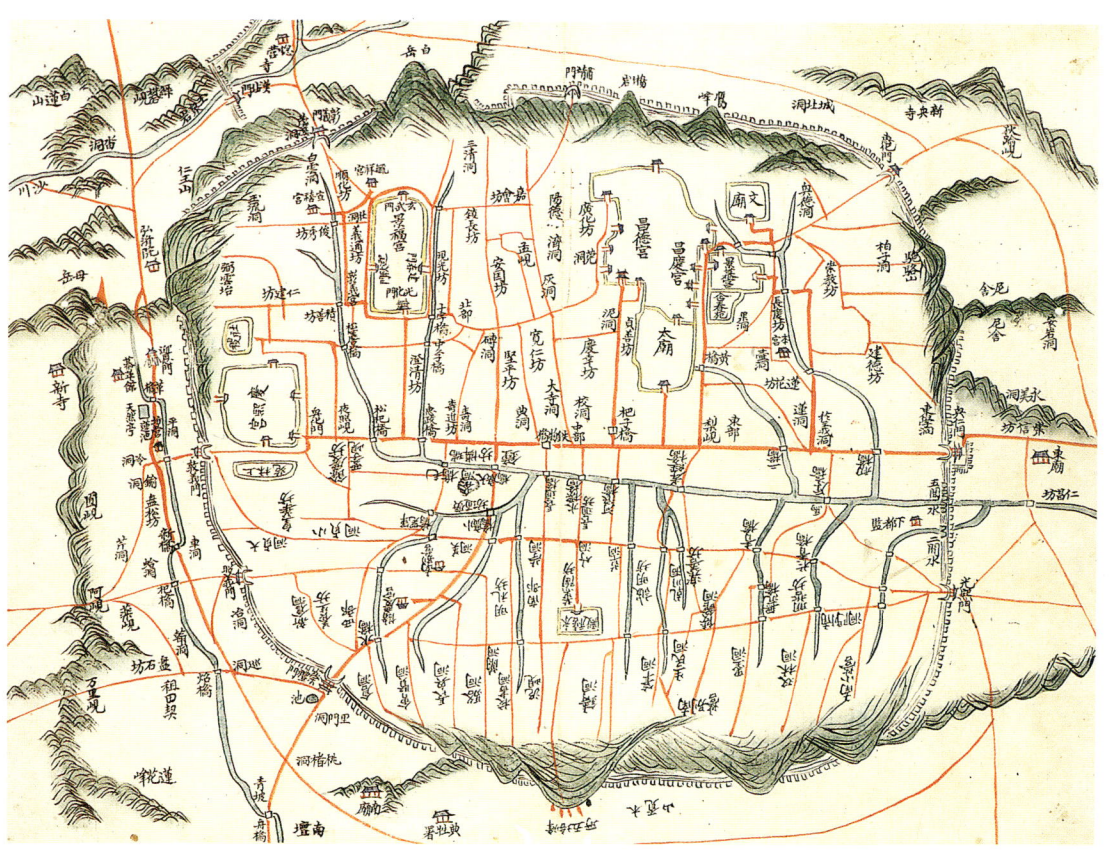

『동여도(東輿圖)』 중의 「도성도(都城圖)」
김정호, 채색 필사본, 30.5×39.7cm, 1860년대, 서울대 규장각 소장.
19세기 중엽 서울의 성곽과 도로망, 지명 등이 사실적으로 표현되어 있다. 지금의 북악(北岳)이 백악(白岳), 인왕산(仁旺山)이 인왕산(仁王山), 남산이 목멱산(木覓山)으로 되어 있는 것도 눈여겨볼 만하다.

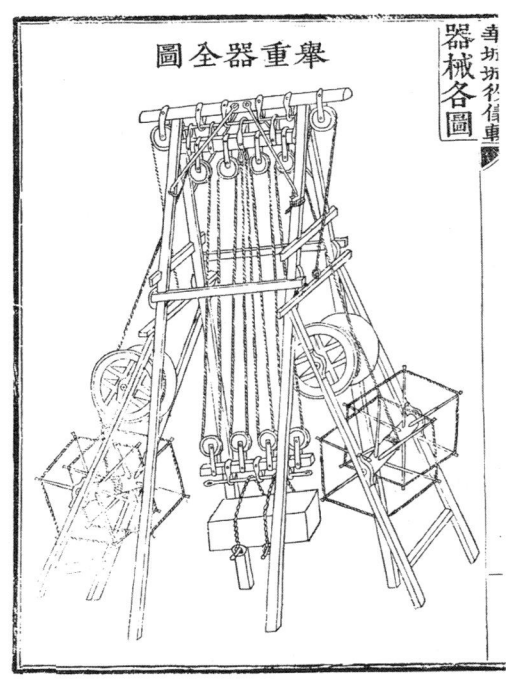

『화성성역의궤』 중 거중기 전도
『화성성역의궤』에는 이외에도 공사에 필요한 장비, 기구, 석조물로 된 구조물의 일부, 기둥 윗부분의 공포(拱包)를 이루는 부재들의 모양새 등이 다양하게 소개되어 있다.

궤(儀軌)들을 보면, 정조의 통치스타일은 마치 대기업을 이끌어가는 유능한 기업총수와 같은 모습이 번뜩인다. 그만큼 시대가 바뀌고, 정치가 바뀌고 있는 것을 실감할 수 있다.

또한, 중국에서 들어오는 고급문화, 이를테면 과학과 기술 그리고 고급학문은 즉각적으로 수용했다. 정조 즉위 직후 5,022권에 달하는 『고금도서집성(古今圖書集成)』을 사온 것이 그것이다. 이 책은 청나라 성조 강희제(聖祖 康熙帝, 1662~1722) 때 고금의 도서를 집대성하여 편찬한 것으로, 그 중에는 서양학문에 관한 서적도 들어 있었다. 또한 청나라 시대에 발달한 고증학(考證學)도 수용하여 학문의 전문성을 높이는 계기가 되었다. 『고금도서집성』이 조선 학계에 미친 영향은 매우 컸다. 특히, 화성의 성곽건설에 투입된 거중기(擧重機) 등의 건축공구들이 『고금도서집성』에 들어 있는 등옥함(鄧玉菡)의 『기기도설(奇器圖說)』의 영향을 받아 제작되었다는 것은 잘 알려진 사실이다. 정조는 북학자들이 주장하는 이용후생(利用厚生)의 중요성도 십분 이해하여 누누이 이를 강조하고 있다.

그러나 상업문화의 부정적인 측면에 대해서는 이를 철저히 배제하는 정책을 폈다. 정조 16년(1792)에 벌인 이른바 문체반정(文體反正) 정책도 그 하나다. 이는 중국의 패관소설류와 사치품을 선호하고 중국 대중문화에 오염된 일부 서울 선비들의 사대주의적 작태와 사치 풍조를 바로잡기 위한 조처였다.*

정조가 주자성리학을 정학(正學)으로 정립하려는 이유도 청나라 대중문화에 대한 대안제시가 필요했기 때문이었다. 다시 말해 주자성리학을 강조한 것은 문화적 반청운동의 구심체로서 도덕성이 높은 성리학의 정통성을 세우려는 의도였다. 그렇다고 성리학만을 유일한 교학으로 고집한 것은 물론 아니다.

정치적으로는 주자성리학을 통해 도덕성을 높이고, 남인 실학을 수용하여 왕권을 안정시키면서, 경제와 군사면에서는 새로운 기술과 경영방식을 도입하는 이용후생의 정책을 펌으로써 부강하고 근대화된 나라를 만들려는 것이 정조의 국가통치의 기본방향이었다.

정조어필파초도 正祖御筆芭蕉圖
종이에 수묵, 84.2×51.3cm, 보물 제743호, 동국대 박물관 소장
정조는 이밖에도 「묵매도(墨梅圖)」, 「정조어필국화도(菊花圖)」 등의 그림을 남겼다.

* 정옥자, 1996, 「정조의 교화사상」 『규장각』 19.

정조는 왜 화성(華城)을 건설하였는가

은퇴도시, 5천명 병마의 군사도시

개혁군주이자 뛰어난 학자였던 정조는 개혁노선을 따르지 않는 노론 벽파와의 힘겨운 대결 속에서 항상 불안감을 떨치지 못했다. 세자의 나이가 어려 만약 자신이 일찍 세상을 떠나면 할머니 정순왕후가 수렴청정을 하고, 노론 벽파의 세상이 올 것을 두려워했다. 이를 막기 위해 세자가 자립할 수 있는 15세가 되는 1804년에 왕위를 물려주고, 어머니 혜경궁을 모시고 은퇴하여 살 새로운 공간을 만들기로 결심했다. 그것이 바로 화성(華城) 건설이다. 왕이 1800년에 세상을 떠나 계획이 수포로 돌아갔으나, 상왕의 위치에서 아들과 협력하여 왕권을 안정시킨다는 꿈을 가졌다. 그러나 이 엄청난 계획은 혜경궁만이 알고 신하들에게는 말하지 않았다. 그래서 아버지 묘소를 지키는 효원(孝園)의 도시로 만든다는 것을 표방했다.

화성 건설은 정조 18년(1794) 봄에 착수되어 2년 반 뒤인 정조 20년(1796) 가을에 완료되었지만, 그 준비는 정조 13년(1789)에 시작되었다. 프랑스대혁명이 시작되고, 조지 워싱턴(1732~99)이 초대 미국대통령으로 선출되던 이 해 7월에 왕은 아버지 무덤을 양주 배봉산에서 지금 수원 남쪽의 화산(花山)으로 옮겼다. 묘소의 이름도 영우원(永祐園)에서 현륭원(顯隆園)으로 고쳤다. 왕실의 무궁한 융성을 기원하는 뜻이 담긴 것이다. 아버지 무덤의 이장은 단순히 그 무덤자리가 명당이라는 이유 때문이 아니었다. 무덤 부근(북쪽)의 팔달산(八達山) 아래에 왕의 모든 꿈이 담긴 이상향(理想鄕)을 건설한다는 웅장하고 원대한 계획이 담겨 있었다. 다시 말해 무덤을 옮겼기 때

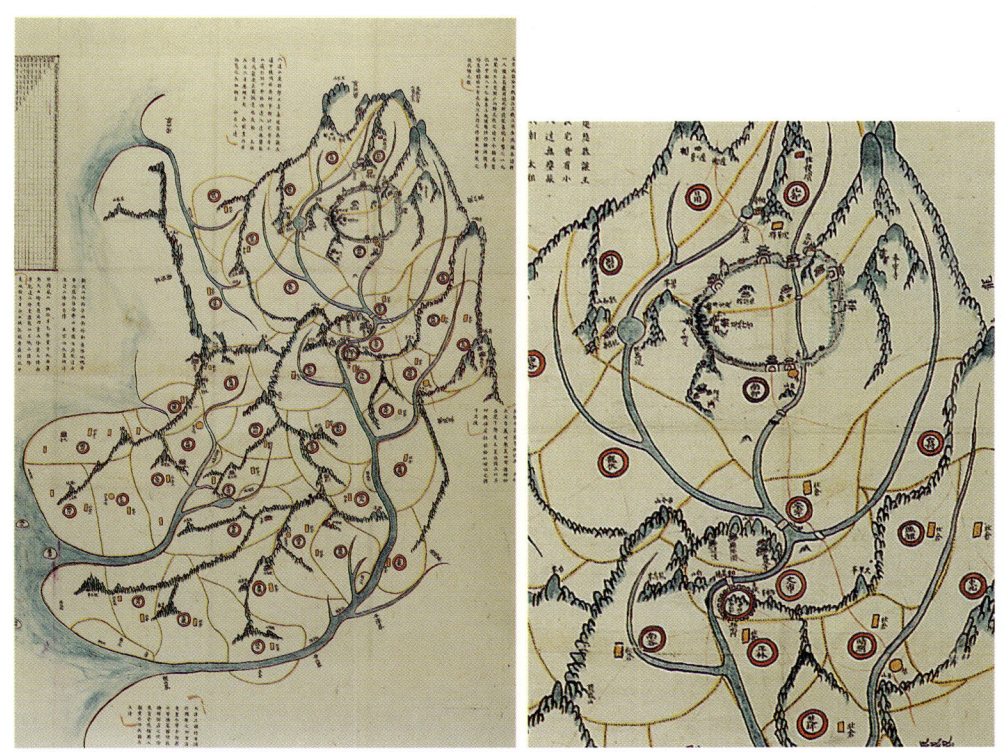

(왼쪽) 수원부 지도, 97.5×117.5cm, 1872년, 서울대 규장각 소장 (오른쪽) 부분도
왼쪽 지도의 윗부분에 둥글게 그려진 곳이 화성이다.
오른쪽의 부분도에서 화성의 아래편에 현륭원과 건릉, 그리고 그 아래 독산성(禿山城)이 보인다.

문에 화성을 건설했다기보다는, 화성 건설을 염두에 두고 무덤을 옮겼다고 보는 것이 더 적절한 해석이 될 것이다.

　지금 수원시(水原市) 중심에 자리잡고 있는 팔달산 일대는 풍수지리상으로는 '용(龍)이 날아 오르고 봉황(鳳凰)이 춤을 춘다'는 명당으로 알려져 있으며, 정치·경제·군사·문화적으로 매우 중요한 곳이었다. 이곳은 충청·경상·전라도, 즉 삼남(三

정조의 화성행차, 그 8일

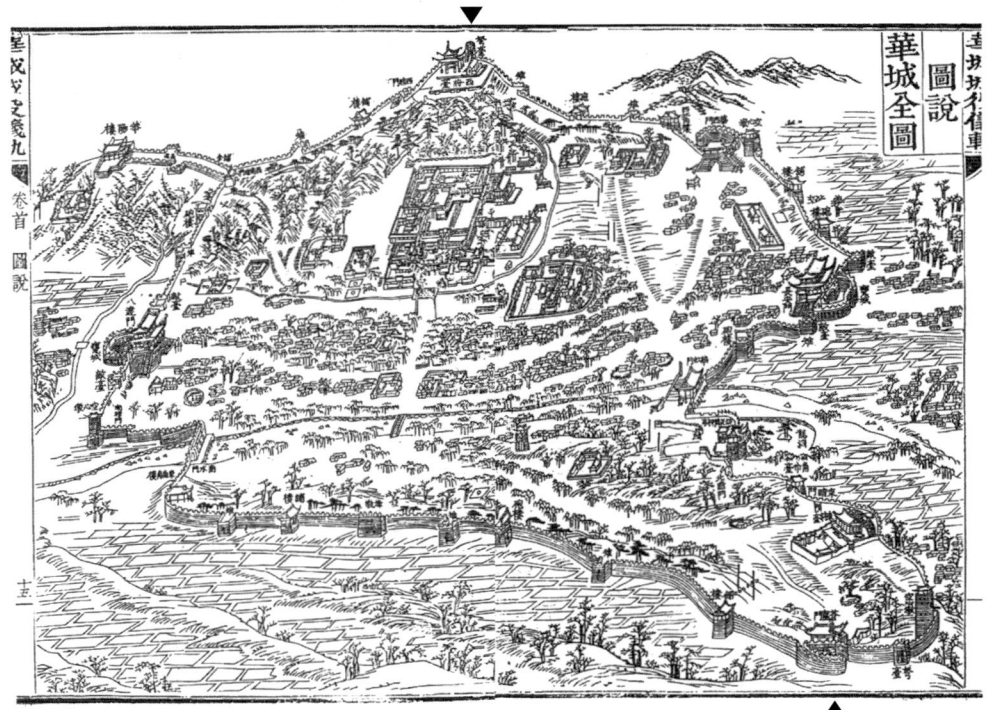

『화성성역의궤』중 화성전도
왼쪽에 남문에 해당하는 팔달문이, 오른쪽엔 북문에 해당하는 장안문이 보인다.
위의 ▼표시된 부분은 화성의 가장 높은 곳에 위치한 서장대. 그 아래편 기슭에 행궁터(현재 복원공사 진행중)가 있다.
아래 ▲표시된 부분은 동쪽 문루에 해당되는 창룡문(蒼龍門), 여기서 시계 반대방향으로 따라가면 동장대와
방화수류정 및 화홍문이 있다.

南)으로 통하는 육로 및 해상교통의 요지일 뿐 아니라, 군사적으로는 서울을 지키는 남방의 요새지였다. 임진왜란 때 권율(權慄) 장군이 왜병을 막아낸 곳이 바로 수원 남쪽의 독산성(禿山城, 지금의 오산시 소속)이었다. 또한 조선후기 이른바 남인 실학자(實學者)들이 무더기로 배출된 곳이 수원 부근의 광주(廣州) 일대라는 것도 잘 알려진 사실이다. 이렇듯 수원 일대가 중요한 곳이기 때문에 이곳에 성곽도시를 건설해야 한다는 주장이 이미 17세기 실학자 유형원(柳馨遠)에 의해서 제기된 바 있었다. 그러나

국가정책상 유형원의 주장은 반영되지 못했다. 그러다가 실학을 주목한 정조에 의해서 드디어 실천단계로 들어가게 된 것이다.

정조의 화성건설은 여러 가지 복합적인 목적을 띠고 있었다. 첫째, 군사적으로는 이곳에 난공불락의 최신식 성곽(城廓)을 건설하여 서울을 호위하는 남방의 요새지를 구축하자는 것이다. 이는 그동안 서울의 외곽방어체제가 동·서·북으로 치우친 결함을 시정하는 의미도 지닌다. 즉 조선후기에 북으로는 북한산성(北漢山城)과 개성 일대의 대흥산성(大興山城), 서쪽으로는 강화도성(江華島城)과 문수산성(文殊山城), 그리고 동으로는 광주의 남한산성(南漢山城)을 지속적으로 축성하여 동·서·북의 방어체제가 단단하게 구축되어 있었다. 따라서 서울의 남쪽을 보완하는 것은 서울 외곽방어체제의 완결을 의미한다.

정조는 새로 건설될 예정인 화성에 정조 17년(1793) 친위부대인 장용영 외영(外營)을 설치하여 5천 명의 병마를 주둔시키고, 다시 정조 19~22년(1795~98)에는 그 주변 다섯 읍, 즉 용인(龍仁), 안산(安山), 진위(振威), 시흥(始興), 과천(果川)의 군대 1만 3천여 명을 외영에 합속시켜 일종의 지역방어체제인 협수체제(協守體制)를 구축하였다. 이 부대를 장락위(長樂衛)라고 부르는데, 이를 다시 다섯 부대로 나누어 방어구역을 분담시켰다. 즉 동쪽은 창룡위(蒼龍衛),

독산성 세마대
세마대가 위치한 곳은 지금의 경기도 오산시에 속한다. 임진왜란 때 권율(權慄) 장군이 이곳에서 왜병을 크게 물리쳤다. 물이 많은 것처럼 보이기 위해 쌀로 말을 씻는 것처럼 했던 데서 세마대라는 명칭이 생겼다.

서쪽은 화서위(華西衛), 남쪽은 팔달위(八達衛), 북쪽은 장안위(長安衛), 중앙은 신풍위(新豊衛)가 맡게 하였다. 이 이름들은 모두 화성의 4대문과 행궁의 정문에서 따온 것이다.

서울이 아닌 지방도시에 서울과 비슷한 5위체제(五衛體制)를 구성한 것은 매우 의미심장하다. 이는 화성이 남방의 요새지일 뿐 아니라, 화성의 위상 자체가 수도에 버금하는 왕도(王都)로 간주되고 있다는 것을 의미한다. 1795년의 화성행차시에 화성에서 거의 4천 명의 군대를 동원하여 대대적인 군사훈련을 두 차례나 실시한 것도 국방상의 뜻만이 아니라, 왕이 화성의 군대를 장악하고 있다는 것을 내외에 과시하려는 의도로 풀이된다.

화성의 오위체제 확립은 국방상으로는 화성 일대가 기보(畿輔)의 중진(重鎭)이 되게 하였음을, 정치적으로는 정조의 군권확보를 말해 주는 것이다.

황제의 도시

화성을 군사요새지로 만드는 것이 정조의 유일한 목표는 아니었다. 화성에 인구를 모으고, 경제를 발전시켜 대도회(大都會)로 키우고, 행정상으로도 격상시켜 부수도(副首都)로서의 면모를 갖추게 하려는 목적도 함께 있었다. 그래서 정조 17년(1793) 수원부(水原府)를 유수부(留守府)로 승격시키고, 이름도 수원(水原)에서 화성(華城)으로 바꾸었다.

화성이 유수부가 되면서 서울 외곽에는 네 개의 유수부가 자리잡게 되었다. 북쪽의 개성(開城)과 서쪽의 강화도(江華島)는 일찍이 유수부가 되었고, 이를 각각 송도(松都)

화성행차의 배경

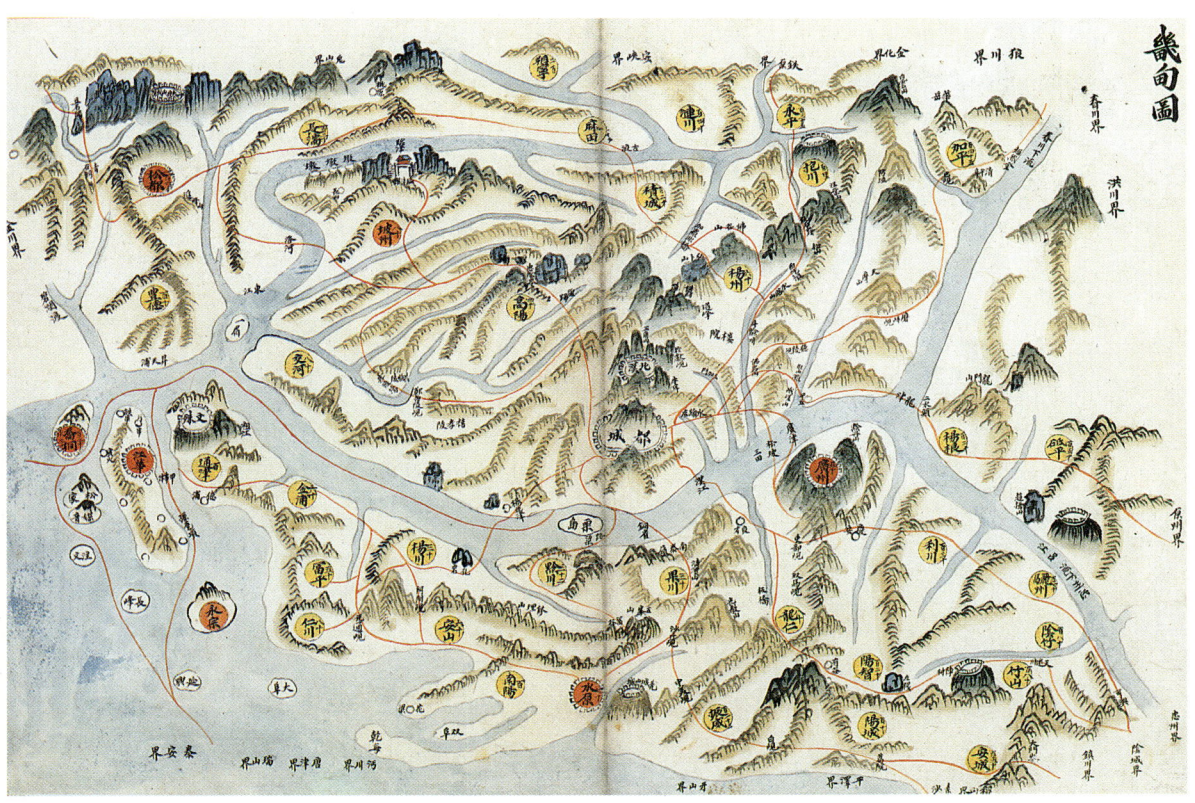

『동국여도(東國輿圖)』 중의 기전도(畿甸圖). 종이에 채색 필사, 19세기, 서울대 규장각 소장
한강을 중심으로 지금의 서울과 경기도 일대의 도시와 도로망이 잘 나타나 있다. 빨간 점으로 표시된 곳들 가운데 강화, 수원, 광주, 송도(개성) 등의 네 유수부가 보인다. 유수부는 임금의 행궁이 있는 곳으로, 유수(留守)의 품계는 2품으로서 중앙관직에 속한다.

와 심도(沈都)로 불러 오고 있었다. 그런데 정조는 화성을 유수부로 승격시킨 지 2년 뒤인 1795년(정조19)에 서울 동남쪽의 요새지인 광주(廣州)도 유수부로 올려 4유수부 체제를 확립한 것이다. 이로써 서울의 동서남북에 골고루 유수부가 설치된 것이다.

  정조는 이렇게 확대된 네 유수부를 4도(四都)로 호칭하여 서울 다음의 위상을 부여하였다. 이는 거꾸로 말하면, 네 유수부를 부수도로 거느린 서울의 위상도 상대적으로 격상된 것을 의미한다. 그리고 네 유수부를 중국의 한(漢)·당(唐)시대 수도 장안(長安)에 비유하여 삼보(三輔)라고 불렀다. 중국이 세계제국을 건설했던 한·당시대의 장안은 그 주변에 주(周)나라와 진(秦)나라 시대의 수도가 있어서 궁전을 비롯한 고적들이 즐비하여 가히 중국 고대문명의 중심지로서 당당한 모습을 띠고 있었다. 그래서 한(漢) 나라 이후로 수도 장안(長安)과 그 주변 천리를 경조윤(京兆尹), 좌풍익(左馮翊), 우부풍(右扶風) 등 세 개의 권역으로 나누어 광역수도권으로 편제하였다. 이를 삼보(三輔)라고 한다.* 장안은 이렇듯 삼보로 다스려지는 황제의 수도로서 당당한 권위를 지닐 수 있었다.

  정조가 서울 외곽의 유수부들을 삼보(三輔)에 비유하면서,** 특히 화성을 우부풍(右扶風)에 비유한 것은*** 서울과 그 백리권을 중국 한·당시대 천자의 수도, 즉 제왕

---

* 1784년(정조8) 청나라 건륭황제 때 편찬된 『삼보황도(三輔黃圖)』(6권)라는 책에 의하면, 삼보(三輔)체제는 전한 무제(前漢 武帝) 때 확립되었는데, 삼보는 모두 장안성중(長安城中)을 다스리며, 경조윤(京兆尹)에 속한 현(縣)이 12개소, 좌풍익(左馮翊)에 속한 현이 24개소, 우부풍(右扶風)에 속한 현이 21개소라 한다.
  이 책은 앞 부분에서 삼보의 연혁과 삼보의 치소(治所)를 설명하고, 이어서 진(秦)나라 수도인 함양(咸陽)과 한·당의 수도였던 장안(長安) 지역에 있는 궁전, 성문, 원유(苑囿, 정원), 지소(池沼, 연못), 대사(臺榭, 정자), 명당, 원구유[祭天所], 태학, 종묘, 교사(郊社), 관각(觀閣), 창고 등의 시설을 설명한 다음, 3권의 장안지도(長安地圖)를 부기하여 함양과 장안의 고적들을 그림을 곁들여 설명하였다. 장안은 이렇듯 삼보로 다스려지는 황제의 수도로서 당당한 권위를 지닐 수 있었다.
** 정조시대의 삼보(三輔)사상에 대해서는 한영우, 배우성(裵祐晟), 1995, 「조선시대 관찬지도 제작의 역사적 배경」『해동지도』(해설, 색인편) 32~33쪽 참고.

대황교
현재 융릉(사도세자 무덤) 경내에 있으며, 이 다리를 건너면 바로 융릉의 정자각(丁字閣)에 이른다. 돌로 만들었다.

(帝王)의 수도와 동격의 광역수도권으로 격상시키려는 의도가 담긴 것이다.

화성행궁의 여러 건물들의 이름에도 한·당시대의 궁전과 성문 등에서 차용한 것이 적지 않다. 장락전(長樂殿), 신풍루(新豊樓), 장안문(長安門) 등이 그것이다.

한편, 정조는 화성에서 현륭원으로 가는 연로(輦路)의 지명을 황교(皇橋), 대황교(大皇橋) 등으로 바꾸었다. 이 또한 '황제의 다리'라는 의미를 갖는 것이다. 왕은 청나라의 천자를 의식하지 않고 자신감에 차 있었다.

*** 화성을 우부풍에 비유한 기록은 『화성성역의궤』의 각종 건물의 상량문(上樑文)에 무수히 보인다. 예컨대, 장안문, 팔달문, 각건대(角巾臺, 방화수류정과 동장대 사이에 있음)의 상량문이 그것이다.

직할 자급자족 도시, 이용후생의 실학도시

화성은 결코 네 유수부 중의 하나만은 아니었다. 화성은 경제적으로 자급자족하는 정조의 직할통치지역이기도 했다. 그래서 화성을 탕목읍(湯沐邑)이라고도 불렀다.*

탕목읍은 원래 주(周)나라 때 천자가 제후에게 목욕비를 충당하기 위해 내려준 직할지(直轄地)를 의미한다. 그후 한 고조(漢高祖) 때에는 고향인 풍패(豊沛)를, 후한 광무제(後漢 光武帝) 때에는 남양(南陽)을 각각 탕목읍으로 삼아 이 지방의 요역을 면제시켜 준 일이 있었다. 이제 화성을 탕목읍으로 삼은 것은 이곳을 국왕 직속의 직할지로 삼아 국가재정의 도움을 받지 않는 자급자족지로 만들고, 독자적인 재원으로 현륭원의 관리와 임금의 화성행차 및 화성경영에 필요한 모든 비용을 충당한다는 뜻이 담겨 있었다.

정조의 꿈은 화성의 주민들이 "집집마다 부유하고, 사람마다 화락하는(戶戶富實 人人和樂)" 낙원도시를 만드는 것이었다.**

자급자족하는 낙원도시는 다른 말로 이용후생(利用厚生)의 도시이기도 했다. 정조는 화성의 이용후생에 관하여 깊은 관심을 기울이고 있었음이 1795년의 행차자료에서 발견된다.

정조는 화성을 이용후생의 도시로 만들기 위한 재원으로서 왕의 사유재산인 내탕금(內帑金)을 투자하고, 이를 이용하여 화성의 도시 주변에 모범적인 수리시설(水利施設)과 농장(둔전)을 건설하였다. 화성 북쪽의 만석거(萬石渠, 종전의 일왕저수지)와 대유

---

* 화성을 탕목읍에 비유한 기록은 『화성성역의궤』의 곳곳에 보인다. 예컨대, 장락당, 노래당, 영화정 동장대, 화양루 각건대의 상량문에 보인다.
** 유봉학, 1996, 『꿈의 문화유산, 화성-정조대 역사・문화 재조명』(신구문화사) 참고.

(왼쪽) 축만제의 표석. 정조 재위 당시 농업진흥을 꾀하여 관개용수 공급을 위해 건설되었던 인공저수지들은 대부분 원형을 잃어가고 있으며, 그나마 표석들도 유실되어 버렸다.
(오른쪽) 만석거 유지(遺址). 현재는 만석거 공원으로 조성되면서 많은 부분이 매몰되어 버렸으며, 대유둔에 있던 논들도 거의 '용도변경'된 상태이다. 현재 수원시 장안구 송죽동에 위치하고 있다.

둔(大有屯, 1795), 화성 서쪽의 축만제(祝萬堤, 지금의 西湖, 1799)와 서둔(西屯), 화성 남쪽의 만년제(萬年堤, 지금의 현륭원의 입구로서 화성군 안녕리, 1798), 그리고 지금의 안양시에 만안제(萬安堤, 1796)를 축조하였다.*

특히 만안제는 십리의 도로를 굳건히 다지는 치도(治道)의 효과를 가져오기도 하였다. 이로써 화성은 우리나라 최고의 시범적인 농업도시로 성장하였다. 오늘날 수원에 농과대학이 들어서게 된 것도 그 유래를 캐보면, 정조의 화성건설에서 시작된 것이다.

그밖에도 화성의 주민에게는 요역(徭役)과 각종 세금을 면제하고, 주변 지방의 상인(商人)이나 장인(匠人)들에게도 여러 가지 혜택을 주어 화성에 모여 살게 함으로써 이

---

* 대유둔을 비롯한 둔전경영과 화성의 수리시설에 관해서는 염정섭(廉定燮), 1996, 「정조후반 수리시설 축조와 둔전경영」 『한국학보』 82 참고.

곳의 상공업 진흥을 촉진시켰다. 이제 화성은 백성들이 살기 좋은 신흥도시로 성장하였다.

　화성을 건설하고 발전시킨 주역은 바로 정조였다. 86만 냥에 이르는 건설비용을 투자한 것도 정조 자신이었다. 도시를 설계한 것도 기본적으로는 왕 자신이었다. 물론, 그 공사의 실무를 집행한 것은 화성유수 조심태(趙心泰)였고, 거중기(擧重機)를 비롯한 건축도구들을 설계하고 제작하는 데는 정약용(丁若鏞)을 비롯한 학자들의 도움이 컸다. 성벽을 쌓는 데 벽돌을 이용한 것은 박제가(朴齊家) 등 북학자들의 주장을 따른 것이다. 그러나 그것은 기본적으로 왕의 지시와 지도에 따라 이루어진 것이다.

　세계적으로 보면, 18세기에 국가 최고 지도자의 의지로 건설된 대표적 도시는 러시아의 상트 페테르부르크와 미국의 워싱턴(華盛頓)이다. 러시아 근대화의 아버지로 불리는 표트르 대제(1672~1725)가 서구문명을 수입하여 세운 근대도시가 상트 페테르부르크(뒤의 레닌그라드)이다. 워싱턴은 프랑스 공학자의 설계로 건설되었고, 1800년에 수도로 확정되었다. 비슷한 시기에 조선의 정조는 서양의 건축기술과 중국의 성곽제도를 배워서 우리 현실에 맞는 18세기형 성곽도시로서 화성을 건설하고, 그 도시를 모든 백성들이 부실(富實)하고 화락(和樂)하는 낙원으로 만들려고 심혈을 기울였다. 그것은 우연의 일치다. 그러나 상트 페테르부르크나 워싱턴과 화성은 특별히 다른 점이 있다. 서양의 도시에는 『화성성역의궤』와 같은 치밀한 공사보고서가 없다는 점이다.

성인(聖人)의 도시

정조는 민인을 사랑하는 마음에 있어 남다른 열정이 보인다. 화성축성 보고서인 『화성성역의궤(華城城役儀軌)』*를 보면, 왕이 공사에 참여한 70여만 명의 인부(人夫)들의 원망을 사지 않기 위해 반나절까지 계산하여 최고의 품값을 지불하고 있음을 볼 수 있다. 거중기를 비롯한 최신식 공구(工具)들을 제작하여 공사에 투입한 것도 백성들의 수고를 덜기 위한 배려에서였다.

이밖에도 백성들의 환심을 얻으려는 정조의 노력은 곳곳에서 보인다. 공사에 참여한 인부들과 감독관들에게 겨울에는 의복을 내리고, 여름에는 더위를 막는 약인 척서제(滌暑劑)을 내렸다든지, 행궁(行宮)과 신작로(新作路)를 만들기 위해 민가(民家)를 수용하면서 시가(時價)에 의한 충분한 보상을 하였다든지, 흉년이 들자 공사를 중단했다든지 하는 것들이 모두 백성을 위한 배려라고 할 수 있다.

정조는 축성공사를 시작하면서 내린 교서(敎書)에서 공사지침을 시달하는 가운데 "민심(民心)을 즐겁게 하고, 민력(民力)을 가볍게 하는데 힘쓰라. 혹시라도 백성을 병들게 한다면, 비록 공사가 빨리 진행된다고 하더라도 나의 원하는 바가 아니다.(當以悅民心寬民力爲務 或有近於病民者 雖工役不日成之 非予本意也)"라고 하였다. 그래서 왕은 "한 가지 명령이라도 혹시 민지(民志)를 꺾을까 염려하고, 한 가지 일이라도 혹시 민력(民力)에 방해가 되지 않을까 염려하였다(慮一令之或拂民志 懼一事之或妨民力)"는 것이다.**

---

* 『화성성역의궤』의 내용에 대해서는 한영우, 1994, 「화성성역의궤 해제」 『화성성역의궤』
(서울대 규장각 간 영인본 상권) 참고
** 김종수(金鍾秀) 찬(撰), 「화성기적비」 『화성성역의궤』 권2 비문(碑文)

『화성성역의궤』 권4의 「공장(工匠, 장인들의 명단)」의 일부
석수(石手), 목수(木手), 화공(畵工), 기와공을 비롯 22가지 분야의 장인들 명단이 40여 쪽에 걸쳐 명시되어 있다. 최무응술, 유돌쇠 등과 같이 장인들의 이름에 그 성격이나 특징이 나타나 있는 것도 보인다.

    왕의 애민정신은 공사보고서인『화성성역의궤』를 편찬하면서 공사에 참여한 노동자들의 이름과 주소, 근무일수, 품값을 일일이 기록한 데서도 찾을 수 있다.

    공사비용을 국가재정에서 지출하지 않고 왕실의 내탕금으로 충당한 것도 백성의 세금을 축내지 않으려는 배려에서였다.

    정조가 왜 화성을 건설하였는가. 이 대답을 가장 확실하게 해주는 것은 '화성(華城)'이라는 이름 자체이다. 이 이름은『장자(莊子)』「천지편(天地編)」에 나오는 "화인축성(華人祝聖)"의 고사에서 유래한 것이다. 즉 화(華)라는 지방에 봉해진 어떤 사람

이 요(堯) 임금에게 수(壽)와 부(富), 그리고 다남(多男)을 기원하자, 요임금은 "수(壽)는 욕됨이 많고, 부(富)는 일이 많으며, 다남(多男)은 걱정이 많아서 싫다. 이 세 가지는 덕(德)을 기르는 까닭이 아니다"*라고 대답했다는 것이다. 말하자면 '화성'이라는 이름에서 정조가 보여 주고자 한 것은, 백성들의 입장에서는 왕실의 장수와 부귀와 번창을 기원하는 도시요, 왕의 입장에서는 요임금처럼 덕(德)을 펴는 도시라는 두 가지의 함축된 의미이다. 그러니까 왕은 자신이 요임금 못지 않은 성인(聖人)이라는 것을 신민(臣民)들에게 보여 주기 위해 화성을 건설했다고 볼 수 있다.

하지만 의문이 있다. 정조가 왜 하필이면 서울이 아닌 제3의 공간에서 자신의 성인상을 구축하려고 했을까. 서울을 성인의 도시로 만들 수는 없었을까. 여기에 대한 해답에서 화성의 정체성은 더욱 극명하게 드러날 수 있다.

서울은 아버지가 비명(非命)으로 죽은 곳이다. 그리고 아버지를 비참하게 죽게 한 정치현실이 복잡하게 얽혀서 잠복되어 있는 곳이다. 그러므로 새로운 정치공간의 건설은 바로 정조가 구상하는 개혁정치의 성공을 위한 불가피한 선택일 수밖에 없었다. 새 술은 새 푸대에 담자. 아마도 정조는 화성이라는 새 푸대에 새로운 정치를 담으면서, 장차 서울까지도 성인의 도시로 만들려는 원대한 꿈을 가졌는지도 모른다. 화성에서 펼친 정조의 정치드라마는 그래서 더욱 흥미롭게 관찰되어야 한다.

* 원문. "封人曰 壽 富 多男子 人之所欲也 汝獨不欲何耶 堯曰 多男子則多懼 富則多事 壽則多辱 是三者 非所以養德耶."

정조는 왜 화성을 자주 방문하였는가

1789년에 아버지 묘소를 화산(花山)으로 이장한 후 정조는 해마다 1월 혹은 2월에 신하들을 거느리고 현륭원(顯隆園)을 참배하기 위해 화성을 방문하였다. 왕의 궁밖 나들이를 '거둥' 혹은 행행(幸行)이라 하는데, 능(陵, 왕과 왕비의 무덤)에 가는 행행을 능행(陵幸), 원(園, 왕의 後宮이나 世子의 무덤)에 가는 행행을 원행(園幸)이라고 한다. 정조의 현륭원 방문은 원행에 해당한다.

국왕이 능원에 참배하기 위해 궁밖을 나가는 일은 모든 왕들의 관례로서 특이한 일이 아니다. 그런데 정조는 어느 임금보다도 궁밖 나들이가 많은 임금이었다. 국왕의 능행이나 원행은 1년에 1회 혹은 2회가 보통이지만, 정조는 재위 24년간 66회의 행행을 하여 1년 평균 약 3회를 기록했고, 아버지 묘소 참배가 그 절반을 차지했다.

정조는 왜 이토록 행행을 많이 가졌을까. 물론 그것은 어버이에 대한 효심을 보여주기 위함이다. 하지만 왕이 행행 중에 한 일을 살펴보면, 행행의 목적이 효심에만 있는 것은 아니라는 것을 알 수 있다. 정조는 행행 중에 3,355건의 상언(上言)이나 격쟁(擊錚)을 처리하였다.* 그러니까 한 번 행차 중에 평균 51건의 민원(民怨)을 처리했다는 이야기가 된다. 상언은 백성들이 임금을 직접 만나 억울한 일을 호소하는 것을 말하고, 격쟁은 행차 중에 징을 치고 나와서 왕에게 역시 억울한 일을 호소하는 것을 말한다. 글을 쓸 줄 아는 사람들은 상소(上疏)로써 자신의 억울한 일을 임금에게 호

---

* 정조가 원행과 능행을 통해서 무슨 일을 했는가는 김문식(金文植), 1997, 「18세기 후반 정조능행의 의의」 『한국학보』 88 참고.

화성행차의 배경

「화성능행도」 8폭 병풍 중 시흥환어행렬도(120쪽)의 관광민인 부분
연로(輦路) 주위에 모여들어 행렬을 바라보는 사람들이 자연스럽고 친숙하며 때로는 해학적인 모습을 보이고 있다.

소할 수 있지만, 글을 쓸 줄 모르는 무지한 백성들은 직접 임금을 만나 말로써 호소할 수밖에 없다. 이것이 바로 상언이나 격쟁이다. 상언과 격쟁은 조선후기 왕들이 모두 허용한 일이지만, 통계상으로 보면 정조가 가장 적극적이었다. 그만큼 그는 백성들의 목소리를 직접 듣고 싶어했던 임금이었다.

정조가 현륭원을 참배한 것은 모두 13회이고, 이때 처리한 상언이 1천1백여 건에 달한다. 한 번 행차마다 대략 85건의 민원이 처리된 셈이다. 이는 화성과 현륭원 행차가 다른 어느 능행보다도 민원처리가 많았음을 말해 준다. 또한 이 사실은 정조의 화성행차가 단순히 아버지에 대한 효심을 보여 주는 데서 그친 것이 아니라, 행차가 지나가는 시흥(始興), 과천(果川), 화성 일대 주민들의 민정을 직접 시찰하고, 민원을 해결하는 기회로 활용되고 있었다는 것을 의미한다. 백성을 사랑하는 마음이 여기에서도 나타난다.

그런데 원행의 목적은 이것만이 아니었다. 여기에는 여러 가지 부수적인 효과가 뒤따랐다. 우선 대규모 인원이 이동하려면 자연히 길을 닦고 다리를 건설 혹은 보수하게 되어 치도(治道)의 효과가 있었다.

또한, 많은 군사들을 데리고 가면서 수도권의 방위체제를 점검하고 군사들을 훈련하는 기회로도 활용되었다. 이밖에도 왕은 현지에 가서 별시(別試)를 시행하여 지방의 인재들을 수시로 발탁하여 등용하였으며, 행차 중에 혹은 행차를 마치고 돌아와서 많은 신료와 군사들에게 상을 내려 주는 것이 관행이었다. 그러므로 왕의 궁밖 나들이는 때로는 민폐를 끼치는 측면도 없는 것은 아니지만, 그에 못지 않게 지역사회 발전과 지방민의 사기진작에 적지 않은 효과를 가져다 주었던 것이다.

정조의 궁밖 나들이 중에서도 1795년(정조19)의 현륭원 방문은 각별한 뜻을 지니고 있었다. 이 해가 을묘년(乙卯年)이므로 흔히 '을묘원행(乙卯園幸)'이라고 불리는 이 행차는 표면상으로는 어머니 혜경궁 홍씨(惠慶宮 洪氏)의 회갑을 경축하기 위한 나들이였다. 돌아가신 장조의 구갑(舊甲)도 같은 해에 겹쳐서, 현륭원을 참배한 후 어머니 회갑을 화성에서 치르는 것은 명분이 서는 일이었다. 하지만 정조가 8일간의 화성행차에서 벌인 일련의 행사들은 단순한 회갑잔치가 아니라는 것을 보여 준다. 화성에서 잔치를 벌인 뒤 6월 18일에 정식 회갑잔치를 서울의 연희당(延禧堂)에서 다시 치렀다는 것도 화성잔치의 정치성을 드러낸다. 그것은 작게는 어머니의 한을 풀어 주는 효성의 표현이지만, 크게 보면 자신이 재위 20년간 쌓아 놓은 위업을 과시하고,

내외 신민(臣民)의 충성을 결집시켜 정치개혁에 박차를 가하려는 거대한 정치적 시위이기도 하였다.

화성을 무대로 하여 아버지와 어머니, 그리고 자신을 따르는 모든 친위세력을 하나로 묶어 세우는 거창한 정치 드라마, 정조는 바로 그것을 겨냥한 것이다. 그래서 이 행사에 기울인 정조의 정성과 관심은 이만저만한 것이 아니었다. 정조는 드디어 자신의 참모습을 보여 줄 수 있는 때와 장소와 기회를 맞이하였다. 그리고 그 시위는 한양에 잠복된 구질서의 잔재를 청산하기 위한 혼신의 도전이기도 하였다. 그러나 그 혼신의 도전적 드라마 속에는 왕조문화를 절정으로 끌어 올리는 한국판 르네상스가 꽃피고 있었다.

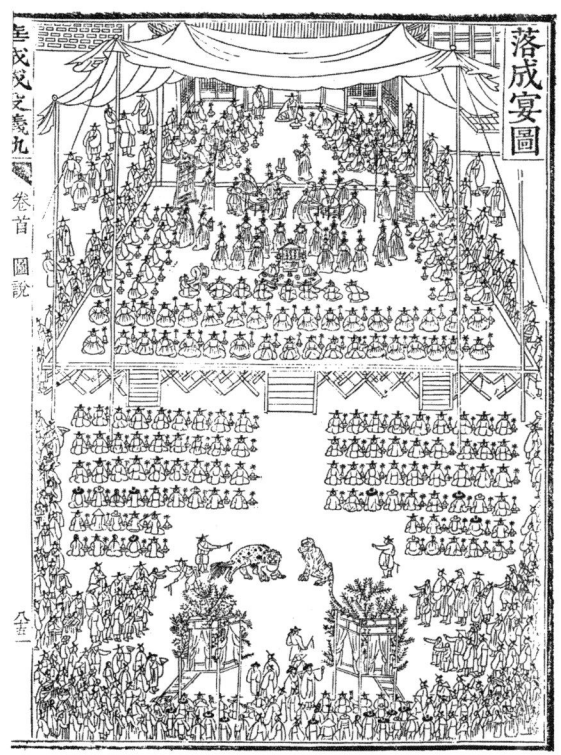

『화성성역의궤』 중 「낙성연도」
1796년(정조20) 10월 16일 봉수당에서 거행된 낙성연을 그린 이 그림에는 임시로 가설한 무대 위에서 북춤·포구락 등이 연출되고, 그 아래에서는 일반주민들이 구경하는 가운데 사자춤이 펼쳐지고 있다.

1795년(정조19) 화성행차에 대한 자료

『원행을묘정리의궤』

지금 우리 앞에는 을묘원행을 생생하게 보여 주는 자료들이 많이 남아 있다.
　첫째, 문헌자료로서는 이 행차의 전말을 소상하게 기록한 8책의 방대한 『원행을묘정리의궤(園幸乙卯整理儀軌)』가 있다.
　이 책은 권수(卷首)에서 택일(擇日), 좌목(座目), 도식(圖式)을 싣고 있다. 택일은 주요행사의 일정표다. 좌목은 행사를 주관한 정리소와 의궤를 편찬한 의궤청의 직원명단이다. 그 다음 도식은 행차와 관련된 주요 행사장면과 행사에 쓰인 도구들, 그리고 행차에 따라간 수행원들의 행렬도 등을 무려 112쪽에 걸쳐 판화(版畵)로 그려 놓았다. 예를 든다면, 화성행궁의 봉수당에서 거행된 회갑잔치 장면과 잔치 때 올려진 14종의 궁중무용 그림, 잔치상에 쓰인 각종 꽃들, 잔치에 쓰인 각종 그릇들, 낙남헌에서 벌어진 양로연 그림, 화성향교에서 대성전에 참배하는 그림, 문무과 합격자를 발표하는 그림, 서장대에서 군사훈련하는 그림, 득중정에서 활쏘는 그림, 신풍루에서 쌀을 나누어 주는 그림, 혜경궁이 타고 간 가마 그림, 한강에 배다리를 놓은 그림, 연희당에서 회갑잔치하는 그림, 창경궁 홍화문에서 쌀을 나누어 주는 그림 등이다. 특히 1,700여 명의 인물과 근 800필의 말들이 행진하는 모습을 담은 63쪽의 반차도(班次圖)는 장관이 아닐 수 없다. 이 그림들은 김홍도(金弘道)의 지휘하에 김득신, 이인문, 장한종, 이명규 등 쟁쟁한 화원들이 합작으로 그린 것들로서 예술성이 매우 높다.

『원행을묘정리의궤』(앞으로는『정리의궤』로 약칭함)의 제1권은 전교(傳敎), 연설(筵說), 악장(樂章), 치사(致詞), 어제(御製), 어사(御射), 전령(傳令), 군령(軍令)으로 구성되어 있다. 전교는 왕이 내린 명령, 연설은 왕이 신하들과 나눈 대화, 악장은 노랫말, 치사는 혜경궁에게 드린 축사의 말, 어제는 임금이 지은 시나 글, 어사는 임금의 활쏘기 성적, 전령은 정리사가 아랫사람에게 내린 지시사항, 군령은 군대동원에 관한 명령이다.

제2권에는 의주(儀註), 절목(節目), 계사(啓辭)가 수록되어 있다. 의주는 회갑잔치를 비롯하여 각종 의식(儀式)의 절차를 세밀하게 기록한 것으로, 당시 여러 가지 의식이 어떻게 진행되었는지를 알 수 있다. 절목은 행사를 집행하는 세부적인 행동지침을 적은 것이고, 계사는 신하들이 임금에게 건의한 말을 기록한 것이다.

제3권에는 계목(啓目), 장계(狀啓), 이문(移文), 내관(來關), 수본(手本), 감결(甘結)이 수록되어 있다. 계목과 장계는 신하들이 왕에게 올린 보고서, 이문, 내관, 수본, 감결 등은 관청 상호간에 오고간 문서들이다. 이 자료들은 말하자면, 일을 집행하는 행정체계를 보여 준다.

제4권에는 찬품(饌品), 기용(器用), 배설(排設), 의장(儀仗), 반전(盤纏), 장표(掌標), 가교(駕轎), 주교(舟橋), 사복정례(司僕定例)가 수록되어 있다. 찬품은 문자 그대로 왕과 혜경궁, 그리고 수행한 신하들이 행차 중에 먹은 음식메뉴이다. 여기서는 노량참에서 시작하여 시흥참, 사근참, 화성참, 진찬(회갑잔치), 원소참(현륭원)의 순서로 음식메뉴를 소개하고 있는데, 한 곳에서 먹은 음식을 다시 날짜와 시간별로 나누어 아침 간식인 조다소반과, 정식 아침식사인 조수라, 낮간식인 주다소반과, 정식점심인 주수라, 정식저녁인 석수라, 밤간식인 야다소반과 등으로 구분하여 적고 있다. 더욱 놀라운 것은 음식의 종류만을 적은 것이 아니라, 그 음식을 만드는 데 들어간 재료와 수량, 그리고 음식의 높이까지 상세하게 기록하고 있다는 점이다. 이렇게 찬품의 기록이 상세하다 보니 그 분량이 68쪽에 이르고 있다. 그리고 찬품의 끝에는 어떤 꽃 몇 개를 상화(床花)로 썼는지도 기록되어 있다.

기용(器用)은 각 참(站)에서 쓴 그릇의 목록을 적은 것이다. 이것도 장소별로 나누어 어느 곳에서는 어떤 그릇을 몇 개 썼으며, 이를 사들이는 데 지출한 비용이 얼마인지를 그릇별로 상세하게 기록하였다. 그 기록이 28쪽에 달한다.

배설(排設)은 회갑잔치날 쓰인 방석, 병풍, 주렴, 평상, 탁자 등의 종류와 수량, 그리고 이러한 물건들을 어디에서 조달했는지를 적고 있다.

의장(儀仗)은 행차에 쓰인 의장품의 종류와 수량을 적고, 반전(盤纏)은 행차를 수행한 신료와 군인들에게 지불한 노자비용의 액수 및 그 비용의 조달처를 기록하였다. 그 분량이 11쪽에 달한다.

장표(掌標)는 각 신하와 군병들이 차고 다니는 일종의 신분증으로서, 어느 기관에 몇 개의 장표가 사용되었는지를 적고 있다.

가교(駕轎)는 왕과 혜경궁이 타고간 가마에 관한 기록이다. 여기서는 가마의 크기와 그것을 만드는 데 들어간 재료의 종류와 수량, 그리고 그 재료를 사들이는 데 들어간 비용을 적고 있다. 또한, 가마를 제작한 장인(匠人)의 종류와 그들이 노동한 일수(日數)를 반나절까지 적고, 그들에게 매일 지급한 식가(食價)를 기록하고 있다. 가교에 관한 기록이 24쪽에 달한다.

주교(舟橋)는 배다리에 관한 기록이다. 여기서는 정조가 만든 기본설계안인 「어제주교지남(御製舟橋指南)」을 싣고, 이어서 실제 배다리를 건설하는 데 들어간 재료의 종류와 수량, 배다리에 꽂은 깃발의 종류와 수량, 배다리를 건설하는 데 참여한 수백 명의 관리, 악인(樂人), 군병들의 이름을 기록하고 있다.

　사복정례(司僕定例)는 말(馬)을 관장하는 사복시(司僕寺)에서 원행에 필요한 마필과 가마, 그리고 인력을 어떻게 지원했는가를 기록한 것이다. 원래 원행에 관한 일은 정리소가 주관하게 되어 있었지만, 가마와 말은 사복시의 지원이 필요하였다. 여기서는 먼저, 어가를 따라간 사복시의 관원과 서리, 역자(驛子), 마의(馬醫), 가마를 잡고 가는 견거달(牽車達), 말을 끌고 가는 견마배(牽馬陪) 등의 인원과 이름을 적고 있다. 그 인원이 모두 436명이다. 이어서 사복시에서 지급한 마필의 종류와 수량, 그리고 혜경궁과 정조의 가마를 끌고가는 말과 정조가 타고간 말들의 이름까지 기록하고 있다. 다음에는 각 참에서 말에게 먹인 음식의 종류와 수량, 그리고 말먹이를 끓이는 데 들어간 연료와 먹이를 담은 그릇의 종류와 수량 등이 적혀 있다. 이어서 사복시에서 따라간 사람들에게 지급된 의복비용과 그들에게 상으로 내려준 포목(布木)의 수량을 적고 있다.

　『정리의궤』의 제5권은 내외빈(內外賓), 참연노인(參宴老人), 배종(陪從), 유도(留都), 공령(工伶), 당마(塘馬), 방목(榜目), 상전(賞典), 재용(財用)으로 구성되어 있다.

　내외빈은 행차에 초대받은 내빈(內賓, 여자손님)과 외빈(外賓, 남자손님)의 명단, 참연노인은 양로연에 초대받은 노인의 이름과 나이, 배종은 어가를 따라간 수행원 명단, 유도는 서울에 남아 있는 군인 명단, 공령은 잔치에 참여한 기생의 이름과 나이, 당마(塘馬)는 척후복병의 명단, 방목은 과거합격자의 이름과 나이와 거주지를 적고 있다. 상전(賞典)은 사건별로 시상한 내용을 정리한 것으로, 무려 69쪽에 달할 만큼 내용이 자세하다. 상품의 내용을 보면, 대체로 고급관리에게는 표피(豹皮), 녹피, 말, 약제, 비단, 흉배, 그릇류 등이 지급되고, 하급 군인들이나 장인(匠人), 화원(畵員)들에게는 포목(布木)이 지급되고 있다. 특히 장인들은 노동에 투입된 날짜를 반나절까지 기록하고, 근무일수에 따라 상품의 수량도 차등을 두고 있다.

끝으로, 재용(財用)은 원행에 들어간 경비의 수입과 지출을 항목별로 정리한 것이다. 무슨 물건을 사는 데 얼마가 들었다는 식으로 정리되어 있어서 당시 물가의 동향을 이해하는 데에도 많은 도움을 준다. 특히 재미있는 것은 혜경궁을 비롯해서 수행원들에게 공급된 음식의 그릇별 단가가 적혀 있고, 하급관원들이나 아전들에게 지급된 삭료(朔料, 월급)의 수준도 이해할 수 있는 점이다.

본문은 제5권으로 끝나고, 그 뒤에는 부록에 해당하는 부편(附編)이 실려 있다. 그 내용은 첫째, 1795년 6월 18일 서울 연희당에서 열린 혜경궁의 정식회갑잔치에 관한 것이고, 두 번째는 같은 해 1월 21일 사도세자의 회갑을 맞이하여 정조가 사도세자 사당인 서울의 경모궁(景慕宮)에 가서 참배한 사실을 기록한 것이다. 세 번째는 태조 이성계의 아버지인 환조(桓祖)의 탄신 8회갑(480년)을 맞이하여 정조가 영흥본궁(永興本宮)에 관리를 보내 작헌례(酌獻禮)를 올리는 등의 행사를 정리한 것이다. 네 번째는 1760년 사도세자가 목욕을 위해 충청도 온양행궁(溫陽行宮)에 갔을 때 기념으로 심은 느티나무가 35년의 세월이 지난 1795년 큰 나무로 성장한 것을 기념하여 이곳에 영괴대비(靈槐臺碑)를 세우고, 당시 세자를 수행한 관원들을 조사하여 시상한 내용을 정리한 것이다.

이상 『정리의궤』의 내용을 간단히 소개했지만, 이 책이 제공하는 정보는 엄청나게 많다. 당시의 정치, 행정, 군사, 재정, 교통, 문학, 건축, 예술, 수공업 기술 등은 물론이요, 궁중의 의식주 문화를 이처럼 소상하게 알려 주는 자료도 드물다. 또한, 당시 일반 백성들의 생활도 이 책을 통해서 엿볼 수 있고, 수원을 비롯한 서울 외곽지역의 지역사회의 실상을 이해하는 데도 큰 도움을 준다. 정조시대의 어느 분야를 연구하더라도 이 책은 중요한 자료가 된다.

 이 책을 통해서 우리는 정조시대가 과연 왕조의 르네상스시대라는 것을 실감할 수 있다. 무엇보다도 감탄을 자아내게 하는 것은 그 철저한 기록정신이다. 흔히 지위가 높은 사람의 언행만을 대충 적는 것이 관행일 것이라고 믿고 있지만, 이 책은 소외되기 십상인 장인들이나 기생, 노비들의 이름과 근무일수까지 꼼꼼하게 챙기고 있다. 요즘 말로 하자면 모든 것이 실명제(實名制)로 이루어지고 있다. 이것이 바로 당시의 정치수준을 보여 주는 것이다.

 물론, 이 책은 정조시대 편찬된 수많은 서적 중의 하나에 불과하다. 왕조시대, 특히 문화의 절정기인 정조시대의 큰 숲에서 본다면, 『정리의궤』는 하나의 나무에 불과하다. 그러므로 이 나무 뒤에는 더 크고 울창한 숲이 있다는 것을 머릿속에 그리면서 이 책을 대해야 한다. 『정리의궤』는 화성축성공사 보고서인 『화성성역의궤(華城城役儀軌)』와 더불어 왕조시대 의궤의 백미라고 할 만하다.

 『정리의궤(整理儀軌)』의 목차를 소개하면 다음과 같다.
 권 수(卷首)/ 택일(擇日), 좌목(座目), 도식(圖式)
 권 일(卷一)/ 전교(傳敎), 연설(筵說), 악장(樂章), 치사(致詞), 어제(御製), 어사(御射),
   전령(傳令), 군령(軍令)〈부(附) 엄시각조령(嚴時刻操令)〉
 권 이(卷二)/ 의주(儀註)〈부 조식(操式)〉, 절목(節目), 계사(啓辭)
 권 삼(卷三)/ 계목(啓目), 장계(狀啓), 이문(移文), 내관(來關), 수본(手本), 감결(甘結)
 권 사(卷四)/ 찬품(饌品)〈부 채화(綵花)〉, 기용(器用), 배설(排設), 의장(儀仗),
   반전(盤纏), 장표(掌標), 가교(駕轎), 주교(舟橋), 사복정례(司僕定例)
 권 오(卷五)/ 내외빈(內外賓), 참연노인(參宴老人), 배종(陪從), 유도(留都)
   〈부 수궁 유진 유영 유주(守宮留陣留營留駐)〉, 공령(工伶), 당마(塘馬)

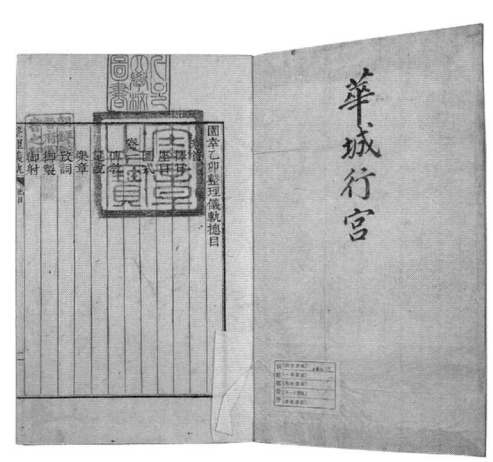

(왼쪽) 『원행을묘정리의궤』, 22×34cm, 1796, 서울대 규장각 소장
　　　목차의 일부분으로, 권 수(卷首) 및 권 일(卷一)의 일부이다.
(오른쪽) 1994년 서울대 규장각에서 간행된 『원행을묘정리의궤』 영인본(상)

	〈부 척후복병(斥候伏兵)〉, 방목(榜目), 상전(賞典), 재용(財用)
부편 일(附編 一)/	탄신경하(誕辰慶賀) - 전교(傳敎), 연설(筵說), 악장(樂章)〈부 시(詩)〉, 치사(致詞), 전문(箋文), 의주(儀註), 절목(節目), 계사(啓辭) 〈부 계목(啓目)〉, 찬품(饌品)〈부 채화(綵花)〉, 기용(器用), 배설(排設), 내외빈(內外賓), 진찬시 당랑원역(進饌時堂郞員役), 상전(賞典)
부편 이(附編 二)/	경모궁 전배(景慕宮展拜) - 전교, 연설, 의주, 절목, 계사, 상전
부편 삼(附編 三)/	영흥본궁 제향(永興本宮 躋享) - 전교, 연설, 어제(御製), 반교문(頒敎文), 의주, 계사〈부 상소(上疏)〉, 장계(狀啓)
부편 사(附編 四)/	온궁 기적(溫宮紀蹟) - 전교, 연설, 어제, 계사, 장계, 상전(賞典)

이 책의 원본은 서울대학교 규장각을 비롯하여 여러 곳에 보관되어 있으며, 1994년에는 서울대학교 규장각에서 영인본(3권)을 출간하였고, 1996년에는 수원시에서 번역본을 간행한 바 있다. 정조는 이 책을 수십 벌 정리자(整理字) 활자로 간행하여 행차에 참가한 대신들에게 나누어 주고 여러 국가기관에 보관하도록 하였다. 이 책의 편찬 과정은 뒤에 자세히 설명하기로 한다.

기타 자료들

한편, 1795년의 원행뿐 아니라, 정조시대의 수원행차 전반을 정리한 것이 있다. 1책으로 되어 있는 『원행정례(園幸定例)』가 그것이다. 이 책은 1789년 사도세자 무덤을 수원으로 천봉한 이후 1800년 1월까지의 원행과 관련된 여러 사항을 정례화하여 정리한 것이다. 내용은 먼저 왕의 명령을 소개한 전교(傳敎)에서 시작하여, 어가를 따라간 백관과 군병들의 반차(班次)와 복장, 수행원 등에 관한 규정을 적고, 이어서 행차에 소요된 비용, 배다리 놓는 방법, 화성에서의 군사훈련 방법, 한양에서 현륭원에 이르는 도로의 교량과 역참(驛站)에 대한 규정, 수행원의 총수, 말의 징발, 화성행궁의 여러 시설, 문무과 시험에 대한 규정 등을 담고 있다.

이 책은 1790년에 일단 편찬되었다가 뒤에 계속 보충하여 정조말년에 완성된 것으로 보인다. 정조의 화성행차의 전모를 일목요연하게 정리하였다는 점에서 이 책의 가치는 높지만, 1795년 행차에 관한 한 『정리의궤』만큼 자세하지 못하다.

정조는 1795년의 화성행차를 널리 후세에 알리기 위해 『정리의궤』를 만들었을 뿐 아니라, 최득현(崔得賢), 김득신(金得臣), 이명규(李命奎), 장한종(張漢宗), 윤석근(尹碩

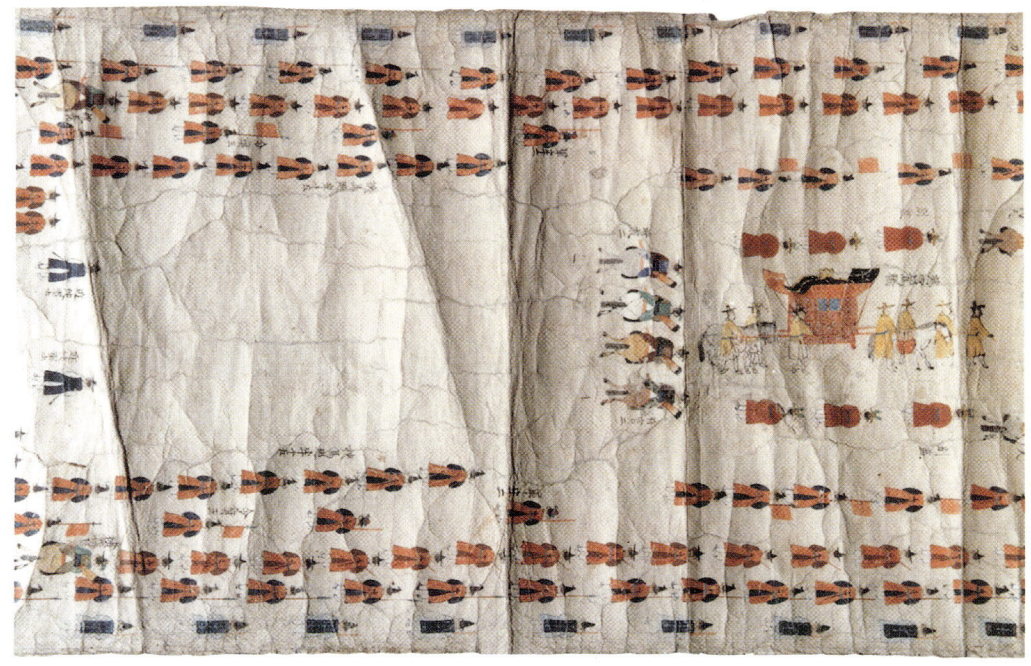

「수원능행반차도」중 혜경궁 가마 부분
작자미상, 종이에 채색, 서울대 규장각 소장
정조 당시 제작된 것으로 보이는 15미터 길이의 이 두루마리는 행렬을 뒤에서 보고 그린 후면도 형식이다.

根), 허식(許寔), 이인문(李寅文) 등 화원(畵員)들로 하여금 행사의 주요장면을 담은 여러 폭의 그림병풍을 만들게 하였다. 당시 진찬도병(進饌圖屛)이라고 불렸던 이 병풍은 그 후에도 여러 차례 다시 그려졌는데, 현재 소장처가 분명하게 알려진 것은 덕수궁 궁중유물전시관을 비롯하여 호암미술관, 일본 교토대학 문학부박물관 등이다.

지금 남아 있는 병풍그림에는 여덟폭의 행사장면이 그려져 있다. 첫째 폭은 화성행궁의 봉수당(奉壽堂)에서 벌어진 회갑잔치를 그린 진찬도(進饌圖), 둘째 폭은 화성행궁의 낙남헌(洛南軒)에서 벌어진 노인위로잔치를 그린 양로연도(養老宴圖), 셋째 폭은

화성행차의 배경

「반차도」 중 혜경궁 가마부분(김학수 소장)
『원행을묘정리의궤』의 판각화 밑그림에 당시 화원이 채색한 것으로 추정된다.

정조가 화성 향교(鄕校)의 문묘(文廟, 공자 및 저명한 유학자를 모신 사당)에 참배하는 알성도(謁聖圖), 넷째 폭은 화성행궁에서 시행한 문무과 별시합격자를 발표하는 장면을 그린 방방도(放榜圖), 다섯째 폭은 서장대(西將臺)에서 실시한 야간군사훈련 장면을 그린 야조도(夜操圖), 여섯째 폭은 득중정(得中亭)에서 왕과 신하들이 밤에 활쏘기를 하는 장면을 그린 어사도(御射圖), 일곱째 폭은 행차가 시흥행궁으로 돌아오는 장면을 그린 환어도(還御圖), 그리고 마지막은 한강에 배다리를 놓고 건너오는 장면을 그린 주교도(舟橋圖)가 그것이다.

서울대학교 규장각에는 '수원능행반차도(水原陵行班次圖)'(작자 불명)로 불리는 15미터 길이의 두루마리 그림이 있다. 종이에 화려한 채색을 입힌 이 그림은 정조 당시에 제작된 것으로 보이는데, 행렬을 뒤에서 보는 후면도(後面圖) 형식을 취하고 있다. 이 점은 측면도(側面圖) 형식으로 그린 『정리의궤』의 반차도와 다르다. 그러나 그림에 등장하는 인물의 배치와 수는 『정리의궤』와 같다. 이 자료는 당시 행차에 참가한 사람들의 직책과 그들이 입은 복색을 이해하는 데 도움을 준다.

이밖에도 제작연대를 알 수 없는 두루마리 형식의 채색반차도가 국립중앙박물관에 소장되어 있고, 위에 소개한 『정리의궤』의 판각화에다 채색을 한 것도 전하고 있다(김학수 소장). 필자는 이를 편의상 '채색판각화'로 부르기로 한다.

한편, 필자는 1994년에 새로운 반차도(班次圖)를 제작하였다. 이 반차도는 의궤의 판각화를 밑그림으로 하여 필자가 직접 채색을 한 것이다. 그 채색은 위에 소개한 규장각 소장의 채색두루마리 그림과 '채색판각화'를 참고하여 넣었다. 그러나 이 두 자료가 모두 보존상태가 좋지 않고, 안료가 퇴색한 부분이 많아서 정확한 채색을 판단하는 데 어려운 점이 많았다. 또 천연안료로 그려진 원래의 색깔을 오늘날 사용하는 그림물감으로 표현한 것도 불가피한 한계이다. 원래 문화재는 복원이라는 것이 불가능하다. 다만 원형에 가깝게 재창조하는 것만이 가능하다.

필자가 제작한 반차도를 한지(韓紙)에 실제보다 크게 인쇄하여 두루마리 족자로 만든 것이 현재 서울대학교 규장각 전시실에 걸려 있으며, 길이는 25미터이다. 이 그림에는 원래의 그림에 들어 있지 않은 채제공(총리대신), 홍낙성(영의정, 외빈), 심환지(병조판서), 윤행임(정리당상) 등 행차에 참여했던 수십 명의 인명을 넣었다. 원래의 그림에는 수행원의 직함만이 적혀 있으나, 그 직함에 해당하는 인물을 『정리의궤』에서 조사하여 넣은 것이다.(11~74쪽의 반차도 참조)

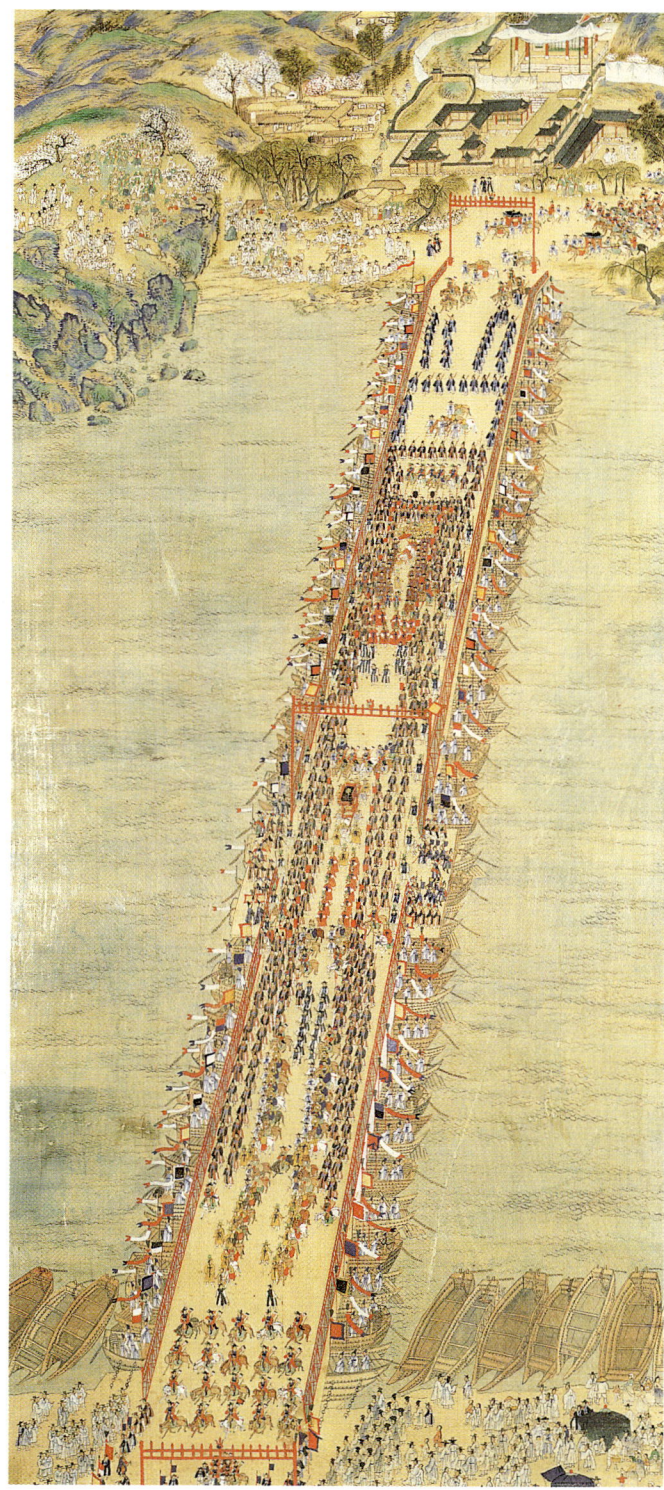

정조대왕 능행도(일명 화성능행도)
8폭병풍
작자미상, 비단에 채색
214.5×73.5cm(한 폭의 크기)
덕수궁 궁중유물전시관 소장

화성능행도는 이외에도 다른 곳에 소장된 병풍이나 낱폭으로 전해지는 것들이 있는데, 그 크기나 순서, 도상, 묘법, 채색 등에는 각기 차이가 있다.
이 책에서는 (왼쪽에서 보았을 때) 실제의 병풍과 같은 순서로 그림을 배열했다.
병풍 그림은 오른쪽에서 시작되므로 이 그림은 행차의 순서대로라면 맨 나중에 해당되며 차례대로 역순으로 나아가는데, 실제로는 122쪽부터의 다섯 폭도 125, 126, 122, 123, 124쪽의 순서로 배열되어야 완전한 차례를 갖추는 셈이 된다.

노량주교도섭도 鷺梁舟橋渡涉圖
행차의 마지막 날인 윤2월 16일, 노량진의 주교를 건너며 서울로 행궁하는 행렬장면을 용산쪽에서 바라보고 묘사한 것이다.
주교 가운데의 홍살문을 혜경궁 가마가 지나고 있으며 그 뒤에 정조의 좌마(座馬)가, 강 건너편에 보이는 용양봉저정 행궁 앞에는 두 군주의 가마가 보인다.
화려하고도 장엄한 행차의 모습도 인상적이지만, 구경 나온 사람들의 다양한 모습들 또한 생생한 현장감을 더해 준다. (244쪽에 부분 그림, 다리의 모양새는 146쪽의「주교도」참조)

시흥환어행렬도 始興還御行列圖

행차의 일곱째 날인 윤2월 15일 화성 행궁을 출발한 행렬이 막 시흥행궁 앞에 다다른 모습이다.(244쪽 참조) 왼편 아래쪽엔 병사들의 삼엄한 호위에 둘러싸인 시흥행궁이 위용을 과시하고 있고(170쪽에 부분 그림) 가운데 약간 윗부분에 푸른 휘장에 가려진 혜경궁의 가마가 보인다.
행렬이 잠시 멈춘 가운데 정조가 친히 미음과 다반(茶盤)을 올리는 장면으로, 행렬의 바깥쪽엔 수라를 실은 수레와 음식을 준비하는 막차(幕次)도 보인다. 기수대 앞에는 거대한 용기(龍旗)와, 비어 있는 정조의 가마가 있다.
한편, 자유분방한 모습의 민인(民人)들 사이사이에 보이는 엿장수, 떡장수의 모습도 퍽 인상적이다.
민인들의 모습은 200여 년의 시간을 뛰어넘어 우리들 곁에 가까이 다가와 있는, 친근하고 수더분한 이웃들 같기도 하다. 능행도 가운데 단연 '보는 재미'가 풍부한 그림으로 손꼽힌다. (105쪽에 부분 그림)

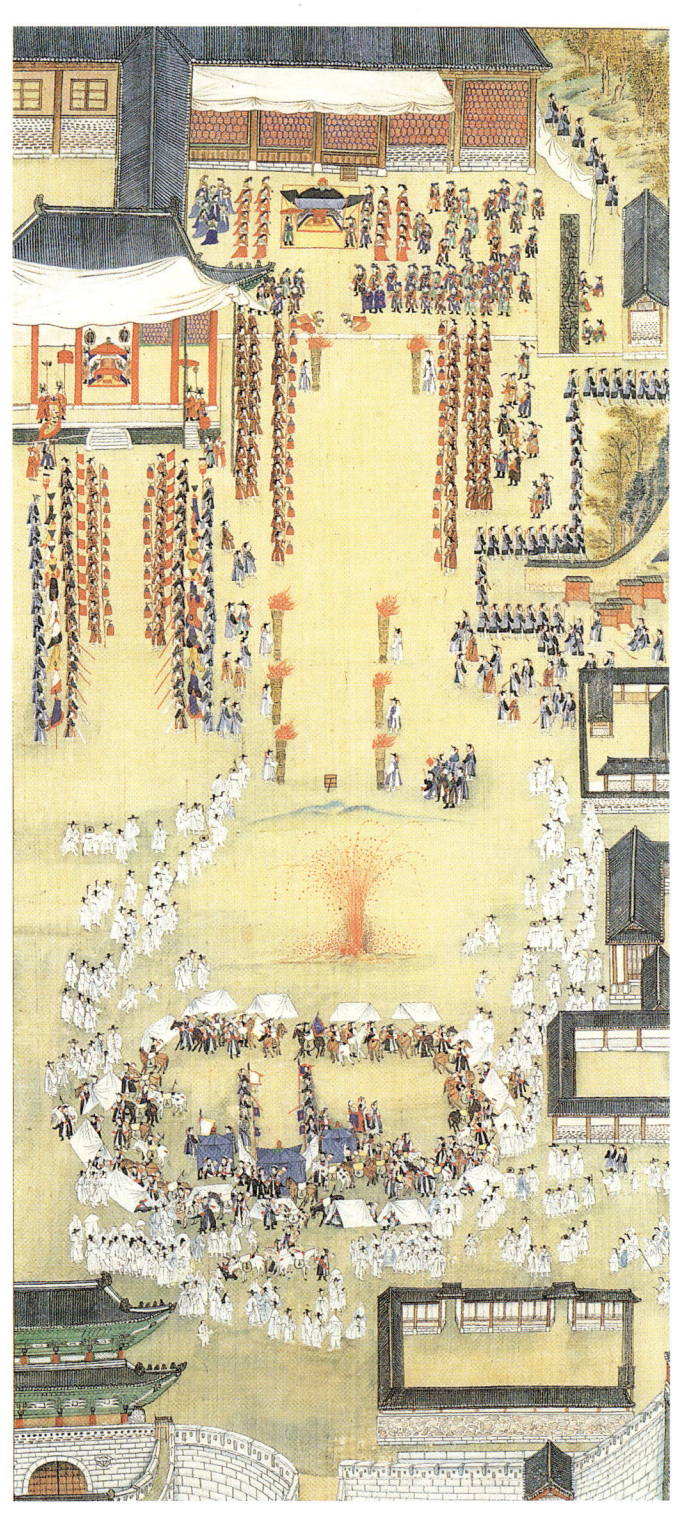

득중정어사도 得中亭御射圖

행차의 여섯째 날인 윤2월 14일 오후, 정조가 득중정에서 신하들과 함께 활쏘기를 한 다음 혜경궁을 모시고 매화포(埋火砲) 터뜨리는 것을 구경하는 장면이다.

그림 맨 위쪽에는 득중정과 혜경궁의 가마가 있으며, 약간 아래 왼쪽 건물은 낙남헌으로, 정조가 친림(親臨)해 있는 모습이 상징적으로 그려져 있다.

『정리의궤』의 득중정어사도에도 이와 거의 유사한 장면에 활쏘기 하는 모습이 나타나 있다.
(239쪽 「득중정어사도」 참조)

맨 아래 왼쪽에 보이는 것은 화성의 북문인 장안문으로, 실제의 위치와는 전혀 동떨어져 있지만 현장의 공간감을 더욱 확대시키는 효과를 준다.
(239~241쪽의 행사 내용 및 239, 240쪽의 그림 참조)

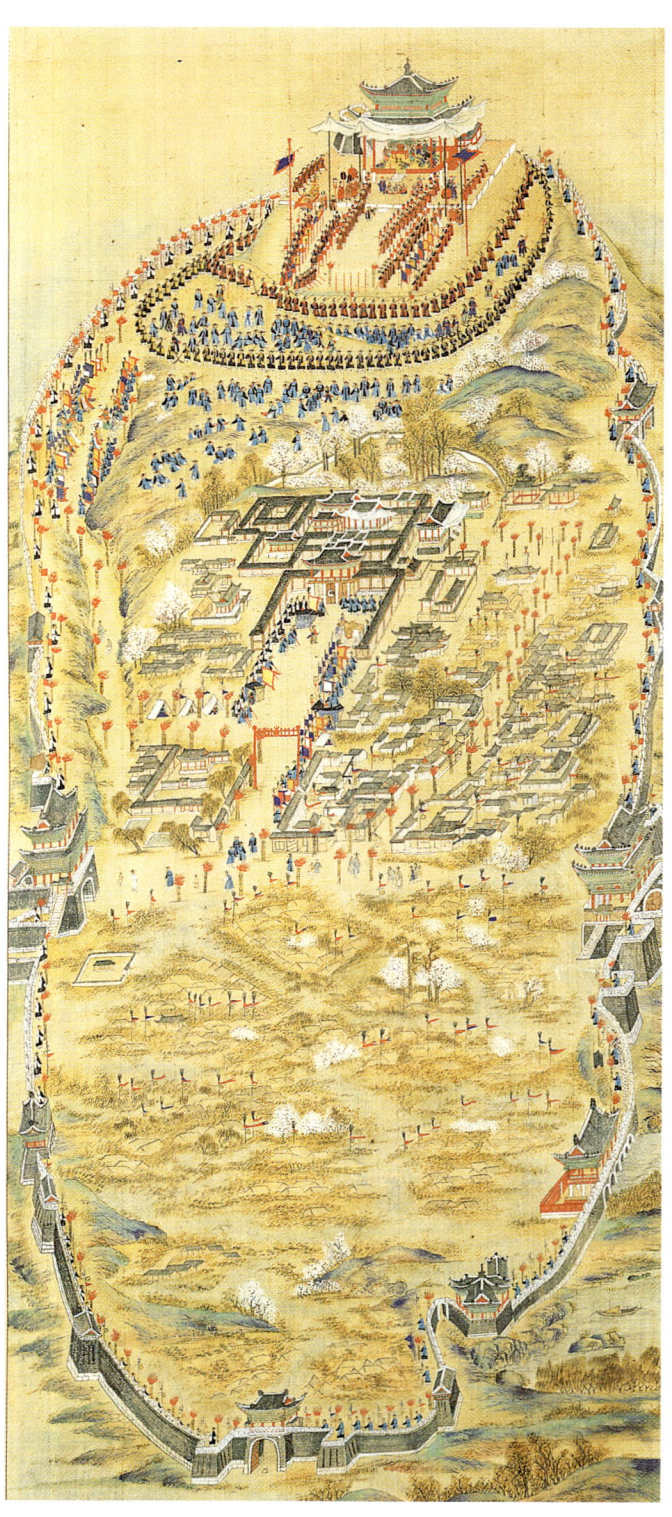

서장대성조도 西將臺城操圖

행차의 넷째 날인 윤2월 12일 밤, 정조가 화성의 서장대에 행차하여 군사훈련을 실시하는 장면을 묘사한 그림이다.
그림 맨 위쪽에 실제보다 크게 그려진 서장대가 있는데, 주위에 도열해 있는 수많은 군사들의 모습이 자못 긴장감을 자아낸다. (197쪽에 부분도)

92쪽의 「화성전도」와는 달리 세로로 긴 타원형 모양으로 성곽 전체의 모습이 그려져 있다.
서장대 아래쪽엔 행궁과 민가들이 있고, 가운데 좌우로 각각 팔달문(남문)과 장안문(북문)이 보이며, 장안문에서 왼쪽 아래로는 화홍문과 방화수류정이, 맨 아래에는 동문에 해당하는 창룡문이 나타나 있다.
202쪽의 「연거도」(演炬, 횃불을 밝힘)에 이 그림과 대비되는 장면들이 아울러 보인다.
(197~202쪽의 행사 내용 및 197, 202쪽의 그림 참조)

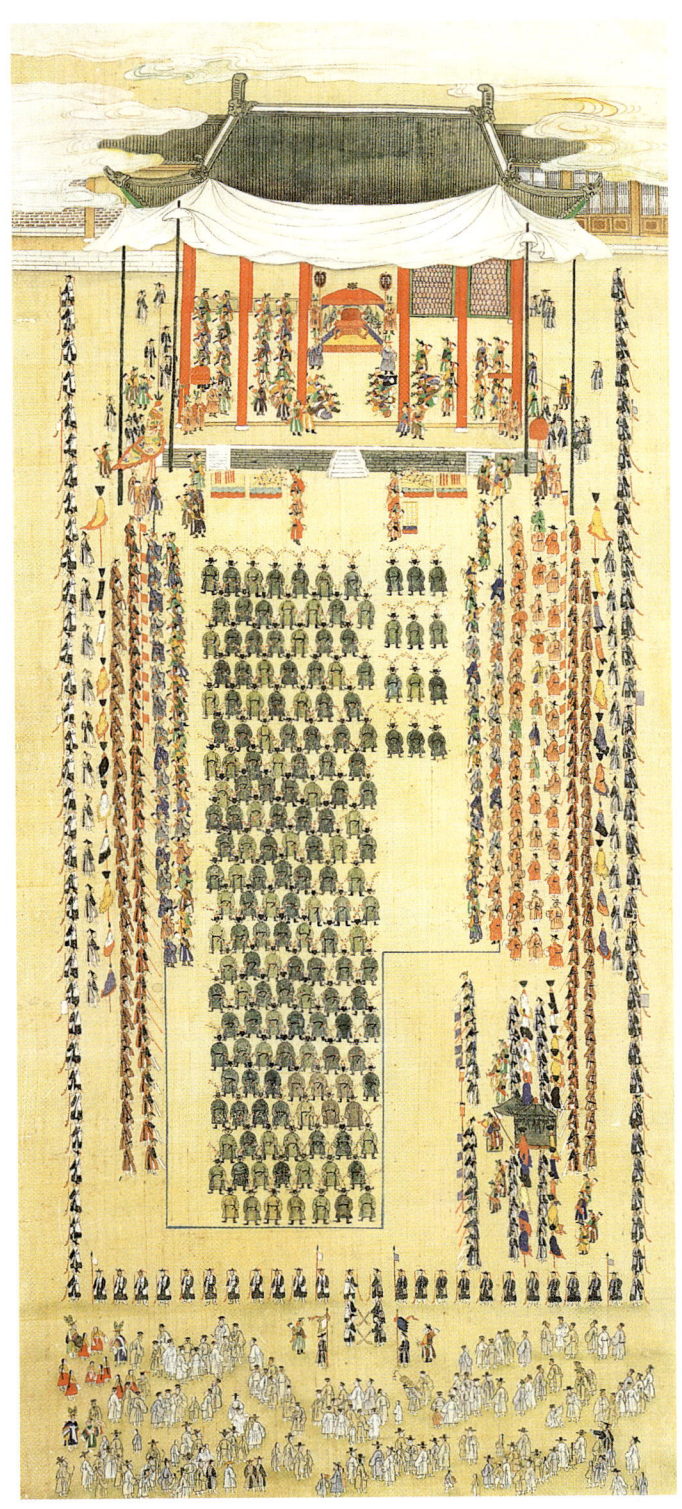

낙남헌방방도 洛南軒放榜圖
행차의 셋째 날인 윤2월 11일 오전에 과거시험을 실시한 뒤 같은 날 오후 그 합격자를 발표하고 시상하는 장면이다.
낙남헌 안에는 정조의 어좌(실제로는 앉아 있는 모습)와 배석한 입시관원들의 모습이 보이고, 섬돌 아래에는 홍패(紅牌, 합격증), 어사화(御賜花) 등이 놓인 탁자가 보인다.
이날의 과거급제자는 문과 5명, 무과 56명으로 되어 있으나 그림에는 이보다 훨씬 많은 사람들이 그려져 있다.
그림의 아래쪽엔 가족이나 일대 주민으로 보이는 사람들이 자유롭게 늘어서 있어, 사뭇 대조적인 분위기를 자아낸다.
(186~189쪽의 행사 내용 및 187쪽의 「낙남헌방방도」 참조)

화성성묘전배도 華城聖廟展拜圖

행차의 셋째 날인 윤2월 11일 이른 아침, 화성에서의 첫 번째 공식행사로 거행된 성묘(聖廟)참배 장면이다.
맨 위쪽의 대성전(大成殿) 앞뜰에는 청금복(青衿服)을 입은 유생들이, 그 아래쪽의 명륜당 뒤로는 수행한 문무백관들이 각각 시좌하여 있다.
명륜당 앞뜰, 향교의 주위와 앞쪽으로 많은 병사들이 호위하고 있고, 주변에는 구경 나온 사람들의 자유로운 모습들이 보인다.
화면 전체적으로 산자락에 빙 둘러싸인 가운데 장면이 전개되는 것이 이채롭다.
(183~186쪽의 행사 내용 및 184쪽의 「알성도」 참조)

낙남헌양로연도 洛南軒養老宴圖

행차의 여섯째 날인 윤2월 14일 오전, 정조가 낙남헌에서 영의정 홍낙성을 비롯한 노인관료 및 화성 현지의 노인들에게 양로연을 베푸는 장면이다.

그림의 내용은 226쪽에 언급된 바와 거의 흡사하다.

어좌 앞 마루에는 융복차림의 노대신과 관원들이 앉아 있고, 섬돌 앞뜰에는 왕이 내린 노란 비단손수건을 지팡이 머리에 매고 앉아서 비단 한 단 씩을 받는 사서노인(士庶老人)들의 모습이 보인다.

담장 사이에는 여령과 악사들이 늘어서 있다.

(225~228쪽의 행사 내용 및 225쪽의 「낙남헌양로연도」 참조)

125

봉수당진찬도 奉壽堂進饌圖

행차의 다섯째 날인 윤2월 13일, 정조가 봉수당에서 혜경궁의 회갑을 기념하여 진찬례를 올리는 장면이다.

그림 맨 위쪽이 봉수당, 가운데가 중양문(中陽門), 맨 아래 지붕만 보이는 것은 좌익문(左翊門)이다.

봉수당 앞 오른쪽엔 정조의 자리가 마련되어 있고, 앞뜰엔 혜경궁의 친척들인 의빈과 척신들이, 중양문 밖에는 문무백관들이 앉아 있다.

화면 가운데엔 여령들이 무고(舞鼓)와 선유락(船遊樂)을 추고 있는데, 이는 서로 다른 장면이 함께 그려진 것이다.

봉수당의 섬돌에 놓인 헌선도를 비롯, 앞뜰에 놓인 화려한 소품들이 궁중연회의 호사스러움과 품격을 한껏 나타낸다.

(203~220쪽의 행사 내용 및 204쪽의 「봉수당진찬도」 참조)

1795년의 화성행차

'홍재(弘齋, 정조의 호)'라 새겨진 정조의 인장(표지 앞면과 옆면에도 '弘齋'라 새겨진 다른 인장이 있다)

행차의 준비과정

정리소 설치와 재원 마련

정조대왕의 1795년 화성행차는 조선왕조를 통틀어 가장 장엄하게 치러진 행사로서 많은 인적, 물적 준비가 필요하였다. 왕이 궁을 떠나 여행길에 오른 것은 이 해 윤2월 9일이지만, 그 준비는 1년 전부터 시작되었다.

우선, 행차날짜를 윤2월로 정한 것은 농사철을 피하여 정월이나 2월에 행차를 해오던 관례를 따른 것이다. 다만 종전보다 조금 시기를 늦춘 것은 농사 직전의 봄철을 택하기 위해서였다. 어머니의 회갑잔치를 위한 행사이니만큼 계절에 신경을 쓰지 않을 수 없었다.

원래 아버지 장조(莊祖, 사도세자)의 주갑(周甲)은 1월 21일이고, 어머니 혜경궁 홍씨(惠慶宮 洪氏)*의 회갑은 6월 18일이었지만 이 두 날을 모두 피했다. 아버지의 회갑 날에는 장조의 사당인 경모궁(景慕宮)에서 왕대비인 정순후(貞純后, 영조의 계비, 51세)

---

* 혜경궁 홍씨(1735~1815)는 풍산홍씨 홍봉한(洪鳳漢, 영의정)의 딸로서 1744년(영조20) 10살 나이로 사도세자빈에 책봉되었다가 28세에 남편을 잃자 혜빈(惠嬪)으로 추서되었다. 사도세자의 죽음은 영조와 세자의 갈등에서 비롯되었지만, 여기에 세자를 지지하는 소론과 노론 벽파의 갈등이 작용하고 아버지 홍봉한과 숙부 홍인한(洪麟漢)도 세자를 살해하는 입장을 지지하여, 결국 남편의 비참한 죽음을 지켜볼 수밖에 없었다. 42세가 되던 1776년에 아들 정조가 왕위에 오르자 혜경(惠慶)의 궁호를 받았다. 1795년 회갑을 맞이하자 정조의 지극한 효성으로 화성에서 회갑잔치를 받고 돌아왔으며, 이 해 자신의 한많은 일생을 소설형식으로 정리하여 저 유명한 『한중록(恨中錄)』을 지었다. 1899년(광무3)에 장헌세자(사도세자)가 장조(莊祖)로 추존되자 혜경궁도 경의왕후(敬懿王后)로 추존되었다.

와 어머니 그리고 왕비인 효의왕후 김씨를 모시고 가서 전배(展拜)하는 것으로써 주갑잔치를 대신하였다. 그리고 어머니의 진짜 회갑잔치는 6월 18일 연희당(延禧堂)에서 다시 거행되었다.

 화성행차를 위한 준비과정에서 가장 중요한 것은 주관기구를 설치하는 일과 비용을 마련하는 일이었다. 먼저, 행사주관기구로서 정리소(整理所)라는 임시기구를 1794년 12월 11일 장용영 조방(壯勇營 朝房)에 설치하였다. 정리소에는 6명의 정리사(整理使)를 두었는데, 호조판서, 사복시 제조(司僕寺 提調), 장용사(壯勇使), 경기관찰사(뒤에는 摠戎使로 바꿈), 장악원 제조(掌樂院 提調), 그리고 비변사 부제조(備邊司 副提調)가 맡았다. 호조판서는 경비 지원 문제로, 사복시 제조는 말과 가마 등을 준비하는 문제로, 장용사는 군대 동원 문제로, 경기도 관찰사는 행사지역이 경기도인 이유로, 장악원 제조는 악대(樂隊) 동원과 잔치에서의 음악과 춤 문제로, 비변사 부제조는 국가안보 문제가 각각 관련되어 있기 때문이었다. 정리사 밑에는 실무책임자인 낭청(郎廳), 그리고 그 밑에는 실무집행자인 장교(將校), 서리(書吏), 서사(書寫), 고직(庫直), 사령(使令), 기수(旗手), 문서직(文書直), 사환군(使喚軍) 등을 두었다.

 다음에 경비 문제는 총비용이 약 10만 냥으로 예정되었다. 이를 조달하기 위해 다음과 같은 방법이 실시되었다. 첫째, 진청(賑廳)에서 화성시민(華城市民)에게 빌려 주었다가 이자를 받아낸 돈이 2만 6천 냥이요, 둘째, 평안도의 철산(鐵山) 등 3읍에서 포곡(逋穀)을 돈으로 바꾼 것이 31,081냥이요, 셋째, 덕천(德川)의 환곡(還穀)을 돈으로 바꾼 것이 14,220냥이요, 넷째, 호남지방에서 큰 풍년이 들어 모미(耗米)를 팔아서 만든 돈 중에서 쓰고 남은 것이 24,800냥이요, 다섯째, 모조(耗條)를 돈으로 바꾼 것이 6,960냥이 되었다.*

---

* 『정리의궤』 권5, 재용(財用)에 약 10만 냥의 재원에 대한 수입과 지출의 세밀한 내역이 기록되어 있다. (영인본, 중 476~491쪽)

이로써 총경비 103,061냥을 확보하게 되었는데, 이는 모두 국민의 세금과는 관계없고, 정부의 환곡을 이용한 이자수입이었다.

정조는 재원을 마련함에 있어서 민력(民力)을 수고롭게 하지 말 것과 영읍(營邑)에 영향을 주지 말 것, 그리고 명색(名色)이 타당하고 수용(需用)이 간편한 방법을 찾도록 신하에게 엄명하였다. 다시 말하자면, 국가의 정상적인 경비(經費)와 지방의 민읍(民邑)에 피해를 주지 않는 범위 안에서 행차비용이 마련되었다는 점이다.

정조는 정리소 제조(整理所 提調)이던 정민시(鄭民始)가 마련한 10만 냥의 재원을 1794년 12월 11일 정리당상 윤행임(整理堂上 尹行恁)에게 맡겨서 출납을 관리하도록 명하면서 그 비용을 지출할 때 지켜야 할 원칙을 다음과 같이 지시하였다.

> 이 돈이 비록 국가의 경비와 관련이 없다고 하더라도 모두가 공화(公貨)이다. 만약 쓰고 남는 것이 있다면 마땅히 민국(民國)에 보탬이 되도록 해야 한다. 더욱이 어머니께서는 반드시 일마다 절약하라는 뜻을 누누이 말씀하신 것이 한두 번이 아니다. 여러 당상들은 돈을 쓸 때 성감(省減)하는데 힘써서 터럭만큼이라도 사치하거나 크게 하지 않도록 해야 한다.*

여기서 특히 주목되는 것은, 쓰고 남는 돈이 있으면, 반드시 민국(民國)을 위해서 쓰겠다는 약속이다. 뒤에 다시 살펴겠지만, 정조는 실제로 전국의 진민(賑民)을 구제하는 자금으로 정리곡(整理穀)이라는 재원을 만들었다.

정조는 12월 13일에도 정리소에 나가서 신하들에게 다음과 같이 당부하였다.

> 한 터럭만큼이라도 민읍(民邑)에 폐를 끼치지 말고, 예를 간략하게 하면서도 의(義)를 세

---

*『정리의궤』 권1, 연설(筵說), 갑인 12월 11일조 (영인본, 상 215쪽)

우고, 성의를 보이면서도 경비를 절약하고자 하는 것이 나의 뜻이다. 혹시라도 사치하거나 낭비하는 일이 있으면 해당 참(站)의 당상과 낭청을 엄히 다스릴 것이다. 혹시라도 한 그릇이나 한 가지의 맛있는 음식이라도 사사로이 준비하여 진어(進御)하는 자가 있으면 그 죄가 어떻다는 것을 내가 이미 대신들에게 말한 바 있다. 경들은 여러 낭관들을 엄칙하여 죄를 짓는 일이 없도록 하라.*

10만 냥의 재원을 지출함에 있어서 엄격하게 사치와 낭비를 막고, 또 개인이 과잉 충성하는 것을 처벌할 뿐 아니라, 만약 경비가 남으면, 민국(民國) 즉 백성과 나라를 위해 쓰겠다는 것이 정조의 본심이었다.

실제로 10만 냥의 주요지출 항목을 보면, 정리곡(整理穀)을 마련하는 데 들어간 정리곡가전(整理穀價錢)이 2만 냥으로 가장 많다. 정리곡이란, 정조가 전국의 농민들에게 농사밑천을 삼도록 하기 위해 만든 재원으로서, 그야말로 백성을 위해 쓰겠다는 약속을 실행한 것이다.

그 다음, 마침 제주도에 흉년이 들자 이를 구휼하기 위한 탐라진자전(耽羅賑資錢)으로 나간 것이 1만 냥이고, 화성에 둔전을 건설하는 데 들어간 화성설둔전(華城設屯錢)이 1만 냥이나 되었다. 이것들도 말하자면 민국(民國)을 위해 쓴 것이다.

다음으로 비용이 많이 들어간 것은 내빈(혜경궁의 여자친척)과 외빈(혜경궁의 남자친척) 및 각 관청의 반전(盤纏, 路資)으로 들어간 것이 모두 1만4천 냥, 각 참(站)에서 진배할 물품을 사들이고, 교량(橋梁)을 건설하거나 은구(隱溝, 물길)를 파는 등 도로건설에 들어간 비용이 약 8천3백 냥, 화성참(華城站)에서 쓴 것이 약 7천 냥, 자궁(慈宮, 혜경궁)과 두 군주(郡主, 청연군주·청선군주)가 타고 갈 가마 등을 새로 만들거나 수리

* 같은 책, 권1, 연설(筵說), 갑인 12월 13일조 (영인본, 상 218쪽)

하는 데 들어간 비용이 4천2백 냥, 각종 그릇을 사는 데 든 비용이 약 5천 냥, 정리소에서 사들인 포목값이 약 5천6백 냥 등이었다.

그러나 이렇게 쓰고서도 남은 돈이 약 3천 냥 정도 되었는데, 이것은 의궤청(儀軌廳)으로 이송하여 『원행을묘정리의궤』를 제작하는 데 쓰도록 하였다.

가마를 새로 제작하다

정조가 원행(園幸)을 준비하면서 특별히 정성을 들인 것은 어머니 혜경궁이 타고 갈 가마였다. 노인이 먼 거리를 여행하는 만큼 안락한 가마가 필요했다. 더욱이 현륭원의 원소(園所, 무덤)가 가파르기 때문에 여기에 타고 갈 특별한 가마가 필요했다. 그래서 두 종류의 가마를 새로 만들었다.

하나는 한양에서 화성까지 타고 갈 가교(駕轎)로서 이것을 만드는 데 2,785냥의 비용이 들었고, 29종의 장인(匠人) 약 120명이 참여했다.* 얼마나 정성을 쏟아 만들었는지를 알 수 있다. 여기에는 화원(畵員)까지 동원되었는데, 뒤에 진찬도병풍(進饌圖屛風)을 그리는 데 참여했던 최득현(崔得賢)을 비롯하여, 변광복(卞光復, 변상복의 아들), 윤석근(尹碩根)이 참여했다. 이 가마는 길이가 5척 4촌, 너비가 3척 5촌으로서, 가마의 양끝을 말의 안장에 연결하여 두 마리의 말이 앞뒤에서 끌도록 한 것이었다.

---

* 『정리의궤』 권5, 상전(賞典), 가교조성 후 시상조(駕轎造成後 施賞條)(영인본, 중 408~476쪽)에 가교를 만드는 데 참여한 관원과 장인(匠人), 화원(畵員)의 명단과 그들의 근무일수가 적혀 있다. 한편 가교와 유옥교를 만드는 데 들어간 재료와 크기, 비용 등에 대해서는 『정리의궤』 권4, 가교(駕轎)(영인본, 중 270~293쪽)에 상세하게 기록되어 있다.

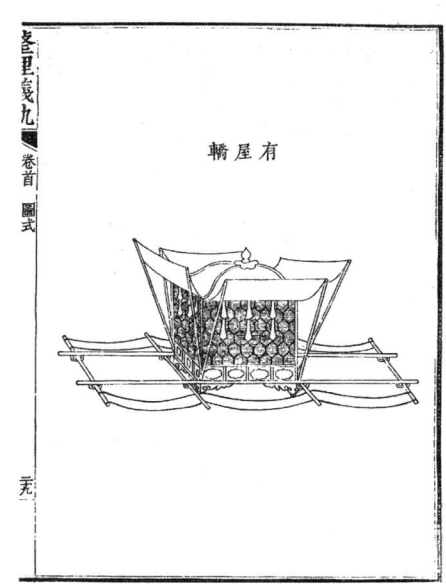 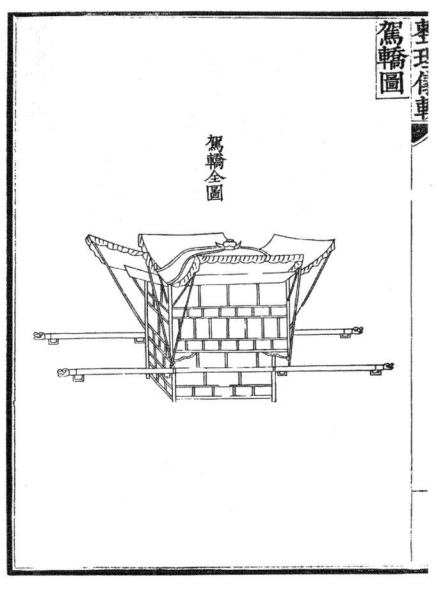

『정리의궤』 중 가마 그림
(왼쪽) 현륭원에서 원소(園所)에 올라갈 때 타고 갈 유옥교(有屋轎). 사람이 어깨에 메고 가도록 설계되었다.
(오른쪽) 한양에서 화성까지 타고 갈 가교(駕橋). 말이 끌고 가도록 설계되었다.

또 하나의 가마는 현륭원에서 원소(園所)에 올라갈 때 타고 갈 유옥교(有屋轎)로서, 2좌를 만드는 데 732냥의 비용이 들었다. 원소에 오를 때는 말을 이용할 수가 없었으므로, 이 가마는 앞뒤로 줄을 매어 여러 사람이 어깨에 메고 가도록 설계되었다.

이밖에 두 군주(郡主, 정조의 누이)가 타고 갈 6인교(六人轎, 6인용 가마) 2좌를 만드는 데 278냥이 들었다. 이 가마는 군주와 내빈(여자손님)이 함께 타도록 하기 위해 6인용으로 설계된 것이다. 왕이 타고 갈 정가교(正駕轎)는 전에 쓰던 것을 수리해서 쓰기로 하였다. 그러나 실제로 정조는 가마를 타지 않고, 시종 말을 타고 갔다.

한편, 잔치에 쓸 비단으로 청운문사(靑雲紋紗)와 홍운문사를 각각 10필씩 평안도관

정조의 화성행차, 그 8일

찰사로 하여금 사서 올려보내도록 하였으며, 경상도관찰사에게 명하여 동래(東萊) 등지에서 각종 거울을 사서 보내게 하였다. 비단은 중국제를 쓰고, 거울은 일본제를 쓴 것이다.

시흥로를 건설하다

정조는 1789년에 아버지 무덤을 수원으로 옮긴 이후로 매년 현륭원을 참배하기 위해 거둥길에 나섰다. 제1차 거둥은 1790년 2월, 제2차는 1791년 1월, 제3차는 1792년 1월, 제4차는 1793년 1월, 제5차는 1794년 1월이었다. 1월을 주로 택한 것은 사도세자의 탄신일이 1월이라는 것과 농사철을 피하려는 뜻이 있었다.

원래 현륭원으로 가는 길은 시흥 방향이 아니고, 지금의 남태령을 넘어 과천(果川)과 인덕원(仁德院)을 거쳐 가는 길이었다.*

이를 좀더 자세히 말하면, 노량의 배다리(주교)를 건너 용양봉저정 – 만안고개(萬安峴) – 금불암(金佛菴) – 금불고개(지금의 숭실대학 부근) – 사

온온사(穩穩舍). 경기도 과천시 관문동 소재
본래 과천현 관아인데 정조가 이곳을 행궁으로도 이용하였다.
1986년 12월에 복원한 건물로서 중앙동 동사무소 뒤편에 있다.

* 1789년에 사도세자 무덤을 현륭원으로 천봉한 이후 현륭원 가는 길은 과천길을 택했다. 당시의 거둥길과 참가자에 대한 설명은 1790년(정조14)에 편찬된 『원행정례(園幸定例)』에 자세하게 소개되어 있다.

당리 – 남태령 – 과천행궁 – 찬우물점(冷井店) – 인덕원천교(仁德院川橋) – 갈산점(葛山店) – 원동점(院洞店) – 사근평행궁 – 지지대고개를 거쳐 화성에 이르는 길이었다. 숙소 혹은 주정소(晝停所)로 이용된 곳은 지금의 과천시 중앙동 사무소가 있는 온온사(穩穩舍)였다. 『원행정례』에 의하면 서울에서 현륭원에 이르는 과천행도로는 85리요, 교량은 21개 처라고 한다.

김약로 무덤
경기도 과천시 갈현동 소재. 과천에서 의왕시로 가는 도로와 외곽순환도로가 만나는 삼거리 오른편 숲속에 있다.

그러나 1795년 거둥길은 이 길을 피하고, 새로이 시흥길을 택하였다. 그 주된 이유는 당시 남태령길을 닦는 것이 힘들어서였다. 그러나 야사에는 과천을 거쳐 인덕원으로 가는 도중에 찬우물점을 거치게 되어 있는데, 이곳에 김약로(金若魯, 1694~1753) 무덤이 있어 이를 피하려는 의도가 있었다고 한다. 김약로는 노론의 영수로서 사도세자의 죽음에 깊이 관여한 김상로(金尙魯)의 형이다. 김약로는 사도세자 죽음에 직접 관여하지 않았지만, 그래도 정조가 그 무덤을 보기 싫어했다고 전한다.

서울 – 화성간 도로건설은 이미 사도세자 무덤을 현륭원으로 옮긴 이후부터 시작되어, 토지수용에 따른 보상이 이루어지고 부역노동자들에게도 임금이 지불되었다.*

시흥길은 언덕이 적은 편이어서 길을 내기가 비교적 쉬웠다. 이 길을 만들기 위해

---

* 고동환(高東煥), 1998, 『조선후기 서울상업발달사 연구』(지식산업사) 101~102쪽 참고

경기감사 서용보(徐龍輔)가 책임을 맡고, 평안도의 남당성(南塘城) 축성공사에 쓰고 남은 돈 1만 3천 냥을 투자하여 1794년에 완성하였다. 이 길에도 안양천을 비롯하여 많은 개울이 있어서 크고 작은 많은 교량을 세워야 했다. 그래서 많은 교량이 건설되었는데, 『원행정례』에 의하면, 서울에서 현륭원까지의 거리는 83리(당시는 10리가 지금의 약 5.4킬로미터에 해당)이고, 24개의 다리가 건설되었다 한다.

지금 안양시 만안구 석수동에 있는 아름다운 돌다리 만안교(萬安橋)는 1795년 9월에 경기감사 서유방(徐有防)에 의해 건설되었다. 또한 1796년에는 지금의 안양시에 만안제(萬安堤)라는 제방을 건설했는데, 이는 비단 농업용수의 공급을 위한 것만이 아니라, 10리에 걸친 도로를 굳건하게 다지는 이중의 효과를 거두었다. 오늘날 서울과 수원을 연결하는 시흥대로의 기초가 이때 놓여졌다.

1천7백여 명의 큰 인원이 말을 타고 5행(行) 혹은 많은 경우에는 11행으로 열을 지어 행진하는 까닭에 연로(輦路)의 폭이 이를 용납할 만큼 넓어야 했다. 연로의 너비는 대략 24척(尺)이었는데, 미터로 환산하면 대략 10미터 정도이다. 그래서 이 도로는 순조 때에도 계속적으로 확장되어 정조 때보다도 더욱 넓어지고, 마침내 전국적으로 10대로(大路)에 들어가는 간선도로가 되었다. 이 도로를 당시 신작로(新作路)라고 불렀다.

노량에 배다리를 건설하다

배다리 건설의 연구

화성거둥길에서 가장 어려운 일은 한강을 건너는 일이었다.

한강을 최소의 비용으로 안전하게 건너기 위해서는 배다리[舟橋]*를 놓는 것이 최선의 방법이었다. 원래 한강을 건널 때는 직접 배를 타고 건너는 것이 오랜 관행이었지만, 때에 따라서는 배다리를 놓는 경우가 종종 있어 왔다. 1789년 양주에 있던 사도세자 무덤을 현륭원으로 옮길 때에도 뚝섬에 배다리를 놓고 건넌 일이 있었다.

그러나 현륭원을 모신 1789년(정조13)에 주교사(舟橋司)라는 관청을 설치하고, 위치를 노량으로 옮겨 배다리를 놓고 건너는 방법을 택했다. 노량진(鷺梁鎭)에 70칸짜리 창고를 지어 배다리 건설에 필요한 각종 장비들을 보관하도록 조처하기도 하였다. 그러나 배다리 놓는 기술이 미숙하여 공사기간이 길어지고, 수백 척의 배를 동원하는 등 폐단이 매우 컸다. 이 배들은 한강을 오르내리면서 조세곡을 실어 나르거나 장사를 하는 배들이었으므로, 이들의 생업에도 막대한 지장을 주었다. 정조는 현륭원에 갈 때마다 이 점을 심각하게 고민하면서 배다리를 짧은 기간에 최소한의 비용으로 건설하는 방법을 신하들과 더불어 연구하기 시작했다.

---

* 배다리에 관한 설명은 다음의 자료를 이용했다.
 ・『정리의궤』 권4, 주교(舟橋), 어제주교지남(御製舟橋指南) (영인본, 중 294~311쪽)
 ・『주교지남(舟橋指南)』(규 7315)
 ・『주교지남』(규 5485)
 ・『주교사절목(舟橋司節目)』(규 11433)

이명기(李命基), 채제공 전신좌상.
비단에 채색, 80.5×121cm, 1791년, 채호석 소장.
사모(紗帽)에 분홍색 옷차림을 한 채제공의 73세 때 모습이다. 당시의 전형적인 화법이 구사되었지만, 초상화에 등장하지 않는 손이나 소도구, 앉아 있는 바닥의 재질까지 묘사된 점이 이채롭다. 그림 윗부분의 오른쪽에는 신해년(1791)에 이명기가 어진을 그린 후, 왕의 명령으로 이 그림을 그려 보관하게 되었다는 내용이 명시되어 있으며, 왼쪽에는 채제공이 쓴 자찬문(自讚文)이 적혀 있다.

배다리를 건설하자면 무엇보다도 치밀한 설계가 필요했다. 왕은 묘당(廟堂, 비변사)의 신하들과 부로(父老)들의 의견을 널리 구하면서 자신도 직접 설계안을 구상하였다. 그래서 먼저 묘당이『주교절목(舟橋節目)』을 만들어 왕에게 보고했다. 그러나 왕은 그 계획이 치밀하지 못하다고 생각하여 이를 조목조목 비판하고, 1790년(정조14) 7월 1일에 직접「주교지남(舟橋指南)」을 써서 배다리 놓는 기본원칙을 제시하였다. 그리고 세부적인 설계는 신하들이 연구하도록 하였다. 이 설계에 따라 이 해 12월 24일 실험적으로 배다리가 건설된 바 있었다.

그러나 아직도 미비한 점이 발견되어 주교사(舟橋司)에서는 더욱 세밀한 연구를 계속하였다. 그리하여 1793년(정조17) 1월 11일 주교사는 개정된『주교절목』을 만들어 왕에게 올렸고, 이에 따라 1795년 2월에 드디어 새로운 기술에 의한 배다리가 완공되기에 이른 것이다.

정조는 1795년 1월 28일자로 배다리를 건설할 최고의 책임자인 주교사 당상(舟橋司堂上)으로 총융사(摠戎使)이자 경기감사인 서용보(徐龍輔)를 임명했다. 이어서 2월 8일에는 정리소의 모든 일을 총괄하는 총리대신(摠理大臣)으로서 우의정 채제공(蔡濟恭)을 임명했다.

한강의 배다리 건설은 2월 13일에 시작되어 2월 24일에 끝났다. 처음에는 20일 정도를 예상했으나 불과 11일 만에 다리가 건설되었다. 그만큼 정조가 지시한 대로 기술이 크게 보완되고 치밀한 준비가 있었던 까닭이었다. 한강의 노들강변에 멋드러진 배다리가 단기간에 건설된 것은 이것이 처음으로서, 그것은 조선시대 다리역사의 획을 긋는 큰 사건일 뿐 아니라, 우리나라 과학기술사의 한 페이지를 장식하는 거사이기도 했다.

정조가 만든 배다리 설계-「주교지남」

배다리 건설의 설계는 신하들과 정조의 힘이 합쳐진 것이지만, 정조가 만든 「주교지남」이 기본설계로서 중요한 지침이 되었다. 신하들이 제시한 설계안과 왕이 생각하는 설계안 사이에는 상당한 견해 차이가 있었음이 발견된다. 왕은 신하들이 분(分)과 수(數)와 명(明)을 모르고 주먹구구식으로 설계했기 때문에 실제보다 비용이 많이 들고 시간이 지연되는 설계를 했다고 질책하면서, 15개 항목으로 나누어 주교안을 설명하고 있다. 그 내용이 매우 자세하지만 요지는 다음과 같다.*

위치 선정〔形便〕- 배다리를 놓을 위치로서 동호(東湖, 현 동호대교 지역), 빙호(氷湖, 현 서빙고, 동빙고동 지역), 노량(鷺梁) 등이 있으나, 동호는 강언덕이 높고 물살이 느린 장점이 있는 동시에, 강폭이 넓고 길을 돌아가는 것이 약점이다. 빙호는 강폭이 좁은 장점이 있으나, 남쪽 언덕이 평평하여 물이 조금만 불어도 강폭이 넓어지는 것이 약점이다. 이에 비해 노량은 양쪽 언덕이 높고 수심이 깊으며 물흐름도 빠르지 않다. 또 강폭도 좁다. 따라서 이곳이 최상의 후보지다.

물의 넓이〔水廣〕- 노량의 너비는 약 200파(1把는 指尺으로 6尺)이지만, 바닷물이 드나드는 관계로 약 300파(1,800척)를 기준으로 삼을 것. 강의 너비를 4~5백 파로 계산한 것은 잘못이다. 배의 숫자는 강물의 진퇴에 따라 증감할 것.

배의 선택〔擇船〕- 배는 서울의 5강(江)에 드나드는 배를 선택하되, 배의 높낮이를 헤아려 배마다 기호를 정할 것.

배의 수효〔船數〕- 배의 너비와 강의 너비를 헤아려 배의 수를 정할 것. 경강선(京

---
* 『정리의궤』 권4, 주교(舟橋) (영인본, 중 294~311쪽)

江船, 주교사에 소속된 私船으로 한강유역에서 지방의 세곡이나 어물 등의 생필품을 서울에 운송함)의 너비가 30척(尺)이면, 당연히 60척(隻)이 필요할 것이다. 80~90척의 배가 필요하다고 본 것은 잘못이다.

배의 높이〔船高〕- 배다리는 가운데가 높고 강의 양쪽으로 갈수록 낮아져야 보기에도 좋고, 실용적이다. 가령, 가운데 배의 높이가 12척이면, 그 다음 좌우의 배는 11척 9촌으로, 차례차례 완만하게 비례를 낮출 것. 그러기 위해 경강선의 너비와 높이를 미리 기록해 둘 것.

배를 연결시키는 방법으로, 배 한 척씩 끌어들여 높이가 맞지 않으면 물리치는 방법으로 하면, 배 한 척을 연결시키는 데 반나절이 걸릴 것이다. 이런 방법은 안 된다.

『정리의궤』 권4 주교(舟橋) 중 「주교지남」
▼표시된 행의 結船則… 이하에 배를 연결시키는 방법에 대한 언급이 보인다.

배의 세로연결〔縱梁〕- 배를 세로로 연결시키는 방법이 매우 중요하다. 돛대를 사용하여 연결하는 것은 좋지 않다. 왜냐하면, 아래는 굵고 위는 가늘어 그 위에 판자를 깔 때에도 바닥이 고르지 못하다. 또 긴 돛대를 쓸 경우 한 돛대로 여러 배를 연결하게 되는데, 만약 한 배가 고장나면 고쳐서 보충하기가 힘들다. 더욱이 돛대를 파손하면 선주에게 피해를 끼친다.

그러므로 돛대 대신 별도의 막대기를 준비하되, 만약 배의 너비가 5파이면 7파 길이의 막대기로 연결하여 다른 배의 가룡목〔駕龍木, 배의 선복(船服)을 지탱하는 횡목〕에

『동국여도』 중의 「도성도」, 1책, 채색필사본, 47×66cm, 19세기 전반, 서울대학교 규장각 소장.
성 밖으로 도시가 확장되어 있는 모습이 인상적이다. 한강변의 주요 나루를 중심으로 가옥이 밀집되어 있는
모습도 보이며, 한강을 따라 좌로부터 양화진, 마포, 노량, 동작, 한강진 등이 보인다. 5강의 하나인
서강(마포 부근)의 표기는 빠져 있다.

갈끈으로 묶을 것. 두 막대기가 만나는 곳에 구멍을 뚫어 나무비녀장을 꽂으면 더욱 안전하다.

　어로(御路)의 너비가 약 4파(24척)이므로 1파마다 한 개의 막대기를 쓰면, 한 배마다 막대기 5개가 필요하고, 배가 60척이면 300개의 막대기가 필요하다. 배 한 척에 100여 개의 막대기를 실을 수 있으므로 조선(漕船) 3척이면 운반이 가능하다.

　가로지르는 판자[橫板] – 어로의 너비가 4파이므로 횡판(종량을 가로지르는 판자)의

길이도 4파면 된다. 횡판의 너비를 1척으로 치면, 강의 너비가 1,800척이므로 횡판도 1,800장이 필요하다. 1척의 배가 횡판 300개를 실을 수 있으므로 조선(漕船) 6척으로 운반이 가능하다. 지금 소나무 5천 주가 필요하다는 의견이 있으나, 이는 계산이 잘못된 것이다. 중간 크기 소나무에서는 횡판 1개가 나오고, 큰 소나무에서는 4개가 나오므로, 중간 소나무 300주, 큰 소나무 450주면 넉넉하다. 소나무는 장산곶과 안면도에서 가져올 수 있다. 그러나 서울 근교의 어느 산에나 있다.

잔디를 까는 일〔鋪莎〕 – 배 위에 깔 잔디〔莎草〕는 징발되는 배가 각자 싣고 와서 자기 배에 깔도록 할 것.

난간(欄干) – 배다리의 양편에 1파마다 1개씩 난간을 설치하면 모두 700개의 난간이 필요하다. 여기에 작은 파자(芭子, 대나무 발)를 두르되, 대나무 발마다 5파로 계산하면 모두 150~160부(浮)가 필요하다.

닻을 내리는 일〔下碇〕 – 각 배의 닻줄을 다른 배에 묶으면 서로 엉킨다. 따라서 서로 묶지 말고, 각기 자기 배의 머리에 닻줄을 묶는다. 그래야 풍랑을 만나도 걱정이 없다.

기구의 보관〔藏械〕 – 각 배의 크기에 따라 막대기 등 기계(器械)가 서로 달라지므로, 각 기계마다 어느 소속의 배에 쓴다는 것을 분류해서 기록해 두고, 보관할 때에도 분류해서 창고에 둘 것.

대오를 결성〔結隊〕 – 가령 60척으로 다리를 만든다면, 가장 큰 배를 강심(江心)에 배치하여 상선(上船)을 삼고, 나머지 배들을 6으로 나누어 각각 10척을 1대(隊)로 조직하되, 상선 이북의 30척을 좌부대(左部隊)로, 상선 이남의 30척을 우부대(右部隊)로 호칭하고, 이를 다시 제1대, 제2대~제10대 등으로 나누어 이름을 붙인다. 그리고 각

대와 부마다 대장과 부장의 책임자를 두고, 상선에는 한 사람의 도감관(都監官)을 두어 배다리 일 전체를 통할하게 할 것.

상벌 – 경강선의 주인들을 불러 모아 그들에게 원하는 이권을 준다고 하면 다투어 협조해 올 것이다. 대장과 부장 등에게는 행차가 끝난 후 변장(邊將)이나 둔감(屯監)과 같은 벼슬을 주어 격려하라.

기한 내에 배를 모으는 일〔期會〕 – 경강선은 9~10월에 바쁘므로, 1월이나 2월의 행차 때에는 다투어 모이게 될 것이다. 가을 행차 때에는 8월 순망(보름)에 모이게 한다.

선창다리〔艙橋〕 – 노량은 밀물과 썰물 때 높이가 다르므로 배다리의 높이가 이에 따라 오르락내리락한다. 따라서 배다리와 육지를 연결하는 방법이 매우 중요하다.

넓은 배모양의 부판(浮板)을 만들어야 조수의 출입에도 안전을 기할 수 있다. 부판을 만드는 방법은 다음과 같다.

- 길고 두터운 판자 수십 장을 배 밑창처럼 연결하되, 긴 빗장과 은잠(隱簪)을 이용한다.
- 배의 문처럼 큰 나무를 둘러 아래 위를 맞댄다.
- 나룻배를 만들듯이 긴 판자로 뱃전을 2층으로 둘러 막는다.
- 헌 솜으로 틈을 막아 물이 새어들지 않게 한다.
- 부판의 머리를 배다리 밑에 닿게 하여 수면에 뜨게 하고, 그 꼬리는 밀물의 흔적이 있는 경계를 지나서 언덕 위에 붙여 놓는다.
- 부판 위에 다리를 만들되, 높이와 너비는 배다리를 기준으로 한다.
- Y자형 큰 나무 두 그루를 베어 두 개의 기둥을 만들어 선창다리의 좌우 머리에 마주 세우고, 굵은 밧줄로 가장 가에 있는 배의 가룽목에다 동여맨다.
- 굵은 밧줄로 부판 머리를 매어 기둥 위로 올려 걸고, 끝에다 돌덩이를 채운 주머니를 추로 만들어 늘어뜨린다.
- 부판을 이동할 때에는 부판의 밑창에다 6~8개의 바퀴를 단다.

·부판이 커서 보관이 문제라면, 2~3척으로 나누었다가 필요할 때 합치면 된다.

이상에서 보듯이 정조의 배다리설계는 매우 치밀하고 과학적임을 알 수 있다. 분(分)과 수(數)와 명(明)을 유념하여 설계해야 한다는 왕의 지적이 잘 나타나 있다. 이 설계의 특징은 비용을 적게 들이면서도 다리의 안전성과 아름다움을 추구한 것이다. 특히 큰 배를 강심(江心)에 배치하고, 이를 축(軸)으로 하여 작은 배들을 남북으로 배치함으로써 완만한 아치형을 이루게 한 것은 오늘날 사장교(斜張橋)의 원리와도 비슷하다. 또한, 동원된 민간선박에 못을 박는다든지 하여 상처를 주지 않으면서도 안전한 다리가 되도록 독특한 연결방법을 구상한 것은 매우 탁월한 착상이 아닐 수 없다. 더욱이, 바닷물이 드나드는 한강 일대의 지리조건을 정확하게 이해하여 조수의 간만에도 안전성을 확보할 수 있는 선창(船艙)을 조교(弔橋) 형식으로 해결한 것도 기발하다.

이밖에 경강선(京江船)을 동원할 때 선주(船主)들에게 적절한 반대급부를 부여하여 자발적인 참여를 유도하는 경영자적인 안목도 보인다. 그리고 배다리 공사를 군대식으로 치밀하게 조직하고 관리하는 능력이 비범함을 보여 주고 있다. 역시 정조는 창조적이고 과학적인 두뇌를 가진 인물이라는 것을 엿볼 수 있다.

정조는 화성을 건설할 때에도 직접 축성(築城)의 기본원칙을 제시한 바 있었다. 여기서도 정약용을 비롯한 신하들의 연구가 뒷받침되었지만, 정조 자신이 수원지방의 지형적 특성을 정확하게 이해하고, 우리나라 현실에 맞는 전통적 성곽양식을 바탕으로 하여 중국의 선진적인 성곽기술을 도입, 절충하여 새로운 성곽문화를 건설한 바 있다. 결과적으로 배다리는 정조의 기본설계에 따라 건설되었지만, 세부적인 면에서는 약간의 수정이 가해진 끝에 최종적인 설계가 완료되었다. 주교사에서 올린 『주교절목』에 부분적으로 수정된 모습이 보인다.

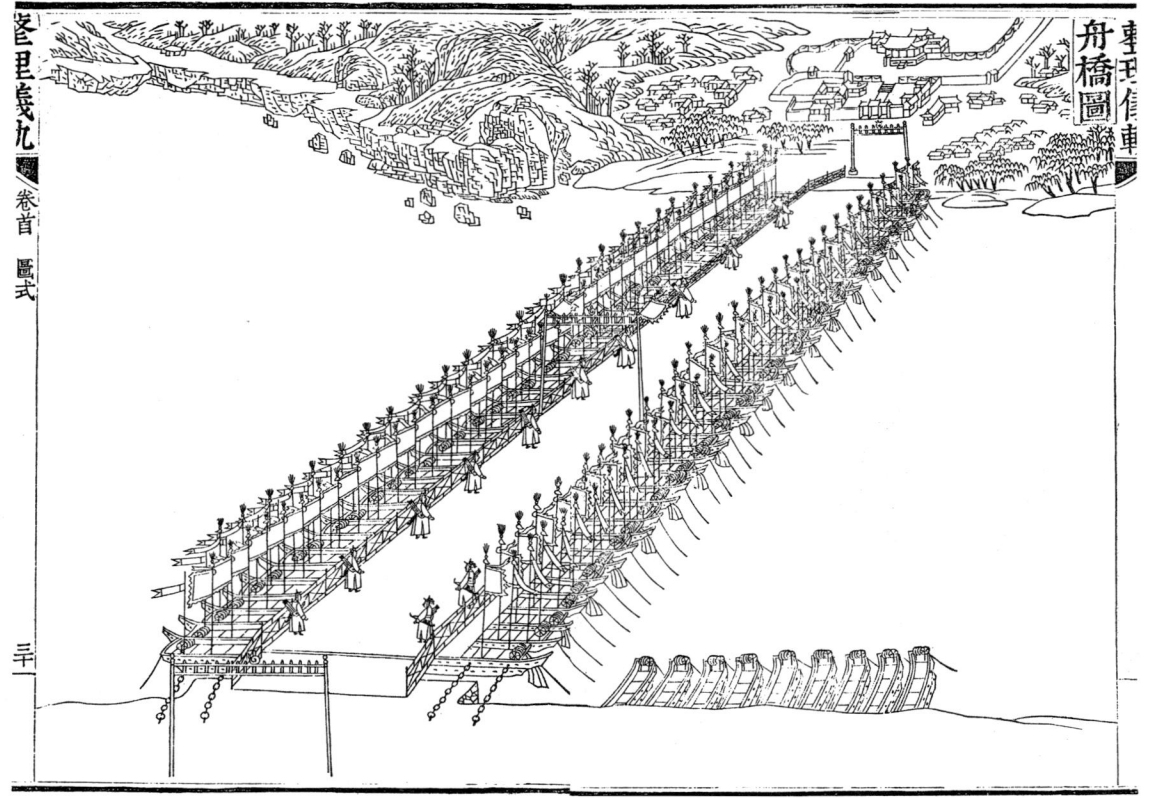

『정리의궤』 권수(卷首)에 있는 주교도(舟橋圖)
다리를 연결하는 데 들어간 36척의 교배선(橋排船), 강가의 선창 및 홍살문, 선창과 배가 연결된 모양새 등이 보인다.

최종적인 배다리 설계-『주교절목』

첫째, 실제 소요된 물자는 정조가 예상한 것보다도 적게 들었다. 『주교절목』과 『원행을묘정리의궤』(권4, 주교)에 의하면, 다리를 연결하는 데 들어간 교배선(橋排船)은 36척에 지나지 않았다. 이는 한강의 실제 너비가 190파였던 까닭이다. 1파는 지척(指尺)으로 6척(尺)인데, 지척 1척은 대략 29.5센티미터 정도로 계산된다.*

따라서 배다리의 실제 길이는 대략 330~340미터 정도로 생각된다. 정조는 이를 2백수십 파 내지 300파로 가정하고 물자를 계산하였던 것이다. 현재 한강철교 부근의 강폭이 거의 1킬로미터에 이르고 있는 것과 비교하면 당시의 강폭이 좁았음을 알 수 있다. 계절이 비가 적은 2월인데다 강바닥[河床]이 높지 않았기 때문일 것이다.

둘째, 강가에 선창을 설치할 때, 나무를 쓰는 대신 주변의 잡석(雜石)을 모아 배와 같은 높이로 쌓고 석회(石灰)를 발라 항구적인 선창을 만들었다. 그리고 여기에 큰 못을 박아 밧줄을 맬 수 있게 하였다.

셋째, 배와 배를 연결할 때, 먼저 배를 상류를 향하여 닻을 내리게 하고, 배와 배를 연결하는 삼판(杉板)을 견아상제(犬牙相制, 개 이빨처럼 서로 물리게 함) 형태로 연결하여 배가 흔들리지 않게 하였다. 그러고 나서 남북의 선창에 가까이 있는 항선(項船)의 머리와 꼬리 부분을 묶어서 안상(岸上)에 있는 못에 연결시켰다. 그 다음에 세로막대기[縱樑]와 버팀목[撐柱]을 연결하고, 그 다음에 횡판(橫板)을 깔고, 그 다음에 난간(欄干)과 조교(弔橋)와 홍살문을 설치하였다.

넷째, 횡판을 깔 때에는 판자가 맞닿는 곳에 드러나지 않게 못을 박고, 아래쪽에는

---

* 『주교지남』에는 지척의 크기가 영조척(營造尺)에서 8푼을 빼고, 예기척(禮器尺)에서 2푼을 더한다고 하였다. 그런데 영조척의 길이는 대략 30.65센티미터이고, 예기척의 길이는 대략 28.9센티미터이다. 따라서 지척의 길이는 대략 29.5센티미터 정도로 볼 수 있다. 또한 1파(把)는 지척 6척이므로 그 길이는 약 177센티미터 정도이다. '파'라는 것은 사람이 두 팔을 벌렸을 때의 길이를 말한다.

견마철(牽馬鐵)을 박았으며, 판자의 양끝에는 구멍을 뚫어 삼줄을 꿰어 좌우의 세로 막대기에 묶었다.

다섯째, 선창(船艙)과 항선(項船)을 연결하는 도로는 조교(弔橋) 형태를 취하도록 하여, 조수(潮水)가 드나들어 수면이 변동하더라도 안전하게 하였다.

여섯째, 다리의 양끝과 다리의 중간 부분에 세 개의 홍살문을 건설하였다. 양끝의 홍살문은 다리의 시작과 끝을 시각적으로 드러나게 하고, 중앙의 홍살문은 강심(江心)에 있는 가장 큰 배에 세워서 이곳이 강심이라는 것을 드러내게 하려 하였다. 강심은 모든 다리건설 작업의 표준지점이 되기 때문이다.

이밖에도 『주교절목』에는 배다리에 세우는 홍살문, 배다리를 호위하는 군졸과 통솔자, 배다리에 꽂는 깃발, 배다리 관리방법과 관리비용 등에 대한 사항이 자세히 기록되어 있으나, 생략한다.

『원행을묘정리의궤』에 의하면, 최종적으로 배다리 건설에 소요된 물자는 교배선(橋排船)이 36척, 난간(欄干)이 240척, 홍살문이 3개, 배다리 좌우에 있는 위호선(衛護船)이 12척으로 되어 있다.

결국 배는 위호선까지 합하여 48척이 동원된 셈이다.

결과적으로 한강에 배다리를 단시일 내에 건설하고, 종전보다 적은 비용(36척의 배를 이용)으로 한강을 도강할 수 있게 한 것은 정조의 화성 나들이가 한강일대 교통문화의 발전에도 크게 이바지했다는 증거가 된다.

지금 한강철교와 한강대교가 놓인 노들강변에 오방색 깃발이 나부끼는 배다리가 걸려 있고, 그 위로 1,700여 명의 행렬이 말을 타고 지나가는 모습을 상상하면 장관이 아닐 수 없다. 또 배다리가 놓였던 바로 그 부근에 오늘날 우리가 이용하는 최초의 근대적 교량이 건설되었다는 것도 결코 우연이 아니다. 배다리는 행차가 서울로

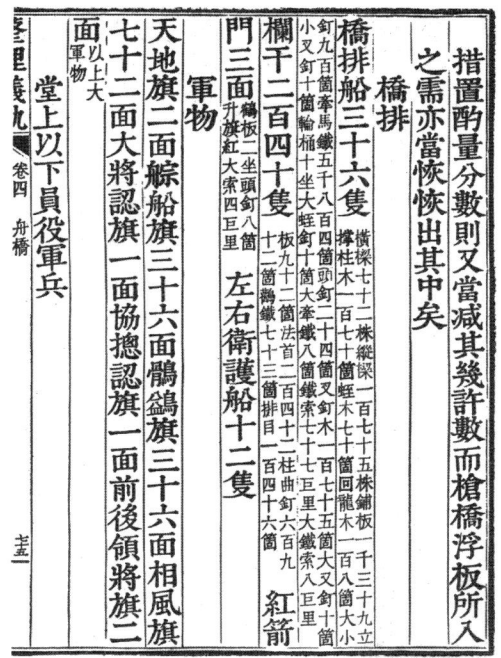

『정리의궤』권4 주교(舟橋) 중 교배(橋排)
이 항목에서 보이는 바, 배다리 건설에 들어간 소요 물자의 구체적 내역은 다음과 같다.

· 교배선(橋排船) 36척
횡량(橫樑) – 72주, 종량(縱樑) – 175주, 포판(鋪板) – 1,039립, 탱주목(撑柱木) – 170개, 질목(蛭木) – 70개, 회룡목(回龍木) – 108개, 대소정(大小釘) – 900개, 견마철(牽馬鐵) – 5,804개, 두정(頭釘) – 24개, 차정목(叉釘木) – 175개, 대차정(大叉釘) – 10개, 소차정(小叉釘) – 10개, 윤통(輪桶) – 10좌, 대질정(大蛭釘) – 10개, 대견철(大牽鐵) – 8개, 철삭(鐵索) – 77거리, 대철삭(大鐵索) – 8거리
· 난간(欄干) 240척
판(板) – 92개, 법수(法首) – 242주, 곡정(曲釘) – 692개, 관철(鸛鐵) – 73개, 배목(排目) – 146개
· 홍전문(紅箭門) 3면
학판(鶴板) – 2좌, 두정(頭釘) – 8개, 승기홍대삭(升旗紅大索) – 4거리
· 좌우 위호선(左右衛護船) 12척

돌아온 후 그 다음날인 윤2월 17일 철파되었지만, 정조뿐 아니라 그 뒤 왕들이 한강을 건널 때마다 수시로 재건되었으며, 일제시대 근대적인 교량이 세워질 때까지 계속되었다.

하지만 배다리는 언제나 노량에만 건설되는 것은 아니었다. 왕이 온양온천으로 행차할 때나, 선릉(宣陵, 성종릉), 정릉(靖陵, 중종릉), 장릉(章陵), 현륭원, 그리고 정조가 죽은 뒤에는 건릉(健陵)에 갈 때만 노량에 건설하고, 헌릉(獻陵, 태종릉), 영릉(英陵, 세종릉), 영릉(寧陵, 효종릉)으로 행차할 때에는 광나루 쪽에 배다리를 놓았다.

「한양가」에 보이는 배다리 건설광경

한강에 배다리를 놓는 모습은 서울의 풍물 중의 하나가 되었다. 19세기초에 나온 「한양가(漢陽歌)」라는 노래책에도 배다리 놓는 과정이 재미있게 묘사되어 있다. 그 일절을 옮겨본다.

> 해마다 정월이면 태묘(太廟), 사직(社稷) 다니신 후,
> 능행령(陵幸令) 내리시니 남도 거둥 되신다네.
> 남도는 화성부(華城府)라. 두 능을 모셨으니,
> 건릉(健陵, 정조능)과 현륭원(顯隆園)의 춘전알(春展謁) 영이 났다.
> 병판(兵判)은 군령(軍令), 대령(對令), 각 영문(營門) 장신(將臣)네는
> 군장점고(軍裝點考) 신칙(申飭, 단단히 타일러 경계함)하고,
> 백각사(百各司) 관원들은 군복, 융복 치장하고,
> 백각사 하인들은 능행복색 재촉하니 택일은 3월이라.
> 능행도 하시면서, 춘성경(春省耕)하시련다.
> ……
> 주교대장(舟橋大將) 전령(傳令)하여 주교를 신칙한다.
> 전세(田稅), 대동(大同) 실은 배와, 두대박이 외대박이
> 당도리며, 먼정이며, 중거루, 낚거루를
> 십리장강(十里長江) 넓은 물에 머리 맞게 늘어세고
> 선장(船匠)이며 지위목수 주야로 일을 할 제
> 주교별장(舟橋別將) 군복하고, 이리 가며 저리 가며
> 등패(等牌)를 영통하며 결곤신칙(結細申飭) 일을 몬다
> 배 위에 장송(長松) 깔고, 장송 위에 박송(薄松) 깔고
> 그 위에 모래 펴고, 모래 위에 세사(細莎, 잔디) 펴고
> 그 위에 황토 깔고, 좌우에 난간 치고
> 팔뚝 같은 쇠사슬로 뱃머리를 걸어매고
> 양끝에 홍살문과 한가운데 홍살문에

홍기(紅旗)를 높이 꽂고, 좌우의 뱃사공은
청의(靑衣), 청건(靑巾) 남전대(藍纏帶)에 오색기 손에 들고
십리주교 벌였으니, 천승군왕(千乘君王) 위의(威儀)로다
주교대장, 주교별장, 신칙호령 엄위하다
······

이 장면은 순조 때 화성의 현륭원과 건릉(健陵, 정조의 무덤)에 참배하기 위해 배다리를 설치하는 모습을 그린 것이지만, 정조 때 시작된 배다리 건설이 계속 이어지고 있다는 것과, 당시 배다리 공사의 현장이 어떠했는지를 실감 있게 보여 주고 있다.

예행연습과 어사 파견

정조는 행차를 떠나기 앞서 한강의 배다리에서 도강(渡江) 예행연습을 가졌다. 윤2월 4일에 이루어진 이 행사를 당시 '주교도섭습의(舟橋渡涉習儀)'라고 불렀다. 주교가 건설된 지 열흘 뒤요, 행차를 떠나기 닷새 전의 일이다.

이밖에도 윤2월 9일 이후로 벌어질 여러 행사에 대한 습의(習儀, 예행연습)가 서울에서 이루어졌다. 먼저, 2월 21일에는 화성에서 거행될 회갑잔치 즉 진찬(進饌)과 노인들을 위로하는 경로잔치인 양로연(養老宴)에 대한 연습이 정리소에서 거행되었다. 이어서 2월 25일에는 왕이 궁을 떠나는 가교습의(駕轎習儀)와 어머니 혜경궁의 가마가 궁을 떠나는 자궁가교습의(慈宮駕轎習儀)를 창덕궁 후원에서 가졌다.

창덕궁 안에서 예행연습을 한 경로는,

천오문(千五門) – 교태문(交泰門) – 연생문(延生門) – 명광문(明光門) – 청양문(靑陽門) –

단풍정(丹楓亭) 앞길 - 상산로(上山路) - 불로문(不老門) - 석거문(石渠門) - 금마문(金馬門) - 능허정(凌虛亭)고개 - 청심정(淸心亭) - 심추정(深秋亭) - 중산로(中山路) - 삼지당(三池堂) - 석교관(石橋館)고개 - 옥류천(玉流川) 동구(洞口)이다. 여기에 이르자 가마에서 내렸다.

연습을 마치고 돌아온 경로는,

취한정(翠寒亭) - 청의정(淸漪亭) - 농산정(籠山亭) - 소요정(逍遙亭) - 태극정(太極亭) 앞길 - 취규정(聚奎亭) - 천향각(天香閣) - 존덕정(尊德亭) - 태청문(太淸門) - 어수당(魚水堂) - 공진문(拱辰門) - 의춘문(宜春門) - 관덕정(觀德亭) 앞길 - 조지가(趙祉家) 앞길 - 월근문(月覲門) 안길 - 청양문(靑陽門) - 명광문(明光門) - 연생문(延生門) - 교태문(交泰門) - 천오문(千五門)이다.

이때 창덕궁 안의 문이 너무 작아 가마가 통과할 수 없게 되자, 연생문 북쪽에 보정문(保定門)을 신축하였다. 예행연습을 하는 자리에서 왕은 신하들이 앞으로 과잉충성할 것을 염려하여 다음과 같은 지침을 엄명하였다.*

첫째, 먼 곳에서 진이(珍異)한 음식을 구해다 바치지 말 것.
둘째, 음식 맛을 일반 시중의 습속을 따라 사미(奢靡, 사치하고 화려함)하게 내지 말 것.
셋째, 각 참(站)에서는 절대로 개인적으로 물건을 진상하는 사헌(私獻)을 금할 것.
넷째, 여령(女伶, 기생)과 정재(呈才)들을 각 도에서 뽑아올리지 말고, 내의원, 혜민서, 공조, 상방(尙房) 등에서 역을 지는 사람 중에서 약간명을 뽑고, 화성 여령을 반반으로 배정할 것.
다섯째, 악공(樂工)과 여령들의 복식은 깨끗하게 하되, 화려한 것을 구하지 말 것.
여섯째, 왕의 진찬(進饌, 수라상)은 10여 그릇이 넘지 않도록 할 것.
일곱째, 연악(宴樂)은 법악(法樂)과 다르므로 간편하게 하고, 악기도 서울에 있는 것과 화

* 『정리의궤』권 1, 연설(筵說) (영인본, 상 222~224쪽)

성에 있는 것을 보수해서 쓸 것.

사치와 낭비에 대한 정조의 걱정은 그 후에도 계속 피력되고 있다. 윤2월 1일에는 전교(傳敎)를 내려 회갑잔치와 군대들의 호궤(犒饋, 식사)를 위하여 소를 잡되 10마리를 넘지 않도록 하고, 진연(進宴)에서는 쇠고기를 쓰지 말 것, 군대의 식사에서도 우자(牛炙, 불고기)를 쓰지 말 것을 엄명하였다. 곧 농사가 시작된다는 것이 그 이유였다.

그 다음 윤2월 7일에도 행차가 지나가는 각 참(站)에 전교를 내려, 찬품(饌品)을 높게 차리지 말 것, 거조(擧措, 행동거지)를 장대하게 하지 말 것, 종자(從者)를 함부로 거느리고 다니지 말 것을 엄명하고, 행차중에 왕 자신이 먼저 각 참(站)의 수라간에 들어가서 조사할 것이며, 만약 치대(侈大, 사치스럽고 장대함)하거나 과람(過濫, 법도에 지나치고 남용함)함이 발견되면 처벌하겠다고 선언하였다. 왕의 엄중한 단속 때문에 행차 도중의 음식은 그 그릇수와 높이가 엄격하게 지켜졌으며, 『정리의궤』에는 찬품의 높이와 가격, 그리고 음식을 만드는 데 들어간 재료의 종류와 양이 상세하게 기록되어 있다.

그러고서도 안심이 되지 않아서 왕은 윤2월 8일, 그러니까 행차가 출발하기 하루 전날, 병조좌랑 홍병신(洪秉臣)을 수원부와 시흥현의 어사(御史)로 보내고, 사관(史官) 두 명을 노량행궁과 사근행궁(肆覲行宮)으로 파견하여 암행(暗行) 임무를 하도록 지시하였다. 임금의 행차를 빙자하여 아래 신하들이 백성들로부터 물품을 뜯어내는 등 민폐를 끼칠 우려가 있음을 예견하고 이를 철저히 봉쇄하려는 것이 정조의 굳은 의지였다. 왕은 마지막으로 떠나기 전날, 그동안 행차준비로 수고가 많았던 정리소의 당상과 낭청, 그리고 지위가 낮은 원역(員役)들에게 청심원(淸心元), 광제환(廣濟丸), 제중단, 계강편(桂薑片) 등의 약을 하사했다.

무과초시, 종실무덤, 서원, 사우 제사

1795년의 화성행차는 어머니의 회갑을 기념하는 행사인 만큼 왕실의 기쁨을 온 나라 백성들과 함께 나누고자 하는 것이 정조의 본뜻이었다. 특히 행차의 목적지인 화성과 그 인근지역 주민들의 사기를 높여 주기 위한 조치가 다각적으로 강구되었다.

지역주민에게 과거에 응시할 기회를 넓혀 주는 것은 가장 적극적인 사기진작책이 아닐 수 없다. 다만 문과(文科)는 정예인사를 뽑아야 하지만, 무과(武科)는 웬만한 실력이면 발탁해도 무방한 것이다. 그래서 왕은 문과별시(文科別試)도 화성에서 치렀지만, 무과의 문호는 더욱 넓게 열어놓고, 응시자가 많도록 권장하였다. 무과의 전시(殿試)는 왕이 화성에 갔을 때 치르게 되어 있어서, 그 초시(初試)는 미리 치르지 않으면 안 되었다.

무과초시는 2월 10일 화성부에서 치러졌다. 여기에는 수원부에서 2,795명, 광주부에서 1,512명, 과천현에서 281명, 시흥현에서 276명이 응시하여 116명을 선발하였다. 그러나 왕은 선발된 인원이 너무 적다고 보고, 화성 부근의 해상교통요지인 구포(鷗浦)의 민인, 거둥길과 현륭원에 나무를 심은 8읍의 식목교리(植木校吏), 그리고 군인 중에서 그동안 계속적으로 부역노동에 종사한 사람은 초시를 면제해 주고 곧바로 전시(殿試)에 나갈 수 있는 특전을 주었다.

왕은 앞으로 행차를 따라갈 서울 무사들의 사기도 높여 주기 위해 2월 29일 창덕궁 안의 서총대(瑞蔥臺)에서 무예시험을 치러, 성적이 좋은 이들에게 자(資)를 높여 주거나 혹은 전시에 나갈 수 있는 자격을 주고, 물건을 하사하기도 하였다.

한편, 행차가 시작되던 윤2월 9일에는 어가(御駕)가 지나가는 지역에 있는 종실(宗

室)의 무덤과 선현(先賢)을 모신 서원(書院)과 사우(祠宇)에 대하여 관리를 보내 제사하도록 명하였다. 제사를 받은 종실의 무덤은 소현세자빈 강씨의 무덤인 민회묘(愍懷墓, 시흥현 아방리), 영조의 이복동생인 연령군묘(延齡君墓, 시흥현 번당리), 숙종의 후궁 박씨의 무덤인 명빈묘(䄙嬪墓, 연령군묘 옆), 태종의 맏아들인 양녕대군묘(讓寧大君墓, 시흥현 상도리, 지금의 동작구 상도동), 태종의 후손 이억(李檍, 이원익의 아버지)의 무덤인 함천군묘(咸川君墓, 시흥현 소하리), 세조의 제4자 이성(李晟)의 무덤인 창원군묘(昌原君墓, 시흥현 신림리, 지금의 관악구 신림동), 이성의 아들인 덕진군묘(德津君墓)이다.

서원과 사우로서 제사를 받은 곳은 강감찬(姜邯贊)과 이원익(李元翼)을 모신 충현서원(忠賢書院, 시흥현 장내리, 지금의 관악구 신림동), 송시열(宋時烈)을 모신 매곡서원(梅谷書院, 수원), 조익(趙翼), 조복양(趙復陽), 조지겸(趙持謙)의 3대를 모신 명고서원(明皐書院, 광주), 개국공신 이지란(李之蘭)을 모신 사우(祠宇) 등이다.

척후복병의 배치

왕이 백 리 밖으로 행차할 때 주요 길목에 신변의 안전을 위한 척후복병(斥候伏兵)을 배치하는 것은 반드시 필요한 일이었다. 말을 타고 척후하는 군인을 당마(塘馬)라고 불렀다. 척후복병은 총융사와 수어사 소속의 속오군(束伍軍)이 담당하였다. 서울에서 현륭원까지 당마가 배치된 곳은 모두 24개처였다. 인가(人家)가 있는 곳은 인가를 당마의 장소로 이용했으나, 인가가 없는 5개처에는 임시 가건물인 가가(假家)를 지어 당마의 처소로 삼았다. 당마가 배치된 곳은 다음과 같다.

* 창덕궁에서 노량까지
  제1당/ 돈화문 밖
  제2당/ 종로우(鐘路隅)
  제3당/ 숭례문
  제4당/ 석우(石隅, 돌모루) – 지금의 남영동 부근
  제5당/ 만천(蔓川, 너푸내) – 지금의 용산역 부근
  제6당/ 노량

* 노량에서 시흥행궁까지
  제7당/ 장생현하(長生峴下) – 지금의 동작구 상도동 장승백이 – 인가 없음, 가건물 지음.
  제8당/ 전대현(全大峴)
  제9당/ 문교리(文橋里) – 지금의 남부순환도로와 시흥대로가 만나는 지점
  제10당/ 시흥현 작문(作門)

* 시흥에서 사근평까지
  제11당/ 대박산 앞들(大博山 前坪) – 지금의 금천구 시흥동
  제12당/ 안양 학후봉 앞들(安養鶴後峯 前坪) – 지금의 양명고등학교 뒷산
  제13당/ 안양 미륵당참(安養 彌勒堂站) – 지금의 안양역 앞
  제14당/ 명학촌 앞들(鳴鶴村 前坪) – 지금의 안양시 안양 7동 명학전철역 부근
  제15당/ 도양리 아랫마을(道陽里 下村) – 지금의 군포시
  제16당/ 사근참(肆覲站) – 지금의 과천~의왕 고속화 도로 종착지 부근

* 사근평에서 화성까지
  제17당/ 미륵당(彌勒堂) – 괴목정 일대. 지금의 수원시 장안구 파장동 효행가든 부근
  제18당/ 진목정참(眞木亭站) – 지금의 수원시 정자동
  제19당/ 수원작문(水原作門)

* 화성에서 현륭원까지
  제20당/ 상류천참(上柳川站)
  제21당/ 하류천참(下柳川站)
  제22당/ 진작우점(眞鵲隅店)
  제23당/ 안녕리(安寧里) – 현륭원 부근
  제24당/ 현륭원 작문(作門)

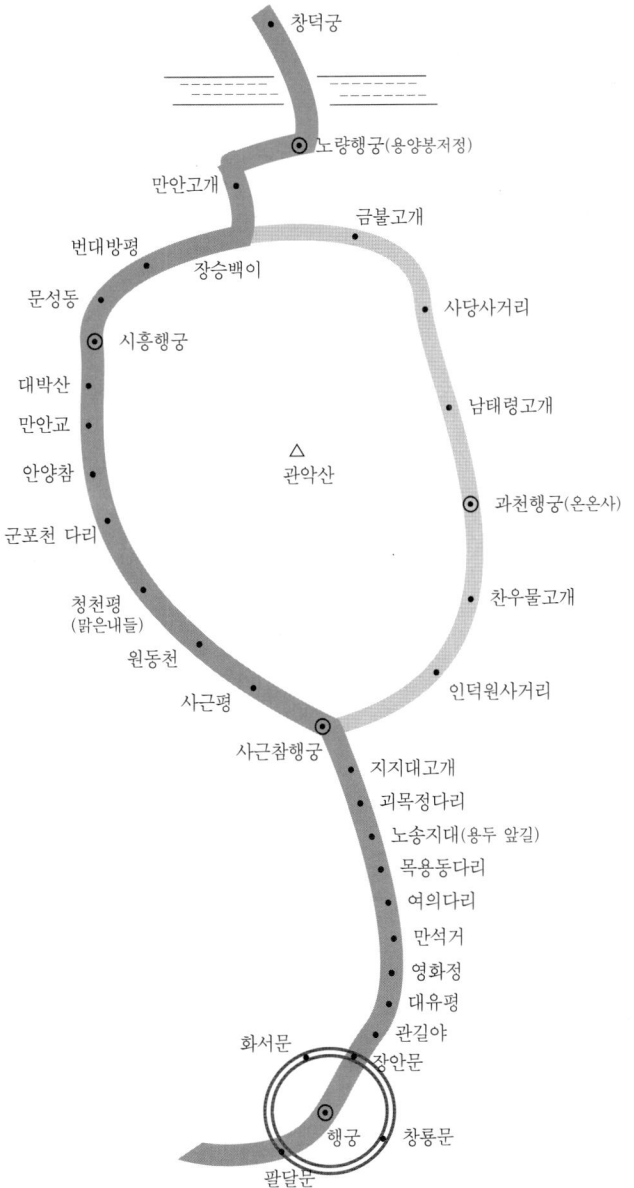

8일간의 화성행차 (윤2월 9일 ~ 윤2월 16일)

첫째 날 – 윤2월 9일

새벽에 창덕궁을 떠나다

드디어 모든 준비가 끝나고 윤2월 9일 예정된 출궁일이 왔다. 출발시간은 아침 묘시(卯時, 새벽 5~7시)로 정해졌다.

왕은 창덕궁 영춘헌(迎春軒)에 나와 교(敎)를 내리기를 "먼저 자전(慈殿, 할머니)을 알현해야 한다"고 말하고, 말을 타고 수정전(壽靜殿)에 가서 할머니께 인사를 드렸다. 할머니 정순후(貞純后)는 바로 할아버지 영조의 계비(繼妃)로서 나이는 51세였다. 어머니보다도 10세가 아래인 것이다. 할머니는 사도세자의 죽음에 관여한 처지이기 때문에 정조와는 사이가 좋지 않았지만, 행차를 떠나기 앞서 일단 인사를 드리는 것이 왕의 도리였다. 왕은 할머니와 자신의 비(妃, 효의왕후 김씨)를 궁에 남기고, 어머니와 두 누이인 청연군주(淸衍郡主), 청선군주(淸璿郡主)만을 대동하고

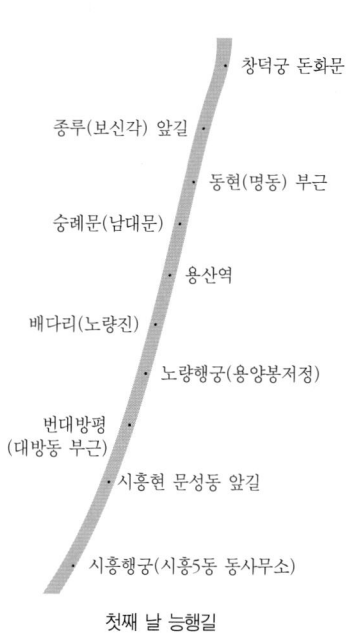

첫째 날 능행길

궁을 나서기로 하였다.

묘정(卯正) 3각(6시 45분경)에 세 번째 북이 울리자 왕은 융복(戎服)을 입고 모자에 깃을 꽂고 여(輿, 뚜껑 없는 가마)를 타고 돈화문까지 나와서 여에서 내려 악차(幄次, 임금이 거둥할 때 쉬도록 장막을 둘러친 곳)에 들어가 자궁(慈宮, 어머니)을 기다렸다. 자궁은 궁 안에서 가마를 타고 영춘문, 천오문, 만팔문, 보정문, 숭지문, 집례문, 경화문, 동룡문, 건양문, 숙장문, 진선문을 거쳐 돈화문으로 나왔다. 왕은 돈화문 앞에서 자궁과 인사를 나누는 의식을 치른 뒤 말을 타고 출발했다.

『원행을묘정리의궤』에 들어 있는 반차도(班次圖)에 의하면, 어가를 따라간 인원은 총리대신 채제공(蔡濟恭)을 비롯하여 1,779명에 달하고,* 말은 779필이다. 그러나 『정리의궤』에 기록된 배종자(陪從者) 명단을 보면 거둥길에 동원된 실제 인원은 대략 6천여 명에 달한다(부록 1 참조).

이들 배종신하들이 모두 어가를 따라가는 것은 아니고, 현지에 먼저 내려가 있거나, 혹은 연로에서 대기하면서 근무하는 자가 많았다.

6천여 명의 배종자들은 각 관청과 각 군영에서 골고루 차출되었는데, 관청 중에서는 이 행사를 주관한 정리소가 200명을 차출하여 가장 인원이 많다. 그 다음에는 액정서(掖庭署)가 199명으로 많은데, 이는 음식을 준비할 취반군(炊飯軍)을 많이 보내고, 시녀와 나인들이 많은 종인(從人)을 데리고 간 까닭이었다. 하지만 6천여 명 중 4천5

---

* 행렬에 참가한 1,779명 중에는 각종 악기를 연주하는 악대(樂隊)가 115명, 깃발을 들고 가는 군인이 238명, 베일을 쓰고 말을 타고 가는 여자 나인(內人) 26명이 포함되어 있다. 군병(軍兵)으로는 친군위(親軍衛)가 200명, 별군관(別軍官)이 100명, 금군(禁軍)이 100명, 가전별초(駕前別抄)가 50명, 무예청 총수(銃手) 80명, 아병(牙兵) 44명, 장용위(壯勇衛) 100명, 그밖에 여러 종류의 군인들이 수행하여 이들이 수행원의 절대다수를 차지한다. 그러나 『정리의궤』에는 어가를 따라간 장관(將官), 장교(將校), 군병(軍兵)의 수가 1,855명이라고 되어 있어서, 반차도에 보이는 인원수보다 많다. (영인본, 중 6쪽)
한편 1790년에 편찬된 『원행정례(園幸定例)』에는 어가를 따라가는 각 군영의 장졸(將卒)들이 5,004명, 참가 총인원이 6,230명으로 나와 있다. 이 인원은 『정리의궤』에 보이는 배종자의 인원과 거의 같다.

백여 명은 5군영의 군사들이다. 이 중에서 정조의 친위부대인 장용영의 군사들이 3천여 명을 차지한다.

행차에 동원된 말들은 서울 부근의 중림역, 도원역, 양재역, 경안역, 연서역, 평구역 등에서 151필의 경기도 역마(驛馬)를 차출하고, 나머지는 태복시(太僕寺)의 말 199필, 군용마 등으로 구성되었다. 수백 개의 현란한 깃발들이 나부끼고, 115명의 기마악대가 각종 악기를 힘차게 연주하면서 행진하는 모습은 그야말로 상상만 해도 장관이 아닐 수 없다. 그 행렬의 길이가 얼마나 될지는 정확히 알 수 없으나 어림잡아도 1킬로미터 정도는 되었을 것이다. 이밖에 행차가 지나가는 24개처의 요지에는 속오군으로 구성된 수천 명의 척후복병(斥候伏兵)이 배치되어 있었다. 왕의 신변을 보호하기 위한 배려에서다.

노량행궁(용양봉저정)에서 점심을 들다

어가행렬은 창덕궁 정문인 돈화문에서 출발하여 돈녕부 앞길 – 파자전 돌다리(지금의 단성사 앞) – 통운 돌다리(지금의 종로 2가) – 종루 앞길(지금의 보신각 앞길) – 대광통 돌다리(지금의 서린동 122번지 남쪽) – 소광통 돌다리(남대문로 1가 23번지 남쪽) – 동현(銅峴, 구리개, 지금의 명동) 병문 앞길 – 송현(松峴, 지금의 한국은행 부근) – 수각(水閣) 돌다리(구서울시 경찰국 부근) – 숭례문(남대문)으로 이어지는 길을 거쳤다.*

숭례문을 나온 어가는 도저동(桃楮洞, 복숭아골과 닥나무골, 지금의 서울역 부근) 앞길에서 청파교(靑坡橋, 지금의 갈월동 쌍굴다리 부근) 쪽으로 방향을 틀었다. 지금 기차가

---

* 창덕궁에서 현륭원에 이르는 어가행차의 경로는 『정리의궤』 권2, 절목(節目)을 참고할 것. (영인본, 상 370~371쪽). 한편, 이명규(李明奎) 씨는 『과천향토사』(1993.12)에서 정조의 과천행로와 시흥행로의 거둥길을 『원행정례』를 토대로 현지조사를 병행하여 자세하게 소개한 바 있다. 본고는 이 논문을 많이 참고했다.

첫째 날

다니는 철로가 대체로 당시에 노량으로 가는 길이었다. 어가가 율원현(栗園峴, 밤울재, 지금의 원효로 2가에서 용산방면 언덕으로 추정) 앞길에 나오자 협로(夾路)에 구경꾼들이 모여들었다. 당시에 이들을 관광민인(觀光民人)이라고 불렀다. 왕은 이들의 구경을 막지 말라고 명하였다.

어가는 석우(石隅, 돌모루골, 만초천과 청파천이 만나는 지점으로 지금의 남영 전철역 앞)를 거쳐 만천주교(蔓川舟橋, 너푸내에 있는 다리, 지금의 용산역 부근)를 지나 노량(노들) 배다리에 이르렀다. 배다리의 위치는 지금의 한강대교와 한강철교 중간쯤으로 보인다. 지금 한강대교에는 중간에 중지도가 있지만, 당시에는 중지도가 없었다.

배다리 중간에 있는 홍살문에 이르자 왕은 말에서 내려 혜경궁 가마에 가서 문안을 드렸다. 다리를 건너가자 왕은 용양봉저정(龍驤鳳翥亭, 지금의 동작구 본동 30번지)에 먼저 도착하여 어머니가 쉴 방돌(房堗, 구들장)과 수라의 찬품(饌品)을 조사하고 막차(幕次)로 나아가 어머니를 맞아들였다. 1791년에 완공된 용양봉저정은 '용이 뛰놀고, 봉황이 높이 나는 정자'라는 뜻으로, 지금 상도터널 북측 입구의 동편 언덕에 있는데, 일제시대 일본인이 대부분의 집을 헐고 목욕탕 등 유락시설들을 지었다. 지금은 한 채만이 외롭게 남아 있다. 이 정자는 잠시 어가가 쉬면서 휴식을 취하고 점심을 드는 곳으로 이용되어 일명 주정소(晝停所)라고도 불렀다. 창덕궁에서 노량행궁까지의 거리는 당시 10리로 간주되었다.

용양봉저정
「능행도 병풍」 가운데 주교도의 윗부분에는 여러 채의 건물이 보이나, 실제로 지금은 한 채만이 남아 있다.

혜경궁은 내차(內次)로 들어가서

휴식을 취하고 음식을 들었다. 정리사가 음식을 가져오자 왕은 직접 음식을 살펴보고 혜경궁께 드렸다. 혜경궁은 두 차례에 걸쳐 음식을 받았는데, 간식에 해당하는 조다소반과(早茶小盤果)에서는 16그릇의 음식(164~165쪽 참조)과 10개의 상화(床花)*가 올려졌고, 조수라(朝水刺)에서는 13그릇의 음식이 제공되었다. 왕은 조다소반과는 받지 않고, 조수라만을 받았는데, 음식은 7그릇이었다.(165쪽 참조)

두 군주(郡主)의 음식은 언제나 왕과 같았다. 조다소반과는 밥이 없이 각종 떡이나 면, 다식, 강정, 과일, 수정과, 어채, 편육 등으로 구성되었다.

한편, 수행원들의 음식은 직책에 따라서 차등이 있었다. 먼저, 30명의 궁인(宮人)들은 큰 놋그릇에 음식을 담아 함께 먹도록 하였는데, 반(밥) 3합(盒), 갱(국) 3합, 채(菜) 3합, 자(炙) 30곶이 제공되었다. 다음에 내빈(여자친척)은 밥 1그릇, 탕 1그릇, 조치 1그릇, 찬(饌) 3그릇, 침채(김치) 1그릇, 장 1그릇이 담긴 상 하나를 받았다.

5명의 외빈(남자친척)은 밥 5그릇, 탕 5그릇, 찬 1그릇, 침채 1그릇, 장 1그릇이 담긴 상을 받았다.

정리소의 당상 6명과 낭청 2명, 각신 3명, 장용영제조 1명, 도총관 1명은 각기 밥 1그릇, 탕 1그릇, 찬 1그릇, 침채 1그릇, 장 1그릇씩을 받았다.

내외책응(內外策應) 감관(監官) 2명과 검서관(檢書官) 2명, 각리(閣吏) 2명은 각기 밥 1그릇, 탕 1그릇씩을 받았다.

별수가 장관(別隨駕將官) 20명은 밥 2행담(行擔), 탕 2동이, 침채 2항(缸)을 받아 나누어 먹었다.

정리소 장교 11명은 밥 1행담, 탕 1동이를 받았다.

---

* 상화의 종류는 다음과 같다. 소수파련(小水波蓮) 1개, 홍도별삼지화(紅桃別三枝花) 1개, 홍도별건화(紅桃別建花) 1개, 홍도간화(紅桃間花) 3개, 지간화(紙間花) 4개.

정리소 서리(書吏) 16명과 서사(書寫) 1명, 고직(庫直) 3명은 밥 2행담, 탕 1동이를 받았다.

이러한 메뉴는 다른 곳에서도 대체로 같았다.

노량참의 모든 일은 총융사인 서영보(徐英輔)와 장교 최도흥(崔道興)이 당상(堂上)을 맡고, 제용감 판관인 김용순(金龍淳)과 장교 강한범(姜漢範)이 낭청을 맡았다. 특히 김용순은 외빈으로서 낭청에 임명되었는데, 이는 외빈이 손님으로서만 수행한 것이 아님을 보여 준다.

시흥행궁에서 하룻밤을 묵다

노량에서 음식을 들고 휴식을 취한 후 오초(午初) 2각(11시 30분) 삼취(三吹)*에 행차가 다시 시작되었다. 행차는 노량에서 13리 떨어진 시흥행궁을 향했다. 원래 시흥현(始興縣)은 금천현(衿川縣)으로 불리고 있었으나 이 해에 시흥현으로 바꾸고 현감도 현령으로 승격시켰다.

왕은 군복(軍服)으로 갈아입고 말을 탔다. 행렬은 용양봉저정을 떠나 만안현(萬安峴, 속칭 만냥고개)으로 향했다. 이 고개는 원래 소사현(素沙峴)이라고 불렸으나 만안현(萬安峴)으로 이름을 바꾸었다. 지금 상도터널 입구에서 노량진 쪽으로 가다가 노량진 본동 입구에서 서남쪽 매봉산을 향해 올라가는 고개이다.

어가는 다시 장승백이 고개(長牲峴)를 지나 지금의 상도동길로 불리는 길을 따라

---

* 행차가 출발하는 시간을 알릴 때에는 세 차례에 걸쳐 악기를 분다. 이를 초취(初吹), 이취(二吹), 삼취(三吹)라고 한다. 윤 2월 10일 내려진 군령(軍令)에 의하면, 시흥숙소에서 아침에 출발할 때, 초취는 인정(寅正) 3각(아침 4시 45분)에 불고, 이취는 묘초(卯初) 초각(아침 5시 15분)에 불며, 삼취는 묘정(卯正) 3각(아침 6시 45분)에 불었다. 초취와 삼취 사이에는 2시간 정도의 시차를 두어 떠날 준비를 시키고 있다. 이러한 시차는 행차의 어떤 경우에도 마찬가지이다. 초취에는 정돈하고, 재취에는 무기를 갖추고, 삼취가 불 때 행군이 시작된다.

조다소반과의 음식 종류와 재료는 다음과 같다.

- 각종 떡〔餠〕1그릇(높이 5촌)/ 찹쌀 1말, 백미(멥쌀) 8되, 적두(팥) 4되, 녹두 3되, 대추 5되, 생률(밤) 5되, 석이 5되, 건시(곶감) 3곶(串, 꼬치), 진유(참기름) 1되, 실백자(잣) 1되, 쑥 1되, 청(꿀) 2되, 생강 2되, 신감초말(당귀가루) 3홉, 치자 1돈, 송고(소나무 속껍질) 3편(片, 조각), 계피가루 1냥.
- 약밥〔藥飯〕1그릇/ 찹쌀·대추·밤 각 3되, 참기름 5홉, 꿀 1되5홉, 잣 1홉, 간장 1홉.
- 국수〔麵〕1그릇/ 메밀가루 3되, 녹말 5홉, 생치(꿩) 1각, 황육(쇠고기) 3냥, 계란 3개, 간장 1홉, 후추가루 1작.
- 다식과(茶食果) 1그릇(높이 5촌)/ 진말(밀가루) 1말, 참기름 4되, 꿀 4되, 건강말(말린 생강가루) 5푼, 계피가루 1돈, 잣 5홉, 후추가루 5작, 사당(사탕) 1원(圓, 둥글게 생긴 물건을 세는 단위).
- 각종 강정(强精) 1그릇(높이 5촌)/ 찹쌀 3되5홉, 실임자(참깨) 8홉, 세건반 1되5홉, 잣 1되5홉, 송화 7홉, 참기름 2되5홉, 백당(흰엿) 2근8냥, 꿀 5홉, 지초 2냥.
- 각종 다식(茶食) 1그릇(높이 4촌)/ 황률·흑임자·송화·갈분(칡가루) 각 2되5홉, 연지(홍색물감) 3완(椀, 주발), 꿀 1되6홉, 오미자 3홉.
- 각종 당(糖) 1그릇(높이 4촌)/ 팔보당, 문동당, 옥춘당, 인삼당, 과자당, 오화당, 설당(설탕), 빙당, 귤병 합 4근.
- 산약(山藥, 마) 1그릇(높이 3촌)/ 산약 6단(丹).
- 조란(棗卵), 율란(栗卵) 1그릇(높이 4촌)/ 대추·숙률(熟栗) 각 5되5홉, 황률 2되5홉, 계피가루 4돈, 꿀 1되6홉, 잣 4되.
- 각종 정과(正果)(높이 3촌)/ 연근 7본(뿌리), 산사(아가위) 3되5홉, 감자(柑子, 감의 일종)·유자·생리(生梨, 배), 모과 각 4개, 동과(박의 일종) 4편, 생강 1되5홉, 꿀 2되2홉.
- 수정과(水正果) 1그릇/ 배 7개, 꿀 5홉, 후추 5작.
- 별잡탕(別雜湯) 1그릇/ 황육(쇠고기)·숙육(삶은 쇠고기)·양(소밥통)·곤자소니(昆者巽, 소 창자의 일부분)·저포(돼지 아기집)·돼지고기·삶은 돼지고기 각 2냥, 두골 1/2부, 숭어 1/4마리, 진계(묵은닭) 1각, 해삼·계란 각2개, 전복·청근(무) 각 1개, 청과(오이) 반개, 박고지 1토리, 수근(미나리) 반단, 참기름,·간장 각 1홉, 녹말, 표고 각 5작,

잣, 후추가루 각 2작.
- 완자탕(莞子湯) 1그릇/ 무 3개, 묵은닭 2수(首, 마리), 쇠고기·양·저육(돼지고기) 각 3냥, 해삼·계란 각 5개, 전복 3개, 곤자소니 2부, 오이 2개, 녹말·표고 각 1홉, 후추가루 5작, 간장 2홉.
- 각종 전유화(煎油花, 저냐)) 1그릇(높이 4촌)/ 숭어 3미, 간 2근, 양 3근, 꿩 2마리, 계란 100개, 참기름 3되, 밀가루·녹말·메밀가루 각 2되, 소금 7홉.
- 각종 어채(魚菜)(높이 4촌)/ 숭어 3미, 양 1근, 전복 2개, 해삼 5개, 표고·석이 각 1홉, 신감초(당귀) 1악(握, 한줌).
- 편육(片肉) 1그릇(높이 4촌)/ 삶은 쇠고기·돼지고기 각 6근.
- 청(淸, 꿀) 1그릇/ 꿀 3홉.
- 초장(醋醬) 1그릇/ 간장 2홉, 초 1홉, 잣 1작.

왕이 받은 조수라(아침상)의 메뉴와 재료는 다음과 같다.
- 밥〔飯〕 1그릇/ 팥물로 지은 밥
- 국〔羹〕 1그릇/ 어장탕, 돌아올 때는 잡탕
- 조치(助致) 1그릇/ 골탕, 돌아올 때는 연계찜〔軟鷄蒸〕
- 구이〔炙伊〕 1그릇/ 쇠고기, 돼지갈비, 우족, 숭어, 꿩, 돌아올 때는 금린어(錦鱗魚), 요골, 설야자
- 채(菜) 1그릇/ 박고지, 미나리〔水芹〕, 도라지〔桔黃〕, 무순〔菁笋〕, 죽순〔竹笋〕, 움파〔葱笋〕, 오이〔靑苽〕, 돌아올 때는 육회
- 담침채(淡沈菜) 1그릇/ 배추〔白菜〕, 돌아올 때는 무〔菁根〕
- 젓갈(醢) 1그릇/ 전복젓〔生鰒〕, 석화젓(굴젓), 조개젓〔蛤醢〕, 게해(蟹醢), 돌아올 때는 자반 민어, 절이지 않은 민어, 편포, 약포, 염포, 건치, 전복, 장복지
- 장(醬) 3그릇/ 간장(艮醬), 증감장(蒸甘醬), 수장(水醬)

정조의 화성행차, 그 8일

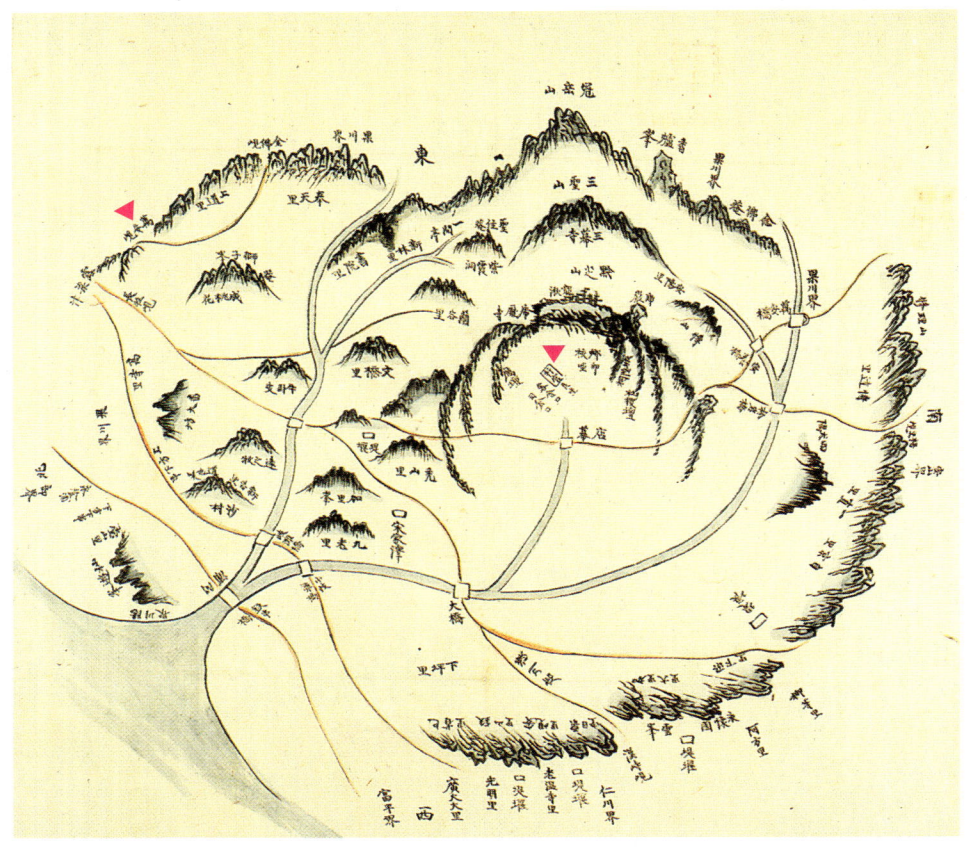

시흥현 지도
1첩, 채색필사본, 59.5×64cm, 1872(고종9), 서울대학교 규장각 소장.
지금의 관악구, 영등포구, 금천구, 광명시 일대에 해당한다. 만안현(왼쪽 위 표시부분)을 지난 행렬이
장승백이 고개-번대방 앞길을 지나 검지산(黔芝山) 아래 시흥행궁(가운데 표시부분)에 이르기까지의 길이
개략적이나마 보인다. 길을 따라 오른쪽으로 더 가면 안양교, 만안교 등이 나타난다.

번대방평(番大坊坪, 지금 동작구 대방동)으로 향했다. 여기서 방향을 서남쪽으로 틀어서 시흥현 문성동(文星洞) 앞길에 이르렀다. 지금의 시흥대로에 해당한다. 문성동은 지금 남부순환도로와 시흥대로가 만나는 지점이다. 지금도 신림동에서 독산동으로 가는

166

현재는 없어진 시흥행궁의 터
부근에 남아 있는 은행나무(사진 왼쪽, 표시부분에 표석이 보인다)와 은행나무 아래 세워진 표석(사진 오른쪽).
이곳은 금천현(衿川縣)의 동헌(東軒) 관아터이기도 했다.

길을 문성동길이라고 부르고 있다.

왕은 문성동 앞길에서 행차를 잠시 멈추게 하고 자궁가마 주변에 청포장(靑布帳)을 치라고 명령한 다음 정리사가 건네 준 미음다반(米飮茶盤)을 직접 들고 가서 혜경궁에게 올렸다. 이때 드린 미음*은 대추를 삶은 음료수였다.

왕은 정리사 윤행임(尹行恁)을 불러,

"행차가 머무는 행궁에 먼저 가서 여러 일을 미리 검칙하라."

고 이르고, 잠시 후에,

"내가 먼저 행궁에 가서 직접 살피겠다. 병방승지(兵房承旨)와 사관(史官)은 내 뒤를 따르라."고 말했다.

행차는 문성동을 떠나 이날 밤 유숙지인 시흥행궁(始興行宮)을 향했다. 왕은 시흥행

---

* 미음은 행차가 휴식을 취할 때마다 자궁에게 올려졌는데, 그 내용은 때에 따라 달라서 대추미음, 백감(白甘)미음, 백(白)미음 등 여러 종류가 있었다.

궁에 먼저 도착하여 행궁을 두루 살피고 막차(幕次)에 나와서 어머니를 기다렸다가 모시고 내차로 들어갔다. 날이 저물고 저녁시간이 되었다.

어가가 첫날밤을 보낸 시흥행궁의 위치는 자세히 알 수 없으나, 대략 지금 금천구 시흥5동 동사무소 부근으로 추정된다. 뒤로는 관악산에서 뻗어나온 검지산(黔芝山)이 우뚝 서 있는 곳이다. 현재는 행궁은 없어지고, 그 부근에 있던 수백년 된 은행나무 몇 그루가 보호수로 지정되어 있다. 행궁은 이번 행차를 위해 새로 지은 집이었다. 왕은 방사(房舍)가 안온한 것을 기뻐하여 시흥현령 홍경후(洪景厚)에게 3품직을 제수하고, 이곳의 수향(首鄕, 향청의 우두머리), 수교(首校), 수리(首吏)에게 상을 내렸다.

시흥행궁 옆에는 음식을 준비할 10칸짜리 수라가가(水剌假家)와 수행원들을 위한 음식을 준비할 집으로 5칸짜리 공궤가가(供饋假家)를 지었다.

이곳에서는 세 차례에 걸쳐 자궁과 왕, 그리고 두 군주(누이)에게 음식과 상화(床花)가 제공되었다. 먼저, 주다소반과(음식17종, 상화11종), 다음에 석수라(14종), 마지막으로 야다소반과(12종, 상화 9종)가 차례로 바쳐졌다. 왕과 군주에게는 주다소반과(8종), 석수라(7종), 야다소반과(7종)가 제공되었다.(음식 내용은 169쪽 참조)

이와 같은 식사메뉴는 다른 곳에서도 비슷하였으며, 약간의 변화가 있을 뿐이었다.

정리사가 석선(夕膳, 저녁 수라상)을 바치자 왕은 직접 살펴본 다음에 어머니에게 올렸다. 왕은 가는 곳마다 이와 같은 일을 되풀이하였다. 조금 뒤에 왕은 막차에 나와,

"일기가 청화(淸和)하고 자후(慈候, 어머니의 건강)가 만강하시니 경행(慶幸)을 금할 수 없다."

고 말한 후 여러 신하들에게 음식을 내리면서,

"이 음식은 자궁께서 내리시는 것이니, 배불리 먹으라."

고 하였다.

한편, 일반 군병들은 시흥행궁에서 어떻게 휴식을 취했을까. 『정리의궤』에 의하면,

첫째 날

의궤에는 각 음식의 재료와 양, 그리고 그릇마다 들어간 비용이 자세하게 소개되어 있다.
(『정리의궤』권4, 권5 찬품(饌品)·재용(材用) 참조)

• 자궁에게 제공된 주다소반과의 상차림/
각종 떡(餠, 높이 5촌), 약밥(藥飯), 국수(麵), 다식과(茶食果, 높이 5촌), 각종 감사과(甘絲果, 높이 4촌), 각종 다식(茶食, 높이 4촌), 각종 당(糖, 높이 4촌), 조란(棗卵), 율란(栗卵), 산약(山藥), 준시, 강고(薑糕, 높이 4촌), 배(生梨), 유자(柚子), 석류(石榴), 밤(生栗), 각종 정과(正果), 수정과(水正果), 꿩탕(生雉湯), 열구자탕(悅口資湯), 신설로, 각종 저냐(煎油花, 높이 4촌), 편육(片肉, 높이 4촌), 연계찜(軟鷄蒸), 생복회(生鰒膾, 높이 4촌), 꿀, 초장, 겨자. (의궤 권4, 찬품(饌品), 중권 167~169쪽).

• 자궁의 석수라 상차림/ 팥밥, 명태탕, 조치, 구이, 편육, 좌반(佐飯), 젓갈(醢), 채, 침채, 담침재, 장, 탕, 어만두, 각종 구이. (의궤 권4, 찬품(饌品), 중권 171쪽)

• 자궁이 받은 야다소반과의 상차림/
각종 떡(높이 5촌), 채만두, 어만두(높이 5촌), 각종 연사과(높이 4촌), 각종 당(높이 4촌), 용안·여기(龍眼荔芰), 각종 정과(높이 3촌), 화채, 별잡탕, 각종 화양자(높이 4촌), 편육(높이 3촌), 연저증(軟猪蒸), 꿀, 초장, 겨자. (의궤 권4, 찬품(饌品), 중권 172~173쪽)

• 왕에게 올린 주다소반과의 상차림/ 각종 떡(높이 5촌), 약밥, 국수, 다식과(높이 3촌), 각종 당(높이 3촌), 각종 정과(높이 2촌), 신선로, 편육(높이 3촌), 꿀, 초장.
상화는 홍도별삼지화 1개, 홍도간화 1개, 홍도건화 2개이다.

• 왕의 석수라의 상차림/ 팥밥, 명태, 조치, 구이, 좌반, 젓갈, 담침채, 장 등 7종이다.

• 왕에게 올린 야다소반과의 상차림/ 각종 떡(높이 5촌), 채만두, 만두과(높이 3촌), 각종 당(높이 3촌), 각종 정과(높이 2촌), 별잡탕, 편육(높이 3촌), 양지머리, 소혀(牛舌), 돼지머리(猪頭), 돼지다리(猪脚), 꿀, 초장 등 7종이다. 상화는 4개이다.

정조의 화성행차, 그 8일

「화성능행도」 8폭 병풍 중 시흥환어행렬도(120쪽)의 아래쪽 일부분
산자락 아래 자리한 행궁 건물을 진입로에서부터 병사들이 호위하고 있다.
혜경궁 일행은 행차의 첫날과 한양으로 돌아오기 전날 이곳에서 머물렀다.

군병의 종류에 따라 휴식처가 달랐다. 먼저, 어가를 가까이 수행하는 가후금군(駕後禁軍)과 가전별초(駕前別抄)는 시흥 동구(洞口)에서 좌우로 나누어 편한 대로 찰주(札駐, 흩어져 휴식)하게 하였으며, 선구금군(先驅禁軍)과 난후금군(攔後禁軍) 등은 동구 밖 조금 넓은 곳에 합병하여 진을 이루도록 하였다.

시흥참의 모든 일을 주관할 당상으로는 호조판서 이시수(李時秀)와 장교 왕도원(王道源)이 임명되고, 실무자인 낭청에는 외빈인 홍대영(洪大榮)과 장교 임복기(林福起)가 임명되었다. 여기서도 외빈이 한 사람 참여하고 있는 것이 흥미롭다.

둘째 날 – 윤2월 10일

시흥 출발, 청천평에서 휴식

시흥에서 하룻밤을 묵은 왕은 다음날 아침, 점심을 들기로 예정되어 있는 사근평행궁(肆覲坪行宮)을 향해서 떠났다. 시흥에서 20리 떨어진 거리다. 시흥에서 사근평행궁에 이르는 노정은, 시흥행궁 – 대박산(大博山) 앞길 – 염불교(念佛橋, 안양유원지 입구 부근) – 만안교(萬安橋) – 안양참(安養站) – 장산우(長山隅) – 군포천교(軍浦川橋, 안양교도소 뒷길) – 서원천교(書院川橋) – 청천평(晴川坪) – 서면천교(西面川橋) – 원동천(院洞川, 성 라자로원 입구) – 사근평(고려병원 입구 서쪽) – 사근참(의왕시청 부근) – 사근참행궁(의왕시 왕곡동 골사그내)으로 되어 있었다. 대략 지금의 시흥대로와 안양시 만안로, 그리고 1번 국도를 따라가는 길에 해당한다.

이날의 출발시간도 아침 묘시(卯時, 5~7시)로 예정되었다. 왕은 시흥행궁에서,

"비가 곧 올 것 같으니, 시위군병은 바로 대기

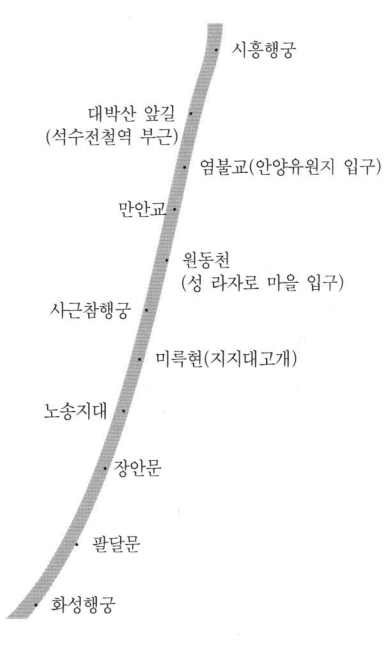

둘째 날 능행길

하고 있다가 묘정(卯正) 3각(6시 45분경) 삼취(三吹) 때 모이라."
고 하교하였다. 왕은 이날도 군복을 입고 말을 타고 갔다.

시흥행궁을 떠난 어가는 지금의 시흥대로를 타고 안양을 향해서 발길을 재촉했다. 대박산평(大博山坪, 지금의 금천구 시흥동 석수 전철역 부근)을 지나 만안교(萬安橋)를 건너 안양점(安養店) 앞길에 이르자 행차를 잠시 쉬게 하였다.

당시 만안교는 나무로 만들어져 있었으나, 이 해 9월 경기감사 서유방(徐有防)에 의해 아름답고 견고한 아치형의 돌다리로 개수되었다. 지금은 이 다리가 약 200미터 북쪽으로 이동되어 복원되었다. 안양점은 지금의 안양 전철역 부근이다. 왕은 안양점 앞에서 쉬는 동안 대추를 고은 미음다반을 혜경궁에게 드렸다.

행렬은 안양점에서 다시 출발하여 지금의 안양시 만안대로를 따라 남으로 전진했다. 언덕이 거의 없는 평탄한 길이다. 어가가 장산(長山) 모루를 지나 청천평(晴川坪,

만안교비(사진 왼쪽)와 만안교(안양시 만안구 석수동, 사진 오른쪽)
만안교는 길이 31.2미터, 너비 8미터, 높이 6미터에 5개의 갑문을 가진 아름다운 아치형의 돌다리로, 본래는 안양시 만안로 유원지 입구에 있던 구안양대교와 석수교 사이에 있었는데 1980년 8월 국도확장 공사로 약 200미터 정도 북쪽인 현재의 위치로 옮겨졌다. 입구에는 경기감사 서유방(徐有防)이 짓고 조윤형(曹允亨)이 글씨를 쓴 만안교비가 서 있다.

맑은내 벌)에 이르렀다. 청천은 일명 '맑은내'로 불리는 안양천의 한 지류로서, 안양시 비산1동에서 남쪽으로 갈라져 안양시와 군포시 그리고 의왕시를 통과하고 나서 광교산과 백운산으로 숨어들고 있다.

왕은 청천평에 이르자 다시 말에서 내려 혜경궁에게 문안을 드렸다.

사근참 행궁에서 점심을 들다

어가가 청천평에서 다시 출발하여 지금의 의왕시 성 라자로마을 입구인 원동천(院洞川, 원골개울)을 지나 1리를 더 가서 사근평(肆覲坪, 고려병원 부근)에 이르고, 다시 사근참(지금의 의왕시 고천동)을 거쳐 사근참 행궁(肆覲站 行宮)에 도착했다. 이곳은 지금 경수산업도로(1번국도)와 과천-의왕간 고속화도로가 만나는 의왕시 왕곡동(일명 골사그내)에 해당하는 것으로 보인다.

사근참(肆覲站)은 원래 이름이 사근천(沙斤川, 사그내)이었으나 이때 한자이름을 바꾸었다. 사근참은 정조가 과천을 통해 화성을 갈 때에도 거치던 곳으로, 시흥로와 과천로가 만나는 지점이다.

왕은 먼저 사근참행궁에 도착하여 시설을 점검하고 혜경궁 가마가 도착하자 내차(內次)로 맞아들였다. 이곳에서 오전 간식인 주다소반과와 주수라(점심)를 들었다. 자궁의 주다소반과는 16그릇의 음식과 10개의 상화로 준비되었고, 주수라는 13그릇의 음식이 담겨져 있었다. 왕은 주다소반과를 들지 않고, 7그릇의 주수라만을 들었다. 이 음식을 준비하기 위해 행궁 북쪽의 고사(庫舍)를 보수하여 임시로 5칸짜리 수라간을 만들고, 수행원들의 음식을 준비하기 위해 또 5칸짜리 공궤가가(供饋假家)를 지었다.

여기서 멀지 않은 곳에 의왕시와 수원시의 경계인 지지대고개가 있다. 사근참 행궁에서도 가후금군과 가전별초 등의 군병은 동구(洞口)에서 좌우로 나누어 편한 대로 휴식〔札駐〕하고, 선구금군과 난후금군 등은 길 위에서 앉아 쉬도록〔留駐〕 하였다.

그런데 이때 비가 내리기 시작했다. 왕은,

"비가 아직 멎지 않고 있는데, 새로 지은 사근참행궁이 방사(房舍)가 낮아서 밤을 지내는 데 어려움이 있다. 백관과 군병이 비를 맞을 것이 걱정되지만, 이곳에서 화성이 얼마 되지 않으니 오늘 도착할 수 있다."

고 말하고, 잠시 후 삼취를 불게 하였다. 왕은 우구(雨具)를 갖추고 출발했다. 왕 이외의 수행원들도 우구를 갖추고 떠난 것으로 보인다. 우구직(雨具直)으로 불리는 관원이 여러 관청의 수행원 속에 포함되어 있는 것이 의궤에 보이기 때문이다. 화성행궁까지는 20리의 거리였지만 비를 무릅쓰고 행진은 다시 시작되었다.

사근참의 일을 주관하는 당상으로는 경기관찰사인 서유방(徐有防)과 장교 성봉문(成鳳文)이 임명되고, 낭청으로는 이로수(李潞秀)와 장교 송대운(宋大運)이 임명되었다.

진목정에서 휴식

사근평행궁의 응난헌주정소(凝鑾軒晝停所)에서 출발한 어가는 일용고개(日用峴)를 거친 지 얼마 안 되어 미륵현(彌勒峴)에 이르렀다. 지금 '지지대고개'로 불리는 이곳의 원래 이름은 사근고개(沙斤峴)였으나, 원행이 시작되면서 이름을 미륵현으로 바꾸고, 또 정조가 지지대(遲遲臺)라는 이름을 붙이게 한 것이다. 이곳은 지금 의왕시와 수원시의 경계선으로서, 수원 방향으로 고개 오른편에는 1807년(순조7) 호조판서 서영보(徐英輔)가 찬하고, 판돈녕부사 윤사국(尹師國)이 글씨를 쓰고, 화성어사 신현(申絢)이 세운 지지대비(遲遲臺碑)가 비각과 함께 세워져 있다.

미륵현은 비가 와서 땅이 질고 미끄러웠다. 왕은 잠시 말에서 내려 어머니에게 문안을 드렸다. 어가는 미륵현을 넘어 지금의 효행가든 뒤편에 있는 괴목정교(槐木亭橋, 느티나무정이 다리)로 접어들었다. 현재 수원시 장안구 파장동에 속하는 이 길은 얼마 전까지도 국도(國道)로 이용되었으나 지금은 그 일대가 정조의 효행을 기리는 효행공원으로 변하고, 정조의 동상과 효행기념관, 그리고 효행가든과 주유소 등이 들어서 있다. 느티나무와 함께 서 있던 정자는 지금 헐리고 없어졌지만, 200년 혹은 300년 된 느티나무 세 그루는 18미터 높이의 거목이 되어 보호수로 지정되어 있다. 그리고 느티나무 바로 옆에는 미륵부처를 모신 조그만 사당인 미륵당(彌勒堂)이 있었는데, 지금은 이름을 법화당(法華堂)으로 바꾸었다.

괴목정다리는 느티나무에서 북쪽으로 약 20미터 떨어진 곳에 있다. 지금은 시멘트로 개축한 괴목정교가 옛날 그 자리에 놓여 있고, 다리 입구에는 정조 당시 이정표로 세운 괴목정교(槐木亭橋)라고 쓴 표석(標石)이 쓰러질 듯이 외롭게 서 있다. 한 가지 안타까운 것은 미륵당과 느티나무가 있는 곳에 버스 종점이 들어서서 이곳의 운치를 크게 해치고 있다는 것이다.

괴목정 다리를 지난

괴목정교 표석(수원시 장안구 파장동(芭長洞) 소재)
『화성성역의궤』에는 정조가 능행중에 중요 지점마다 돌로 표석을 세우라는 내용이 있다. 이 표석은 1796년(정조20)에 세워진 것으로, 옛 지지대 고갯길인 지금의 효행기념관 옆에 위치하고 있다. 그러나 괴목정교는 오래 전에 없어졌으며 관리 소홀과 무관심으로 인해 밑부분이 흙에 매몰된 상태이다.

정조의 화성행차, 그 8일

노송지대(수원시 장안구 파장동 소재. 경기도 기념물 제19호)
그리 길지 않은 도로변을 따라 운치 있는 노송들이 늘어서 있다. 이곳을 지나 파장동 네거리의 구도로변에 이르면, 가로수로 심어진 어린 소나무들이 눈에 띈다.

어가는 용두(龍頭, 현 노송지대 입구) 앞길을 거쳐 지금의 수원시 장안구 파장동 노송(老松)지대로 내려갔다. 호화로운 갈비집들 사이로 우람하면서도 우아한 자태를 뽐내고 있는 노송들이 이 무렵에 심어진 것들이다.

노송지대를 지난 어가는 장안문에서 5리쯤 떨어진 진목정(眞木亭)에 이르렀다. 진목정의 위치는 자세히 알 수 없으나, 지금의 수원시 장안구 만석거공원 부근으로 추측된다.

『원행정례』에는 지지대에서 화성행궁에 이르는 노정을, 괴목정교 - 용두 앞길(龍頭前路) - 목욕동교(沐浴洞橋) - 여의교(如意橋) - 만석거(萬石渠) - 여의경(如意坰) - 영화정(迎華亭) - 대유평(大有坪) - 관길야(觀吉野) - 장안문(長安門)으로 기록하였다. 이 경로는 1795년 이후에 정해진 것이나, 1795년의 길도 이와 비슷했을 것으로 추측된다.

진목정에 이르자 먼저 가 있던 총리대신 채제공(蔡濟恭)이 길 왼편에서 어가를 맞이했다. 장용영 외영 소속의 친군위(親軍衛) 군인들도 협로에서 어가를 맞이하면서 고취(鼓吹)를 연주했다. 여령(女伶, 기생)들도 나와 대기했다. 왕은 진목정에서 잠시 쉬면서 미음다반을 어머니에게 올렸다.

저녁에 화성행궁 도착

어가가 화성의 북문인 장안문(長安門)에 도착하기 몇 리 전에 왕은 병조판서 심환지(沈煥之)에게 명을 내렸다.

"어가가 화성문에 이르면 군문(軍門)에 들어가는 절차가 있어야 한다. 경은 장신(將臣) 영접소에 먼저 가서 막차를 설치하라."

왕은 옷을 갑주(甲冑)로 갈아입고 출발하여 장안문으로 들어갔다. 여러 장신들과 화성유수(華城留守) 조심태(趙心泰)가 장관(將官) 이하 군병들을 거느리고 길 옆에서 엎드려 어가를 맞이했다.

대가(大駕)는 장안문에서 남문인 팔달문을 향해서 가다가 오른편의 종가(鐘街)로 방향을 틀어 좌우군영의 앞길을 거쳐, 행궁의 정문인 신풍루(新豊樓)로 들어갔다. 신풍루는 행궁의 외삼문에 해당하는데, 그 앞에 작은 개울이 있고 신풍루 전교(前橋)로 불리는 돌다리가 있었다. 신풍루에서 다시 직진하여 행궁의 중문인 좌익문(左翊門)을 거쳐 중앙문(中陽門)으로 들어가 화성행궁의 주건물인 봉수당(奉壽堂)에 도착했다. 봉수당은 행궁의 중앙에 자리잡고 있다. 그러나 일제시대에 행궁이 모두 헐리고 이곳에 도립병원, 경찰서, 신풍초등학교 등이 들어서면서 신풍루도 자취를 감추었다. 다행히 지금 도립병원이 헐리고, 1996년부터 그 자리에 봉수당, 장락당, 중앙문 등이

정조의 화성행차, 그 8일

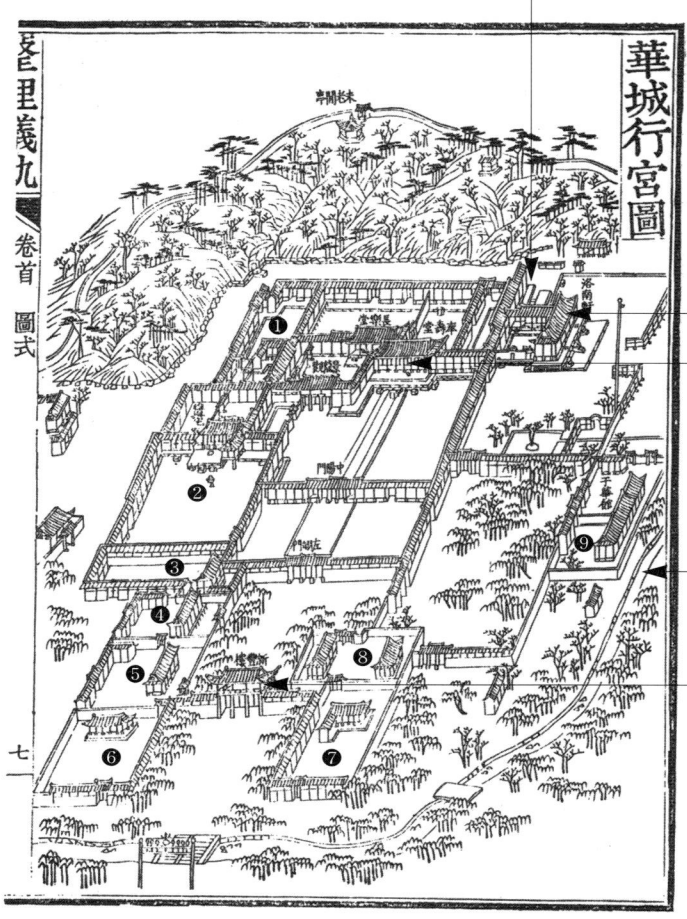

득중정
(『화성성역의궤』의 행궁전도에는 이름이 표기되어 있음)
행차의 여섯째 날 오후에 활쏘기를 한 곳이다.

낙남헌
행차의 셋째 날 오전에 문무과 별시가 거행되었으며, 여섯째 날 오전에는 양로연이 베풀어진 곳이다.

봉수당
행차의 다섯째 날 혜경궁 홍씨의 회갑잔치가 거행된 곳이다. 옆의 장락당은 침소로 쓰인 곳이다.

왼편 아래쪽으로 흘러 내려가는 이 개울은 현재는 보이지 않는다. 오른쪽 뒤편으로 더 가면, 정조의 어진(御眞)을 모셔놓은 화령전(華寧殿, 1801년 건립)이 있다.

신풍루
1789년 지은 것으로, 처음 이름은 '진남루'였다. 행궁의 정문으로, 행차의 여섯째 날 화성 주민들에게 쌀을 나누어 준 곳이다.

『정리의궤』 중 화성행궁도
오른쪽에 설명되지 않은 곳들은 다음과 같다.
❶복내당(福內堂) ❷유여택(維輿宅) ❸외정리소(外整理所) ❹비장청(裨將廳) ❺서리청(書吏廳)
❻남군영(南軍營) ❼북군영(北軍營) ❽집사청(執事廳) ❾우화관(羽華館)

복원중인 화성행궁의 중심부(1998년 8월 현재)
화성행궁은 화성성곽이 완성되던 해(1796)에 당시 수원읍의 치소(治所)로 쓰이던 관아를 대폭 증축하여 지어졌다. 신풍루-좌익문-중앙문-봉수당에 이르는 동서방향의 중심축을 기준으로 좌우에 여러 건물들이 비대칭적으로 자리잡고 있다. 봉수당 왼편(남쪽)으로는 장락당·경룡관·복내당·유여택·외정리소·비장청·서리청·남군영·별루가 자리잡고, 봉수당 오른편(북쪽)으로는 득중정·낙남헌·집사청·우화관·북군영이 자리잡고 있다. 행궁 뒤로는 팔달산으로 이어지는 경사지가 있고, 멀리 추팔경(秋八景)의 하나에 등장하는 미로한정(未老閒亭)이 보인다.
화성행궁은 일제시대 대부분 헐리고 그 자리에 도립병원, 신풍초등학교, 경찰서 등이 들어섰다. 그러다가 1995년 이후 복원사업이 추진되어, 현재 도립병원을 헐고 그 자리에 봉수당·장락당·유여택·중앙문 등이 복원되고 있다. 앞으로 경찰서가 이전되면 신풍루 등이 복원될 예정이다. 사진의 맨 오른쪽이 중앙문, 그 뒤 건물이 봉수당과 장락당, 맨 왼쪽 건물이 유여택이다.

한창 복원되고 있다. 그러나 아직도 수원 중부경찰서가 그 앞을 가로막고 있어서 옛날 행궁의 위엄을 찾을 수 없다.

왕은 말에서 내려 어머니를 봉수당 왼편에 있는 장락당(長樂堂)으로 모시고 들어가 주다별반과(晝茶別盤果)를 올리고, 저녁에는 석수라를 올렸다. 이 집이 자궁의 휴식처였다. 드디어 이틀에 걸친 여행이 일단 끝난 것이다. 그러나 현륭원 참배가 남아 있으므로 여정이 모두 끝난 것은 아니었다. 창덕궁에서 화성행궁까지의 거리는 정확하게 63리였고, 화성행궁에서 현륭원까지는 20리였다. 그런데 당시의 10리는 약 5.4킬로미터에 해당하므로, 지금의 거리로 따지면, 서울에서 현륭원까지의 거리는 약 110여 리가 된다.

왕은 중앙문 왼편에 있는 유여택(維與宅)으로 갔다. 이곳이 왕의 처소로서, 이 집의 남쪽 중문(中門)은 정리소 차비임무를 맡은 정우태(丁遇泰), 변상규(卞尙圭), 이방구(李邦九), 오문주(吳文周)에게, 유여택 남쪽 북문은 이관성(李觀成), 이승보(李昇普), 임광윤(任光胤), 장언위(張彦緯)에게 각각 파수임무가 맡겨져 있었다. 왕은 이곳에서 시신(侍臣)에게 교를 내렸다.

"오늘 비에 젖은 것은 미안하지만, 큰 문제는 없었다. 매사 언제나 십분 원만하기를 바라서는 안 된다. 어제는 날씨가 화창하고 따뜻했고, 내일은 또 경사스러운 예(禮)가 많다. 수십 리 길에 비가 오다가 문득 개이기도 하였으니, 그나마 다행이라고 해야 할 것이다. 더욱이 경작이 곧 시작될 시기에 논두렁 밭두렁이 비에 젖었으니 어찌 농부들의 경사가 아니겠는가."

이어서 왕은 암행어사 홍병신(洪秉臣)을 들어오게 한 후,

"각 영(營)과 아문은 모두 정례(定例)를 지키고 있는가. 위반하거나 월권하는 일은

화성행궁의 정문인 신풍루의 옛 모습
목조 2층 누각.
일제시대 헐리기 직전에 찍은 것으로
지금 이곳은 중부경찰서로 들어가는
진입로로 변했다.

정조의 친필인 장락당 현판(문화재 관리국 소장)
장락당에는 혜경궁 홍씨의 진찬일(進饌日)에 정조가 지은 시가 판각된 액자도 걸려 있었다.

없는가. 액속(掖屬)이나 군병들은 분란을 일으키지 않았는가. 지방관 또한 백성을 노역(勞役)시키는 일은 없었는가."
라고 물었다. 이에 홍병신은,

"이미 정례(定例)가 있을 뿐 아니라, 전후로 칙교(勅敎)를 내려 거듭거듭 다짐하였으므로 안으로 각 관청과 밖으로 화성부가 법을 어기고 넘치는 일은 감히 없었습니다."
라고 아뢰었다.

이날 오후간식인 주다별반과(晝茶別盤果)로서 혜경궁에게는 25가지의 음식을 담은 찬상이 올려지고 소수파련을 비롯한 19개의 상화가 장식되었다. 25그릇의 음식은 내용상 전과 다름이 없으나, 합쳐져 있던 과일이 나누어져서 그릇 수가 늘어난 것뿐이었다. 왕에게는 8가지의 음식이 올려졌고, 그 내용은 전과 별로 다름이 없었다. 수라에는 꽃이 등장하지 않았다. 그리고 석수라로서 자궁은 15가지, 왕은 7가지 음식을 들었다. 밤에도 야다소반과(夜茶小盤果)로서 12종의 음식과 상화 6개가 또 한 차례 올려졌다. 역시 떡과 과일류가 중심이었다. 왕과 두 군주(郡主)의 음식은 여전히 8그릇이었고, 상화는 홍도화 등 4개가 진배되었다.

　화성 숙소에 도착한 후 가후금군과 가전별초 등의 군병은 화성부의 동구에서 좌우로 나누어 편한 대로 휴식하고, 선구금군과 난후금군 등은 동구(洞口) 밖 조금 멀리 떨어진 곳에서 합병하여 진을 치게 하였다.

　화성참의 모든 일을 주관할 당상으로는 장용내사인 서유대(徐有大)와 규장각신으로 정리사인 윤행임(尹行恁) 그리고 장교 정도관(鄭道寬)이 임명되었다. 그러나 화성에서의 행사가 많은 관계로 자궁수라, 찬탁, 온돌점화, 진화(進花), 배설(排設), 양로연, 나인지공(內人支供, 나인들에게 음식물을 가져다 주는 일) 등 일에 따라 책임자를 따로 임명하여 업무분담을 세밀하게 조직하였다.

셋째 날 - 윤2월 11일

아침에 화성 향교 대성전에 전배하다

윤2월 11일은 한양을 떠난 지 사흘째 되는 날이지만, 화성에서 여러 행사가 시작되는 첫째 날이기도 하였다. 이 날은 왕이 향교(鄕校)의 대성전(大成殿)에 참배하고, 행궁에서 문무과 별시가 시행되며, 행궁의 봉수당(奉壽堂)에서 회갑잔치의 예행연습인 진찬습의(進饌習儀)가 거행되는 등 세 가지 행사가 예정되어 있었다.

화성에서의 첫 행사를 향교참배로 정한 것은 학문을 사랑하는 정조의 유학진흥(儒學振興) 의지를 보여 주는 것이라 할 수 있다. 향교의 대성전에는 공자(孔子)에서 주희(朱熹)에 이르는 21명의 중국 성현과, 설총(薛聰)에서 박세채(朴世采)에 이르는 15명의 우리나라 유학자들의 위패가 모셔져 있다. 대성전

화성 향교 명륜당(수원시 권선구 교동)
팔달산 남쪽 기슭에 자리잡은 향교는 현재 유림회에서 관리하고 있다.

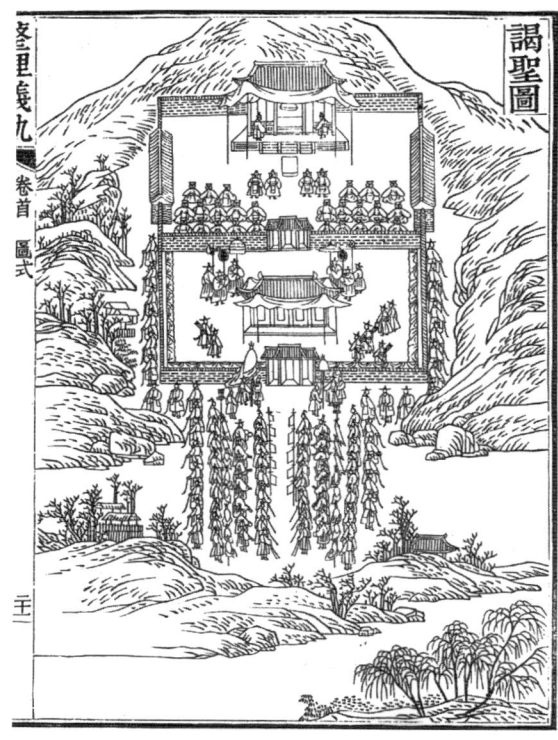

『정리의궤』 중 알성도
정조가 화성향교의 대성전에 참배하는 장면. 맨 위 건물이 대성전이고, 그 아래 건물이 강당인 명륜당이며, 좌우에 있는 건물이 재(齋, 기숙사)이다.

은 문선왕묘(文宣王廟) 혹은 성묘(聖廟), 혹은 문묘(文廟)라고도 부른다.

화성 향교에 가는 시간은 아침 묘시(5~7시)로 예정되었다. 왕은 화성행궁에 나와 동부승지 이조원(李肇源)에게 이날 향교에 다녀온 후 실시예정인 문무과 별시에 대한 준비를 다음과 같이 지시했다.

"승지는 먼저 우화관(于華觀)에 가서 유생들을 입장시켜라. 시관(試官)이 예를 행하고, 시험제목을 거는 것은 어가가 오는 것을 기다려 행하게 하라. 향교에서 대성전(大成殿, 공자를 모신 사당)에 알성(謁聖)할 때에는 태학(성균관)에서 알성할 때처럼 유생들이 어가를 따라 입장하게 하라."

묘초(卯初) 3각(5시 45분경) 삼취에 왕은 군복(융복)을 입고, 말을 타고 중앙문, 좌익문, 신풍루를 거쳐 화성의 남문인 팔달문(八達門)으로 나왔다. 화성 향교는 여기에서 서남방으로 약 2킬로미터 떨어진 팔달산 남쪽 기슭, 지금의 수원시 권선구 교동에 위치하고 있다.

향교 문 밖에 이르자 왕은 말에서 내려 여(輿, 뚜껑이 없는 가마)를 타고 명륜당(明倫堂) 대차(大次)로 들어가서 옷을 면복(冕服)으로 갈아입었다. 왕은 규(圭)를 들고 동쪽 협문으로 들어가 동쪽 계단을 따라 올라가 대성전 앞 기둥의 동쪽에 설치한 판위(版位)로 가서 서쪽을 향해서 선 다음 네 번 절하였다. 배종(陪從)한 백관과 유생들도 규정에 따라 예를 올렸다.*

왕은 공자를 비롯한 성현의 위패가 모셔진 묘(廟) 안으로 들어가 내부를 살펴보고 나서, 다음과 같이 지시했다.

"중앙의 태학이나 지방의 향교나 성묘(聖廟)는 마찬가지다. 집이 이렇게 낡고, 단청이 헐고, 의자와 상탁(床卓), 포진(鋪陳, 깔개), 노합(爐盒, 향로) 등이 모두 제꼴이 아니다. 전부 수리하라."

이 말을 받아 옆에 있던 겸대사성 이만수(李晚秀)가 거들었다.

"화성부가 초창기라서 모든 일이 소홀한 것도 이해가 갑니다. 그러나 성묘의 일은 너무 중요하고, 더욱이 전하께서 전배(展拜)하시는 것은 극히 드문 일입니다. 수개(修改)하는 일을 늦추어서는 안 될 것입니다."

왕은 다시 동쪽 계단으로 내려와 참반 유생(參班儒生)들에게 물었다.

"오늘의 정시(庭試)에 그대들은 모두 응시했는가. 아니면, 입적(入籍)은 했으되 준식(準式)에 맞지 않은 사람들인가. 아니면, 다른 지방에서 왔는가."

행우승지 이익운(李益運)이,

"뜰에 들어온 사람이 모두 36인으로, 그 중 두 사람은 용인에 살고, 나머지는 화성부에 살고 있는데, 축실년(築室年, 집을 지은 해)이 낮아서 응시를 하지 못했습니다."

라고 답변했다. 왕은,

---

* 자세한 의식은 『정리의궤』 권2, 의주(儀註)의 「화성성묘전배의(華城聖廟展拜儀)」를 참고.(영인본, 상 319쪽)

"이 지방이든 다른 지방이든, 적(籍)이 있든 없든, 모두 거안(擧案, 응시자 명단)을 받들어 응시하게 하라. 그리고 봉투 안에 '성묘집사유생(聖廟執事儒生)'이라고 쓰라."
왕은 이들에도 응시 기회를 주기로 하였다.
왕은 명륜당으로 돌아와 군복으로 갈아입고, 이익운에게 교를 내렸다.
"듣건대, 화성부 향교는 옛날에는 노비와 전결(田結)이 있었으나, 주관할 사람이 없어서 지금은 모두 없어졌다고 한다. 선조(先朝, 영조)께서 경신년(영조16, 1740)에 송경(松京, 개성)에 행차하여 성묘를 알현하면서 장획(臧獲, 노비)을 하사하신 일이 있는데, 경신년의 예를 따라 전토와 노비를 지급할 것을 대신과 의논하여 거행토록 하라."
왕은 여를 타고 향교문을 나오자, 말을 타고 다시 행궁으로 돌아왔다.

오전에 낙남헌에서 문무과 별시를 거행하다

이날의 두 번째 행사는 진시(辰時, 아침 7~9시)에 행궁의 오른편에 있는 낙남헌(洛南軒)에서 문무과 별시를 거행하는 일이었다. 이는 화성부 및 그 인근지역인 광주(廣州), 과천(果川), 시흥(始興) 지역의 선비들과 무사들을 등용하여 지역주민의 사기를 높이기 위한 배려라고 할 수 있다.

낙남헌 현판
200×100cm, 1794, 정조 궁중유물전시관 소장.
조윤형(曺允亨, 1725~99)이 썼다. 고결하고 검소한 성품의 그는 서화에 능하고 특히 초서와 예서의 필법에 뛰어났다.

문과의 응시자격은 앞에서 말한 4읍의 유생으로서 유적(儒籍, 서원유생 명부)과 교안(校案, 향교학생 명부)에 들어 있으면서 장적(호적)에 올라 있는 사람에

낙남헌
1794년(정조18)에 득중정을 옮긴 터를 넓혀서 지었다. 일제의 만행에 의해 이 건물만 남고 행궁터의 모든 건물들이 철거되고 말았다. 현재 신풍초등학교 안에 있다.

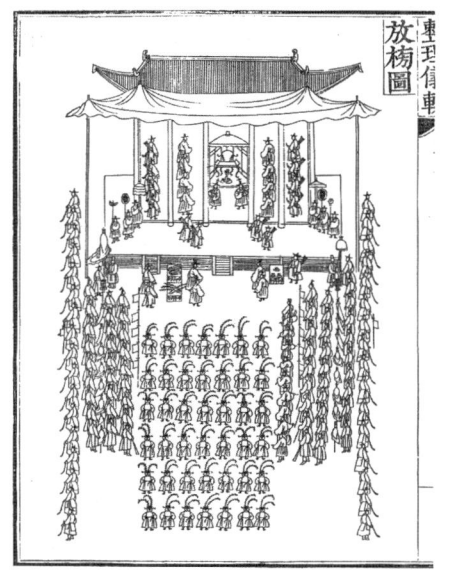

『정리의궤』 중 낙남헌 방방도
어사화(御賜花)를 머리에 꽂은 급제자들의 모습이 보인다.

한정되었다. 그러나 수원유생은 2식(二式, 3년마다 실시되는 호적 조사에 두 번 등록한 경우)을 기준으로 하고, 나머지 유생은 3식(三式, 호적에 세 번 등록한 경우)을 기준으로 하였다. 다시 말해 수원은 신도시이므로 오래 살지 않은 사람도 응시가 허용된 것이다.

 왕이 융복(戎服)을 입고 모자에 깃을 꽂고 낙남헌으로 나오자 음악이 연주되었다. 왕이 자리에 오르자 음악이 중지되었다. 시험에 앞서 일정한 의식이 치러졌다. 참가자들이 모두 절을 네 번씩 하고 정해진 위치로 돌아가는데, 절을 할 때마다 음악이 연주되고 일어나면 음악이 중지되었다.*

---

* 자세한 의식은 『정리의궤』 권2, 의주(儀註), 「화성문무과친림시취의(華城文武科親臨試取儀)」를 참고.(영인본, 상 321~323쪽)

심환지(1730~1802) 초상
작가미상, 비단에 채색, 56.1×41.2cm, 19세기.

유언호(1730~96) 초상
작가미상, 비단에 채색, 56.1×41.2cm, 19세기.

시험장에는 독권관(讀券官)인 좌의정 유언호(兪彦鎬)를 비롯하여 심이지(沈頤之), 민종현(예조판서), 이병정(李秉鼎, 행부사직), 윤시동(尹蓍東, 이조판서), 심환지(沈煥之, 병조판서), 이재학(李在學, 형조판서), 이가환(李家煥, 공조판서), 채홍원(蔡弘遠, 對讀官), 정약용(丁若鏞, 병조참지), 임희존(任希存, 행부사직), 서유구(徐有榘, 檢校待敎), 최헌중(崔獻重, 부수찬), 홍낙유(洪樂游, 병조정랑), 이희갑(李羲甲, 부사과), 조석중(曺錫中, 승문원 부정자), 이병모(李秉模, 考官, 판부사), 이시수(李時秀, 호조판서), 이유경(李儒敬, 행부호군), 이유경(李儒慶, 참고관), 서유문(徐有聞, 부교리), 이상일(李商一, 선전관), 이유엽(李儒燁, 선전관) 등이 참석했다.

의식이 끝난 뒤 왕은 심환지와 이병정에게 '근상천천세수부(謹上千千歲壽賦)'라는 제목의 시험문제를 쓰게 하였다. 자궁께서 오래 사시기를 기원하는 내용의 부(賦)를 지으라는 것이다. 왕은 유언호에게 응시생들이 문제의 뜻을 잘 파악하도록 효유(曉諭)하라고 이르고, 시관(試官)이 문제를 가지고 유생들이 모여 있는 우화관(于華觀)에 가서 문제를 개봉하고 오라고 일렀다.

왕은 이어서 무과를 치르기 위해 수험생을 하나씩 불러 활을 쏘게 하였다. 이들은 지난 2월

10일 화성부에서 초시를 치러 합격한 화성부, 광주, 과천, 시흥사람 116명을 비롯하여 구포민인(鷗浦民人) 5명, 그리고 왕이 특별히 응시를 허락한 화성부 교졸(校卒) 16명 등이었다.

이날 문과에 합격한 사람은 모두 5명으로서, 갑과 1인에 생원 최지성(崔之聖, 화성인, 40세), 을과 1인에 유학 임준상(광주인, 29세), 병과 3인에 유학 정순민(과천인, 41세), 생원 이유하(시흥인, 29세), 진사 유성의(화성인, 33세) 등이었다. 왕은 화성에서 2명, 광주, 시흥, 과천에서 각각 1명씩을 뽑으라고 명하여 이러한 결과가 나온 것이다.

다음에 무과는 모두 56명을 선발하였다. 갑과에는 친군위 김관(金寬, 수원인, 37세), 을과에는 부사과 김창운(金昌雲, 광주인, 34세), 한량 권득성(權得星, 광주인, 36세), 부사과 박후신(朴厚新, 광주인, 32세), 한량 김성갑(金星甲, 수원인, 29세), 한량 김종진(수원인, 29세) 등 5인, 병과에는 별무사 송덕관(수원인, 51세) 등 50명이 선발되었다. 무과 합격자 중에는 아버지의 신분이 양인(良人)으로 되어 있는 자도 보인다. 을과에 합격한 김성갑의 경우가 그렇다. 대체로 장용영 친군위에 속한 군병들의 합격률이 높아 이들의 사기진작에 도움을 주었을 것으로 보인다.

문무과 합격자의 명단을 공개하는 의식인 방방의(放榜儀)*는 미정(未正, 오후 2시)에 이루어졌다. 융복을 입은 왕이 친림한 가운데 합격자에게는 합격증서인 홍패(紅牌, 붉은 종이에 쓴 합격증)와 사화(賜花), 사주(賜酒), 복두(幞頭), 관대(冠帶) 등의 예물이 하사되었다. 갑과 합격자에게는 특별히 개(蓋, 우산처럼 생긴 깃발)를 주었다.

---

* 방방의에 관한 자세한 내용은 『정리의궤』 권2, 의주(儀註), 「화성문무과 친림방방의(華城文武科 親臨放榜儀)」를 참고. (영인본, 상 323~327쪽)

오후에 봉수당에서 회갑잔치를 예행연습하다

이날의 마지막 행사인 진찬습의(進饌習儀, 회갑잔치 예행연습)는 신시(申時, 오후 3~5시)에 봉수당(奉壽堂)에서 거행되었다. 이틀 후에 있을 회갑잔치를 미리 연습하는 행사이다. 회갑잔치는 이번 행차의 주목적인 만큼 각별히 신경을 쓰지 않을 수 없었다.

왕은 신시에 봉수당에 나갔다. 여기에는 대신들 이외에도 어머니 혜경궁 홍씨의 일가친척인 내빈(內賓, 여자친척)과 외빈(外賓, 남자친척)들도 초대되었다. 왕은,

"모레 가질 진찬(進饌)은 처음 있는 성대한 일로서, 의절(儀節)을 거행함에 있어서 여령(女伶, 춤추는 기생)이 가장 격식에 맞추기 어렵다. 경기(京妓, 서울기생)는 상호도감(上號都監, 존호를 올리는 일을 주관하는 관청)에서 습숙하였지만, 화성부의 여령은 생소함을 면키 어려울 것이다. 오늘 과거합격자 발표를 일찍 마쳤으므로 경들과 함께 이곳에서 예행연습을 가지려고 한다."

고 말했다. 왕은 되도록 나라에 폐를 끼치지 아니하기 위하여 숙련된 기생들을 선발하지 않고, 궁에서 일하는 침선비(針線婢, 바느질하는 여자종)와 의녀(醫女)들을 여령으로 동원했기 때문에 그들의 춤솜씨를 은근히 걱정하지 않을 수 없었다.

전악(典樂)이 악기를 설치하자, 집박(執拍, 지휘자)을 하는 도기(都妓, 우두머리 기생) 두 명이 여령 33인을 데리고 나와 동서로 나누어 줄을 섰다. 먼저, 헌선도(獻仙桃)와 환환곡(桓桓曲) 정재(呈才)가 연주되고, 다음에 몽금척, 하황은, 포구락, 무고, 아박, 향발, 학무, 유황곡, 연화대, 항항곡, 수연장, 하운봉곡, 처용무, 낙양춘곡, 선유락, 검무의 순으로 정재가 연출되었다. 춤이 끝난 뒤 혜경궁은 여령들에게 각종 옷감을 상으로 내렸다. 회갑잔치의 자세한 내용은 뒤에 다시 설명하기로 한다.

넷째 날 – 윤2월 12일

아침에 현륭원에 전배하다

윤2월 12일은 서울을 떠난 지 나흘째이고, 화성에서의 둘째 날이다. 이날은 오전에 아버지 묘소인 현륭원(顯隆園)에 전배(展拜)하고, 오후와 야간에는 화성에서 두 차례 군사훈련(城操)을 하도록 예정되어 있었다.

　새벽 인정(寅正) 3각(오전 4시 45분경) 3취에 왕은 군복을 입고 말을 타고, 어머니를 모시고 현륭원을 향해 떠났다. 아직 해도 뜨기 전이다. 서울에서 따라온 대부분의 군사들은 수어사(守禦使)의 지휘를 받으면서 행궁에 계속 남아 있도록 하고, 장용영의 일부 군사와 신하들을 거느리고 떠났다.*

　현륭원 부근에 있는 원소참(園所站)에는 음식 등을 준비하기 위해 미리 가건물(假家) 5칸을 지어 놓았고, 어가가 떠나기 직전에 좌승지로 하여금 향축(香祝)을 들고 먼저 가서 자궁이 머무를 소차(小次)를 점검하라고 지시했다.

　행차는 행궁의 중앙문, 좌익문, 신풍루를 거쳐 화성의 남문인 팔달문(八達門)으로 나와 지금의 정조로(正祖路)를 따라 남으로 향했다. 어가는 상류천점(上柳川店) 앞길에서 잠시 휴식을 취했다. 원래 이곳은 매교삼거리(梅橋三巨里)로 불리고 있었으나 이름을 상류천으로 바꾼 것이다. 지금도 이곳을 매교삼거리로 부르고 있다.

---

* 현륭원에 따라간 군사는 장용영 내사와 외사가 거느린 마군(馬軍) 2초(哨), 보군(步軍) 3초, 훈련대장이 거느린 마군 1초이다. 1초는 부대에 따라 다소 차이가 있으나 대략 125명을 단위로 한다.

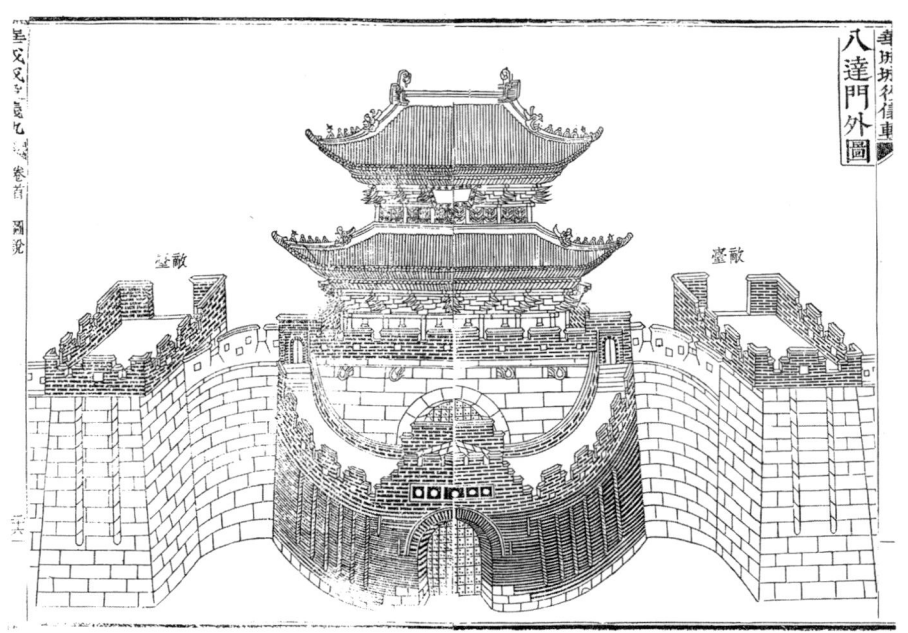

『화성성역의궤』 중 팔달문 외도
남문에 해당하는 팔달문을 바깥쪽(남쪽)에서 본 모습이다. 1794년 2월에 공사를 착수하여
동년 9월 15일에 완성하였다. 기단부 각석(刻石)에는 당시 공사를 책임졌던 관리들의 이름을 새겨놓아
부실공사를 예방하고 책임소재를 명확히 하고자 했다.

왕은 매교삼거리에서 자궁에게 미음다반을 드리고, 약방제조이자 병조판서인 심환지에게 다음과 같이 명하였다.

"자궁의 기후(氣候, 건강)가 여행중 한결같이 강녕하시어 경행(慶幸)을 이길 수 없다. 그런데 방금 가마 앞에서 문안을 드릴 때 옥음(玉音)이 고르지 못하여 자체(慈體)가 편안치 못하신 것 같아 민망하기 그지 없다. 경은 먼저 원소(園所)에 가서 자궁이 드실 삼령차(蔘苓茶) 1첩을 즉시 다려놓고 대기하라."

어가는 다시 출발하여 상류천(上柳川), 하류천(下柳川), 황교(皇橋, 지금 수원비행장 영내), 옹봉(甕峰, 비행장 영내), 대황교(大皇橋, 돌다리, 비행장 영내), 유첨현(逌瞻峴)을 거쳐 유근교(逌覲橋, 화성군 태안읍 안녕리 원소 앞에 있음) 앞길에 이르자 모두 말에서 내리게 했다. 황교의 본래 이름은 황교(黃橋)였으나 이를 '황제의 다리'라는 뜻으로 황교(皇橋)로 바꾸었고, 옹봉의 본래 이름은 독봉(獨峰)이었으나 역시 왕명으로 바꾸었다. 유첨현도 작현(鵲峴, 까치고개)이던 것을 '그윽하게 바라본다'는 뜻으로 바꾸었으며, 유근교도 마찬가지로 사성교(士成橋)를 '그윽하게 바라본다'는 뜻으로 바꾼 것이다. 만년제도 본래는 방축수(防築藪)였다. 모두가 현륭원을 높이기 위한 배려에서였다.

정조는 만(萬)이라는 글자를 매우 좋아하여 새로 만든 지명의 상당수에 만자를 붙였다. 예를 들면, 만안현, 만년제, 만안교, 축만제, 만석거 등이 그것이다. 만(萬)이나 황(皇)은 황제를 상징하는 글자로, 정조는 화성 일대를 황제의 도시로 만들고 싶었던 것 같다.

유근교에서 말을 내린 왕은 걸어서 만년제(萬年堤)를 거쳐 현륭원 동구(洞口)에 이르렀다. 왕은 여기서 교를 내렸다.

"시위하는 인마(人馬)들은 화소(火巢, 산불을 막기 위해 능원의 해자 밖에 있는 풀과 나무를 태워 버린 곳) 근처에 난입하여 수목을 손상하지 않도록 하라."

어가를 따라간 가후금군과 가전별초 등은 왕이 원소로 들어가자 문밖에서 좌우로 나누어 찰주(札駐)하고, 선구금군과 난후금군 등은 문 밖 넓은 곳에서 합병하여 진을 이루고 휴식하였다.

왕은 먼저 재실(齋室) 밖에 있는 막차(幕次)로 가서 자궁을 모시고 재실로 들어갔다. 왕은 앞서 심환지에게 부탁하여 다려놓은 삼령차를 어머니에게 올렸다. 정리사가 미음을 가져오자 왕은,

장조(莊祖, 사도세자)와 헌경황후(獻敬皇后, 혜경궁 홍씨)를 모신 융릉(隆陵)
경기도 화성군 태안면 안녕리 소재. 정조와 효의황후(孝懿皇后)의 건릉(健陵)과는 달리 봉분에는 난간석이 없고 병풍석이 둘러져 있으며, 전체적으로 매우 정성들여 화려하게 꾸며져 있다. 병풍석 윗부분에 보이는 꽃봉오리 모양의 인석(引石)에는 방위 표시문자가 새겨져 있다.

"자궁의 기후가 고르지 못하시어 삼령차를 드렸으니, 미음은 드시기 어렵다. 잠시 두라."
고 명하였다.

왕은 막차에서 군복을 벗고 참포(黲袍, 연한 청흑색 옷)로 갈아입고, 오서대(烏犀帶, 검은 물소가죽으로 만든 띠)를 두른 다음, 여(輿)를 타고 원상(園上)으로 올라갔다. 혜경궁은 특별히 제작한 유옥교(有屋轎)로 불리는 지붕이 있는 작은 여를 타고 올라갔으며, 두 군주(郡主)도 뒤를 따랐다.

혜경궁이 장내(帳內)로 들어가자 비통함이 절도를 넘어서서 울음소리가 장 밖에까지 들려왔다. 28세에 뒤주에 갇혀 비참한 최후를 마친 남편이 자기와 동갑이면서도 회갑을 보지 못하고 묻혀 있으니 어찌 비통하지 않으랴. 왕은 정리소에 명하여 삼령차를 갖다드렸으나 혜경궁은 이를 물리쳤다. 왕도 또한 몹시 조급하고 당황해 하는 빛이 역력했다. 정리사들은 장 밖에서 상주(上奏)하기를,

"전하께서 슬픈 감회를 억누르기 어려울 것이오나, 자궁의 마음을 더욱 비통하게 하여 혹시라도 자궁께서 병환이라도 나시면 어찌하려고 하옵니까. 더욱이 시간도 이미 많이 지났으니, 바라옵건대 자궁을 위로해 주시고 행궁으로 돌아가도록 명을 내려 주십시오."

하고 간청하였다. 왕은,

"출궁하실 때 자궁께서 십분 자제하시겠다고 말씀하셨는데, 여기에 오시더니 비창한 마음이 저절로 폭발하신 것이다. 나 또한 그러한데, 자궁의 마음이야 어떠하시겠느냐."

고 하였다. 이어서 왕은 친히 찻종[茶鍾]을 들고 어머니께 권해드렸다.

잠시 후 왕은 귀환길에 올랐다. 홍살문 밖에 이르자 여를 멈추고 한참 동안 원상(園上)을 바라보다가 다시 돌아갈 것을 명하였다.

왕은 막차에서 다시 옷을 군복으로 갈아입고 말을 탔다. 자궁의 가마가 재실 앞에 이르자 왕은 측근에게 물었다.

"종전의 원행(園幸) 때에는 백관들이 의례대로 모자에 깃을 꽂았고, 화성행궁에서 원소에 갈 때에만 이를 제거했는데, 이번에는 별다례(別茶禮)를 행궁에서 하였고, 재령(齋令, 재를 지낸다는 명령)도 없었는데 백관들이 깃을 꽂지 않은 이유가 무엇인가."

행우승지 이익운이 답변했다.

"전하께서 현륭원에 가실 때

용주사의 천보루(天保樓)
용주사는 1790년 정조가 사도세자의 묘를 현륭원으로 옮긴 후, 그 원찰(願刹)로 조성되었다. 대웅보전으로 향하는 통로가 되는 천보루는 정면 5칸, 측면 3칸의 2층 누각으로, 궁궐 건축에서 사용되는 석조기둥이 돋보인다. 맞은 편에는 홍제루(弘濟樓)라는 현판이 있다.

삼세여래체탱(三世如來體幀)
440×350cm, 비단에 채색.
1790년 창건 당시 용주사 대웅보전 삼존상(석가모니불, 아미타불, 약사여래불) 뒤에 그려진 후불탱화로 김홍도의 주관 아래 25명의 스님이 그렸다고 전해진다. 일반적인 불화의 주조색과 다른 색채가 많이 쓰였으며, 인물의 표현에 음영법(陰影法)을 쓰고 있는 점이 이채롭다. 당시 서양화법의 영향을 받은 문인화가 솜씨의 흔적이라 할 수 있으나 제작자에 대해서 최근에는 다른 설도 제기되고 있다.
화면 중앙 아래편 문수·보현보살 사이에는 왕실의 만수무강을 비는 축원문이 적혀 있다.

참포를 입으셨기 때문에 백관들이 감히 깃을 꽂지 못한 것입니다."

왕은 이익운의 말을 듣고 이렇게 명령을 내렸다.

"재(齋)를 하지 않으면, 이렇게 할 필요가 없다. 앞으로는 친제(親祭)가 아니면, 옛 날대로 깃을 꽂아야 한다는 것을 도감에게 분부하라."

대가(大駕)가 동구를 나와 하류천에 이르자, 잠시 휴식하면서 미음을 자궁께 올리고, 각신(閣臣)과 승지 및 사관(史官)들에게도 음식을 내렸다. 식사가 끝나자 다시 출발하여 팔달문을 거쳐 신풍루, 좌익문, 중앙문을 통과하여 봉수당에 이르렀다. 왕은 자궁을 모시고 장락당(長樂堂)으로 들어갔다.

왕은 이날 현륭원을 관리하는 관원들의 벼슬을 올려 주기도 하고, 포목 혹은 쌀을 상으로 주었다. 또한 현륭원의 원찰(願刹)인 용주사(龍珠寺) 승려들에게도 상을 내려 주었다.

서장대에 친림하여 주간 및 야간 군사훈련을 실시하다

화성을 건설한 목적의 하나가 난공불락의 군사요새지를 만들려는 데 있었고, 또 이곳에 5천 명의 장용영 외영을 두었던 만큼 화성을 방문하면서 군사훈련을 실시하는 것은 지극히 당연한 일이었다. 더욱이 외영의 군사들이 가장 친위적 성격이 강하여, 이들을 왕이 직접 조련한다는

서장대 성조도(西將臺城操圖)의 맨 윗부분.
팔달산 정상의 서장대는 화성 동쪽의 동장대와 함께 화성의 주요 군사지휘소이자 군사훈련장이다. 그림 아랫부분은 화성행궁.

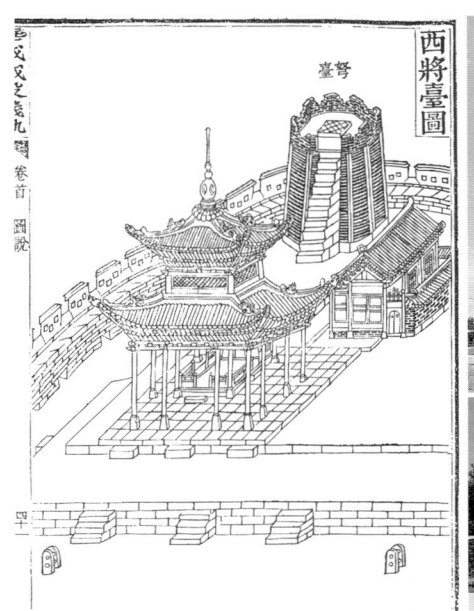

(왼쪽) 『화성성역의궤』 중 서장대도. 그림에서 서장대와 노대 사이에 있는 건물(군무소)은 현재는 복원되어 있지 않다. (오른쪽 위) 서장대. 정조의 친필로 전해지는 '화성장대(華城將臺)'라는 현판이 걸려 있다.(뒤에 노대가 보인다)
(오른쪽 아래) 서장대 뒤에 세워진 노대는 노(弩)를 쏘기 위해 세워진 구조물이다. 맑은 날엔 이곳에서 사방 백 리까지 시야에 들어온다고 한다.

것은 서울에 있는 반대세력에게는 엄청난 시위효과가 있는 것이다.

  이날의 군사훈련은 주간과 야간 두 차례에 걸쳐 시행하기로 예정되어 있었다. 성(城)에서 하는 군사훈련을 성조(城操), 낮에 하는 훈련을 주조(晝操), 밤에 하는 훈련을 야조(夜操)라고 한다. 왕이 친림하는 곳은 팔달산 정상에 있는 장대(將臺, 일명 서장대)였다. 왕은 드디어 신시(申時, 오후 3~5시)에 행궁에 나와서 교를 내렸다.

  "왕이 습조(習操, 군사훈련)에 친림할 때에는 대신 이하의 신하들은 무기와 군복을 갖추고 따르도록 『오례의(五禮儀)』에 기록되어 있다. 오늘 대신들과 별운검(別雲劍, 왕의 최측근에서 칼을 차고 호위하는 임시 경호책임자)들은 갑주(甲胄)를 갖추고 들어오라. 또 전승지 이유경을 가승지로 임명한다."

왕은 갑주를 갖추고 낙남헌에 나와서 신정(申正) 초각(4시 15분경)에 말을 타고 행궁 밖으로 나왔다. 장춘각(藏春閣), 우화관(于華觀), 미로한정(未老閑亭) 앞길을 거쳐 장대(將臺)에 이르러 말에서 내려 자리에 앉았다. 병조판서 심환지(沈煥之)와 장용외사 겸 화성유수 조심태(趙心泰) 등이 참현하고, 대신 이하가 차례로 입시했다.

왕은,

"여러 대신들이 모두 노인이므로 참현(參現)이나 입시(入侍)에서 제외하라."

고 명하였다. 그러자 영의정 홍낙성(洪樂性), 좌의정 유언호(俞彦鎬), 우의정 채제공(蔡濟恭), 영돈녕 김이소(金履素), 판부사 이병모(李秉模)가 왕 앞으로 나아갔다. 홍낙성이 왕에게 아뢰었다.

"신이 이곳을 지나간 것이 여러 차례이지만, 이와 같은 보장(保障)의 땅인 줄은 몰랐습니다. 지금 형편이 두루 갖추어지고, 규모가 굉원(宏遠)한 것을 보니, 비로소 하늘이 만든 높은 산이 오늘을

홍낙성(1718~98) 초상
작가미상, 비단에 채색, 56.1×41.2cm, 19세기.

김이소(1735~98) 초상
작가미상, 비단에 채색, 56.1×41.2cm, 19세기.

기다리고 있었음을 알겠습니다. 높지도 않고 낮지도 않으며, 공격과 수비가 모두 편하며, 삼남(三南)의 요충이자 기보(畿輔, 경기 지방)의 공액(控扼)으로서 참으로 만세토록 의지할 곳입니다."

왕은 홍낙성의 말을 받았다.

"원침(園寢, 현륭원)을 지키는 것은 중요성이 특히 크다. 비용을 헤아려서 이러한 건설사업을 시작한 것인데, 만약 지리(地利)와 형편(形便)을 얻지 못했다면 어찌 이러한 장대한 거사(擧事)가 되었겠는가. 무슨 일을 할 때 사람들은 역량(力量)이 부족하다고 걱정하는데, 어찌 뜻이 있으면 안 되는 일이 있겠는가. 다만 우리나라 사람들은 평소 성곽제도에 관심을 두지 않고, 또 공역(工役)이 이토록 매우 큰데도 불과 수년 사이에 공사가 끝날 줄은 나도 미처 몰랐다."

우의정 채제공이 옆에서 거들었다.

"구획(區劃, 계획)과 경시(經始)를 전하께서 판단하셨고, 국가의 경비(經費)를 번거롭게 하지 않고, 백성의 힘을 수고롭게 하지 않으신 것은 신들이 진실로 우러러보지 않을 수 없습니다. 그런데 장용외사가 시종 감독을 맡으면서 수고로움을 아끼지 않았으니, 참으로 사람을 잘 택했다고 하겠습니다."

왕은 채제공을 보고 말했다.

"경이 일을 총리(摠理)한 수고도 매우 크다."

채제공은 다시,

"신이 어찌 애를 썼다고 하겠습니까. 다만, 어리석은 충정만은 동동(憧憧)하였을 뿐입니다. 이제 성부(城府)의 제도는 거의 갖추어졌으나, 여정(閭井, 마을)이 아직 즐비하지 못하고, 화리(貨利, 경제)가 아직 샘처럼 흐르지 못합니다. 왕도(王都)의 장려한 규모가 3년 정도의 경시(經始)에 이루어지기는 어렵습니다. 이것이 매우 안타깝습니다."

왕은 다시 말했다.

"읍(邑)이 이루어지고, 도(都)가 이루어지려면 아직도 2~3년을 기다려야 할 것이다. 이제부터 이용후생의 길을 차례로 갖추어 나간다면 백성들이 폭주해 올 것이니 걱정하지 않아도 될 것이다."

왕은 화성이 이용후생(利用厚生)의 도시가 되어야 한다는 것을 강조하고 있다. 사실 이때만 해도 화성은 아직 준공을 보지 못하였다. 또, 성안의 인구는 원래 60여 호에 지나지 않는 한적한 마을이었다. 읍치가 이곳으로 옮겨오면서 도시화가 진전되어 뒤에는 수천 호의 인구를 포용하게 되었지만, 아직은 그런 단계에 이르지 못했다. 행궁 건물과 성곽의 일부 건물은 이미 준공되었지만, 성곽(둘레 4,405보, 5,743미터)이 전체적으로 완성된 것은 다음해 8월이요, 화성 전체가 낙성식을 가진 것은 10월 16일이었다. 그리고 축성공사보고서인 『화성성역의궤』는 다음해 11월 9일에 일단 완성되었다가, 『정리의궤』를 참고하여 다시 수정본을 낸 것은 정조가 죽고 난 뒤인 1801년 9월이었다.

이어서 왕은 행좌승지 이만수(李晩秀)에게 「어제시(御製詩)」를 써서 내려 주고, 여러 신하들이 화답하는 시를 짓도록 명하였다. 왕은 이유경에게 교를 내렸다.

"행궁이 매우 가까우므로 포성(砲聲)이 높지 않도록 하라. 신포(信砲)를 삼혈(三穴)로 대신하고, 총수(銃手)로 하여금 성의 서북쪽에서 방포하도록 하라. 이제 성조(城操, 성을 지키는 군사훈련)와 야조(夜操, 야간 군사훈련)를 의례대로 시행하라."

왕의 지시가 떨어지자 드디어 군사훈련이 시작되었다.*

북과 나팔과 명금(鳴金)이 울리고, 함성과 포성이 하늘을 진동시키면서 맹렬한 공격과 방어전이 전개되었다. 무기로는 낭기(狼機), 조총(鳥銃), 신포(信砲), 삼안총(三眼銃) 등이 동원되었다. 여기에 참여한 교졸(校卒)은 모두 3천7백여 명이었다. 훈련은

---

* 군사훈련의 자세한 과정은 『원행을묘정리의궤』 권2 의주(儀註) 「화성성조주조식(華城城操晝操式)」(영인본, 상 335쪽)에 소개되어 있다.

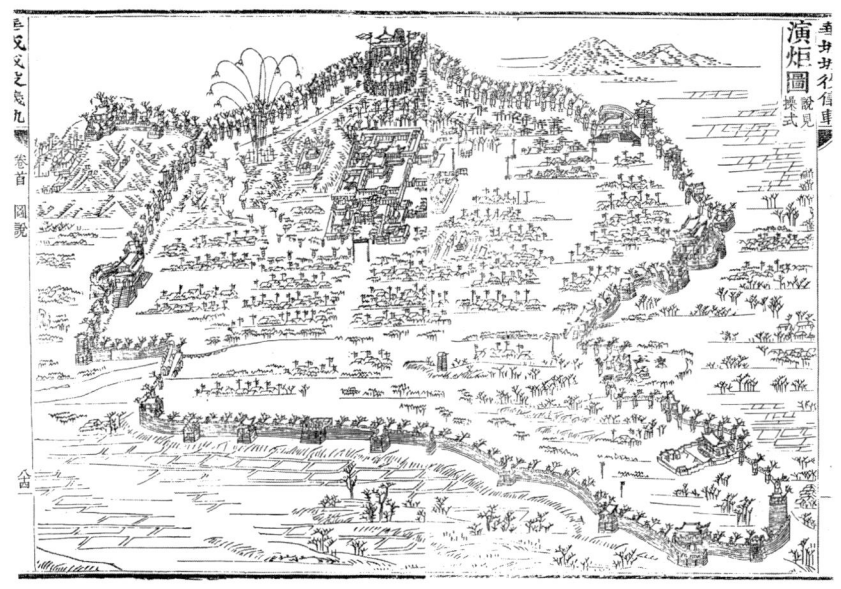

『화성성역의궤』 중 연거도(演炬圖)
횃불을 든 군병들이 성을 에워싸고 있으며, 성 안의 마을 집집마다 등이 켜져 있는 모습이 인상적이다.

정해진 의례에 따라 질서있게 진행되었다. 훈련이 끝나자 왕은 말을 타고 낙남헌으로 돌아왔다.

  이날 밤에는 역시 같은 장소에서 야간 군사훈련이 실시되었다. 야간훈련에는 횃불이 사용되고, 성 안의 일반 시민들도 문 위에 등을 하나씩 걸도록 하였다.*

  왕은 군사훈련이 끝난 뒤 수백 명의 장병들에게 궁시(弓矢)와 포목 등을 상으로 내려 주었다. 앞서 무과별시에서도 이들의 응시를 허락하여 사기를 높여 주었는데, 이번에는 군사훈련을 통해서 군사들의 사기를 높여 주었다. 왕은 군사를 다룰 줄 아는 임금이었다.

* 야간 군사훈련의 자세한 과정은 『의궤』 권2 의주(儀註), 「야조식(夜操式)」(상 341쪽)에 소개되어 있다.

다섯째 날 - 윤2월 13일

오전에 봉수당에서 회갑잔치를 하다

이날은 이번 행차의 하이라이트인 진찬례(進饌禮), 즉 자궁인 혜경궁 홍씨의 회갑잔치가 벌어지는 날이다. 그동안의 행사가 화성의 선비와 무인들을 다독거리는 행사였다면, 오늘은 왕실을 위한 행사라 할 수 있다.

잔치는 진정(辰正) 3각(오전 8시 45분경)에 봉수당(奉壽堂)에서 거행되었다. 혜경궁의 자리는 행궁 내전(內殿)의 북벽에 남쪽을 향해서 놓여졌다. 왕의 자리는 어머니의 동쪽에 배치되었다. 혜경궁이 앉을 자리에는 연꽃무늬방석이 깔리고, 그 뒤에는 십장생(十長生) 병풍이 둘러쳐졌다. 왕의 자리에는 표피방석이 깔리고, 뒤에는 진채병풍(眞彩屛風)이 놓였다.

잔치에 필요한 인안(印案, 印을 놓는 탁자), 향안(香案, 향로를 놓는 탁자), 수주정(壽酒亭, 자궁이 마실 술), 주정(酒亭, 왕이 마실 술), 주탁(酒卓, 내빈과 외빈이 마실 술이 놓인 탁자), 진화반탁(進花盤卓, 꽃을 드리는 탁자), 화준탁(花樽卓, 꽃병이 놓인 탁자), 휘건함탁(揮巾函卓, 수건이 놓인 탁자), 산화반탁(散花盤卓, 신하들에게 줄 꽃이 놓인 탁자), 치사안(致詞案, 혜경궁에게 올릴 祝辭를 놓는 탁자) 등의 도구들이 주변에 배치되었다.*

---

* 『원행을묘정리의궤』 권 2, 의주, 「화성봉수당 진찬우자궁의」(상 307~316쪽)에 진찬의식이 상세하게 설명되어 있다.

정조의 화성행차, 그 8일

『정리의궤』 중 봉수당진찬도
왼쪽 위 ▼표시 부분 아래쪽에 정조의 자리와 상궁들의 모습이 보인다.(혜경궁의 자리는 봉수당 안쪽에 있으므로 보이지 않는다) 악공들과 여령들은 헌선도 정재(262쪽 그림 참조)를 연주하고 있다.

　의식이 시작되기 3각 전에 의식을 진행할 여관(女官, 典贊), 여집사(女執事, 贊唱), 여령(女伶, 기생)들이 먼저 들어와 대기하였다. 이어서 의빈(儀賓), 척신(戚臣) 및 배종한 백관들이 융복을 입고 자리에 들어와 섰다. 2각 전에는 내명부(內命婦), 외명부(外命婦)가 자리에 섰다. 1각 전에는 여관(상궁)들이 혜경궁 계신 곳으로 가서 바깥 준비가 끝났음을 알렸다. 승지와 사관(史官)들은 중앙문 밖에서 반(班)을 이루었다.
　혜경궁은 마침내 예복을 갖추고 여관(女官)의 안내를 받으면서 자리에 앉고, 왕은 융복을 입고 절하는 자리로 갔다. 혜경궁과 왕이 등장할 때 여민락(與民樂)이 연주되고, 자리에 앉자 노연(爐烟, 향불)이 피어오르고 음악이 중지되었다. 여관의 구호에 따라 내외명부(內外命婦)가 먼저 혜경궁에게 절을 하자 낙양춘곡이 연주되었다. 다음에는 의빈과 척신이 절을 올렸다. 왕이 여집사의 인도를 받아 절하는 자리에 가는 동안 여민락이 연주되고, 혜경궁에게 재배하자 낙양춘곡이 연주되었다. 의빈, 척신, 백관들도 왕을 따라 재배했다.

다음에는 자궁에게 휘건(揮巾, 일종의 냅킨)을 바치는 의식이 이어졌다. 정리사가 장 밖에서 휘건을 가지고 와서 내시로 하여금 상궁에게 전하자 상궁이 무릎을 꿇고 자궁저하 자리 앞에 놓았다. 이때도 여민락이 연주되었다.

그 다음에는 찬안(饌案, 음식상)과 꽃을 올리는 의식이 진행되었다. 이때 왕 이하 모든 참가자들이 부복(俯伏, 고개를 숙이고 엎드림)했다가 일어났다. 역시 여민락이 연주되었다.

그 다음은 술잔을 올리는 의식이 이어졌다. 왕이 술잔을 올리고, 치사(致詞)를 드리자, 혜경궁은 "전하와 더불어 경사를 함께 한다"는 선지(宣旨, 임금의 命을 널리 선포함)를 내리고 술을 마셨다. 이때 여민락과 천세만세곡이 연주되었다. 왕은 절하는 자리로 가서 세 번 고두(叩頭, 머리를 숙여 경의를 표함)한 다음 "천세(千歲)", "천세", "천천세"를 불렀다. 모든 참가자들이 따라 했다. 왕은 자기 자리로 돌아갔다.

혜경궁에 대한 예가 끝난 후 왕에게도 휘건과 찬안과 꽃이 전달되었다. 이어 참가자들에게도 음식상과 꽃이 전달되었다. 이때부터 다시 제1작, 제2작의 순으로 술과 탕(湯)이 올려지고, 왕도 술과 탕을 받았다. 이때 음악과 정재가 연출되었다. 제3작에서 7작까지는 명부(命婦), 의빈(儀賓), 척신(戚臣)이 올렸다. 물론 이때도 음악과 정재가 연주되었다. 혜경궁의 8촌 이내 동성친족(同姓親族)과 6촌 이내의 이성친족(異姓親族)들이 차례로 술잔을 올렸다.

이날 초대받은 내빈(內賓, 여자손님)은 혜경궁의 고모이자 조엄(趙曮)의 처인 홍씨, 혜경궁의 숙모인 홍용한(洪龍漢)의 처 송씨, 홍낙인(洪樂仁)의 처 민씨, 홍낙신(洪樂信)

정조의 화성행차, 그 8일

홍봉한 초상
작가미상. 비단에 채색. 37.0×29.1cm, 19세기.

의 처 이씨, 홍낙임(洪樂任)의 처 정씨, 김재삼(金在三)의 처 이씨(청연군주의 며느리), 홍혁(洪赫)의 처 정씨(청선군주의 시누이), 홍준한의 딸이자 심능정(沈能定)의 처인 홍씨, 홍낙인(洪樂仁)의 딸 홍씨, 홍낙신(洪樂信)의 딸 홍씨, 홍낙임의 딸 홍씨, 홍의영(洪義榮)의 처 심씨, 홍세영(洪世榮)의 처 김씨 등이었다. 이상 내빈은 모두 13명이다.

외빈(外賓, 남자손님)은 8촌 이내의 동성친족으로서 혜경궁의 숙부인 홍준한(洪駿漢, 동돈녕), 홍용한(洪龍漢, 동돈녕), 그리고 친오라비인 홍낙신(洪樂信), 홍낙인(洪樂仁), 홍낙륜(洪樂倫), 혜경궁의 이복형제인 홍낙좌(洪樂佐), 홍낙우(洪樂佑), 홍낙동(洪樂侗), 홍낙칭(洪樂偁), 홍용한의 아들인 홍낙수(洪樂受), 홍낙유(洪樂有), 홍준한의 아들인 홍낙선(洪樂宣), 홍낙관(洪樂寬), 홍낙인(洪樂仁)의 아들인 홍수영(洪守榮), 홍낙신(洪樂信)의 아들인 홍후영(洪後榮), 홍철영(洪徹榮), 혜경궁의 동생 홍낙임(洪樂任)의 아들인 홍취영(洪就榮), 홍낙윤(洪樂倫)의 아들인 홍서영(洪緖榮), 홍위영(洪緯榮), 홍기영(洪紀榮), 홍취영의 아들인 홍재주(洪載周), 6촌친척 홍낙성(영의정), 홍탁보(洪鐸輔), 7촌친척 홍의영(洪義榮), 홍대영(洪大榮), 홍선호(洪善浩), 홍세영(洪世榮), 8촌친척 홍낙수(洪樂綏), 홍낙정(洪樂正), 홍낙진(洪樂眞), 홍낙렴(洪樂濂), 홍낙응(洪樂膺), 홍낙경(洪樂敬), 홍낙범(洪樂范), 홍낙헌(洪樂獻), 홍낙흥(洪樂興), 홍석주(洪奭周) 등이다.

한편, 6촌 이내의 이성친족으로는 혜경궁의 큰 사위인 김기성(金箕性, 청연군주의 남

다섯째 날

혜경궁(풍산홍씨) 족보

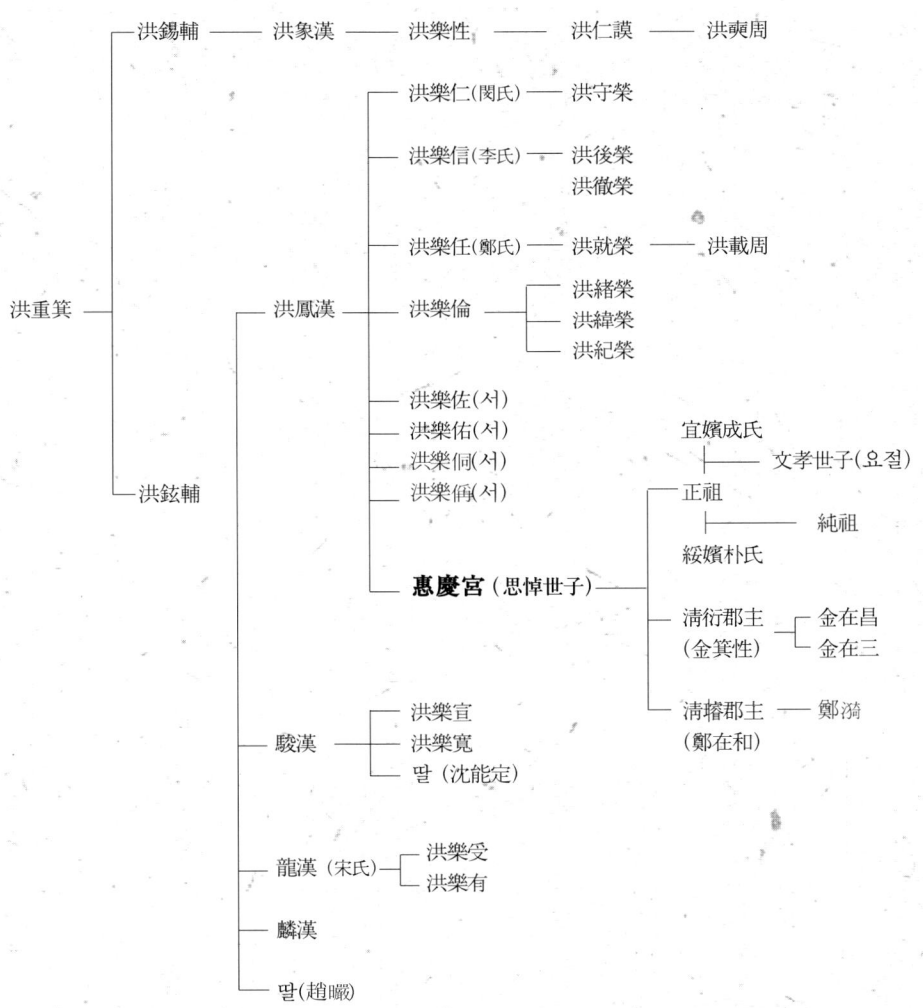

편)과 그의 아들인 김재창(金在昌, 외손자)과 김재삼(金在三, 외손자), 그리고 둘째사위 정재화(鄭在和, 청선군주의 남편)의 아들인 정의(鄭𣲣, 외손자), 정재화의 사위인 민치성(閔致成)과 홍혁(洪赫), 이성 4촌친인 조진관(趙鎭寬), 이성 5촌친인 김용순, 김명순, 서준보, 박제일, 이도영, 조만영(趙萬永), 조인영(趙寅永), 조원영(趙原永), 한원리, 이영린, 송일계, 홍기섭, 임원, 임속, 이성 6촌친인 이희갑, 이희두, 이희평, 이희준 등이다. 이밖에 홍준한의 사위인 심능정(沈能定), 홍용한의 사위인 원재명, 홍낙인의 사위인 조진규와 송항래, 홍낙신의 사위인 이종익, 홍낙임의 사위인 유기주, 홍낙인의 외손인 박제칠 등도 참석했다. 이상 외빈을 모두 합치면 69명이다.

회갑잔치에서는 이틀 전에 연습한 대로 춤(呈才)과 음악이 연출되었다. 서울과 화성부에서 선발된 33인의 여령(女伶)들이 도기(都妓, 執拍) 2명의 지휘를 받으면서 춤을 추었다.(여령에 대한 내용과 명단은 210, 211쪽 참조) 도기는 서울과 화성에서 한 사람씩 차출되었다. 여령은 서울과 화성에서 차출되었는데, 서울에서 온 여령은 대부분 궁 안에서 일하는 침선비(針線婢, 바느질하는 여종)와 의녀(醫女)들이었고, 헌선도(獻仙桃) 정재에서 선모(仙母) 역을 맡은 여령만이 진짜 서울기생이었다. 8도의 숙련된 기생들을 불러오지 못하게 왕이 명령을 내렸기 때문에 여종과 의녀들이 여령역을 대신하게 된 것이다.

음악은 악사(樂師), 악공(樂工), 악생(樂生)들이 연주를 맡았으며, 여민락(與民樂)을 비롯하여 천세만세곡(千歲萬歲曲), 환환곡(桓桓曲), 낙양춘곡(洛陽春曲), 향당교주(鄕唐交奏), 청평악(淸平樂), 정읍악(井邑樂)이 연주되었다.(악사에 대한 내용과 명단은 211쪽 참조)

제1작(첫번째 올리는 술잔) 때에는 헌선도(獻仙桃)정재와 여민락, 환환곡(桓桓曲)이

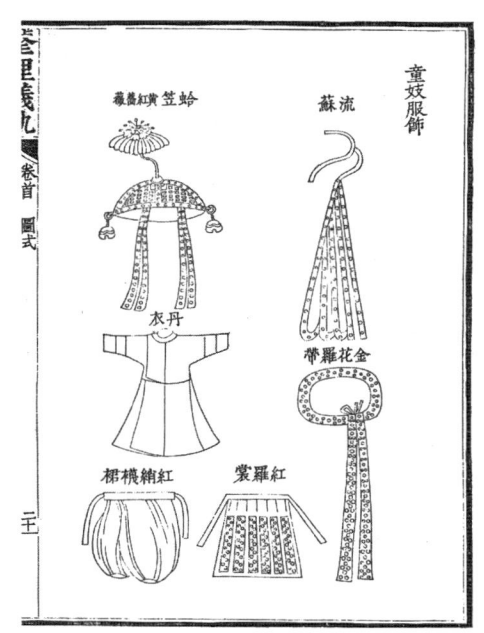
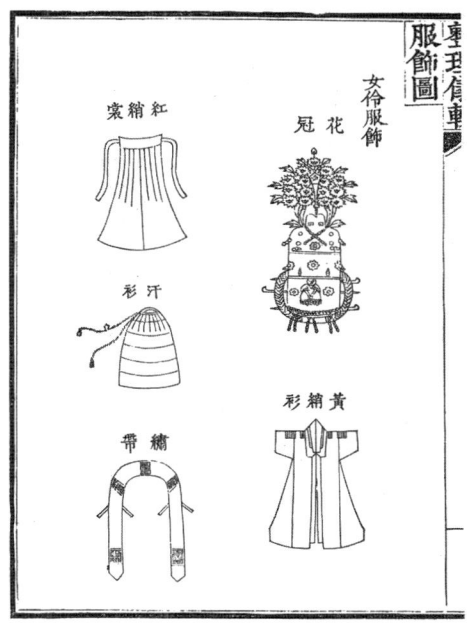

『정리의궤』 중 복식도(服飾圖)
여령과 동기들의 갖가지 의상. 왼쪽 위편의 합립(蛤笠, 조개모양의 삿갓)은
연화대 정재(271쪽 그림 참조)에서도 볼 수 있다.

연주되었다. 헌선도는 고려때부터 내려오던 궁중 무용으로서 오래 장수하기를 축원하는 의미가 담겨 있다.

　제2작 때에는 몽금척(夢金尺)과 하황은(荷皇恩)정재가, 음악은 여민락과 청평악이 연주되었다. 몽금척은 이성계가 왕위에 오르기 전에 꿈에 신인(神人)이 나타나 금척(金尺)을 주었다는 데서 유래한 춤이다. 원래 개국공신 정도전이 악곡을 지었는데, 세종 때부터 춤으로 형상화했다. 하황은은 태종이 명나라로부터 고명(誥命)을 받은 것을 축하하여 지은 노래를 춤으로 만든 것이다.

여령(女伶)들은 머리에 화관(花冠)을 쓰고, 노란 단삼(單衫)에 붉은 치마를 입고, 검은 바탕에 금실로 수를 놓은 띠를 매고, 오채 한삼(五彩汗衫)을 입었다. 연화대정재를 할 때에는 동기(童妓)들이 합립(蛤笠, 조개모양의 모자)을 쓰고, 단색(丹色) 저고리에, 홍색 치마, 홍색 말군(襪裙, 버선)을 신었다. 모자에는 노란색과 붉은색의 장미꽃을 한 송이씩 꽂고, 유소(流蘇)를 달았다. 여령의 명단은 다음과 같다.

- 선창여령(先唱女伶)/ 경도기(京都妓) – 덕애(德愛, 47세), 화성도기(華城都妓) – 계섬(桂蟾, 60세)
- 헌선도(獻仙桃)/ 죽간자(竹竿子) – 채단(彩丹, 40세, 서울 침선비(針線婢)), 모애(慕愛, 35세, 화성)
    선모(仙母) – 덕애(德愛, 47세, 서울기생)
    협무(挾舞) – 창섬(昌蟾, 28세, 서울 침선비), 복취(福翠, 21세, 화성)
    봉탁(奉卓) – 상애(常愛, 18세, 서울 醫女), 철옥(哲玉, 25세, 서울의녀), 윤애(允愛, 27세, 화성)
    봉반(奉盤) – 철옥(哲玉, 25세, 서울의녀)
- 몽금척(夢金尺)/ 죽간자 – 춘운(春雲, 31세, 서울의녀), 동월(冬月, 25세, 화성)
    좌무(左舞) – 운선(雲仙, 24세, 서울침선비), 옥이(玉伊, 20세, 서울침선비),
    양대운(陽臺雲, 19세, 서울의녀), 승애(勝愛, 21세, 서울침선비), 용대(龍大, 25세, 서울침선비),
    윤옥(允玉, 27세, 서울침선비)
    우무(右舞) – 복취(福翠, 21세, 화성), 경희(景喜, 17세, 화성), 매열(梅烈, 22세, 화성),
    연애(蓮愛, 31세, 화성), 옥혜(玉惠, 21세, 화성), 득선(得仙, 27세, 서울침선비)
    족자(簇子) – 철옥 금척(金尺) – 윤옥 황개(黃蓋) – 채단
- 하황은(荷皇恩)/ 죽간자 – 승애, 경희 좌무 – 운선, 춘운, 용대
    우무 – 연애, 금련(今連, 25세, 화성), 분단(分丹, 29세, 화성) 족자 – 명금(明今, 32세, 화성)
    선모(仙母) – 서지(西芝, 45세, 서울침선비)
- 포구락(抛毬樂)/ 죽간자 – 난화(蘭花, 22세, 서울의녀), 순이(順伊) 좌무 – 춘운, 창섬, 운선, 옥이
    우무 – 경희, 복취, 윤애, 동월 포구문 – 승애, 계월(桂月, 25세, 화성) 봉필(奉筆) – 철옥
- 무고(舞鼓)/ 무(舞) – 춘운, 운선, 창섬, 양대운, 금련, 복취, 경희, 명금(明今, 32세, 화성)
    봉고(奉鼓) – 득선(得仙, 27세, 서울침선비), 난화, 분단
- 아박(牙拍)/ 좌무 – 춘운, 운선 우무 – 경희, 금련
- 향발(響鈸)/ 좌무 – 춘운, 양대운, 운선, 용대 우무 – 경희, 동월, 복취, 금련
- 학무(鶴舞)/ 좌무(靑鶴) – 명금 우무(白鶴) – 분단

- 연화대(蓮花臺)/ 죽간자 - 창섬, 윤애　좌무 - 금례(今禮, 16세, 화성)
　　우무 - 복혜(福惠, 15세, 화성) 결영(結纓) - 연애
- 수연장(壽延長)/ 죽간자 - 춘운, 윤애　좌무 - 운선, 옥이, 창섬, 양대운
　　우무 - 동월, 상애, 경희, 계월
- 처용무(處容舞)/ 처용 - 연애, 복취, 금련, 옥혜, 명금
- 첨수무(尖袖舞)/ 첨수 - 춘운, 운선, 금례, 복혜
- 검무(劍舞) - 춘운, 운선
- 후창(後唱) - 서지, 복취
- 선유락(船遊樂) - 모든 기생이 참가

진찬(進饌)할 때 악사는 복두(幞頭)를 쓰고, 녹색 삼(衫)을 입었으며, 오정대(烏鞓帶)를 매었다. 악공(樂工)과 악생(樂生)은 화복두(花幞頭)를 쓰고, 주삼(朱衫)을 입고, 역시 오정대를 매었다. 악인들의 명단은 다음과 같다.
- 집사전악(執事典樂) - 김응삼(金應三), 박보완(朴輔完)
- 필률차비(觱篥差備, 피리) - 손봉욱(孫鳳郁), 배복상(裵福祥), 박창근(朴昌根), 장양문(張良文),
　　정수명(鄭守明), 호복득(扈福得), 김약대(金若大), 이경손(李景孫), 김용대(金龍大),
　　정치혁(丁致赫), 변호랑(邊虎浪), 김사저(金獅猪), 한종현(韓宗賢), 장윤기(張允起),
　　최해득(崔海得), 김표득(金表得)(이상 16명)
- 대금차비(大笒差備) - 최오장(崔五章), 김상록(金尙祿), 조성대(曹聖大), 이광수(李光秀),
　　장복인(張福仁), 박남상(朴南象), 조도야지(曹道也之), 한호란(韓好蘭), 김쌍대(金雙大)
　　(이상 9명)
- 해금차비 - 홍삼득(洪三得), 박수담(朴壽聃), 강세문(姜世文), 김경휘(金景輝),
　　문성운(文聖運), 정사사리(鄭獅沙里), 우명득(禹明得), 한국세(韓國世)(이상 8명)
- 당적차비(唐笛差備) - 임희창(林喜昌), 전성철(全聖哲)
- 동소차비(洞簫差備) - 오대손(吳大孫), 이윤손(李允孫)
- 장고차비(杖鼓差備) - 김삼득(金三得), 김창득(金昌得), 한상길(韓象吉), 박일공(朴一公),
　　한종복(韓宗福)
- 교방고차비(敎坊鼓差備) - 김성운(金聖雲), 김성복(金聖福)

제3작 때에는 포구락(拋毬樂)정재, 무고(舞鼓)정재와 여민락, 오운개서조곡(五雲開瑞朝曲)이 연주되었다. 포구락은 고려 때부터 내려오던 춤으로, 비단으로 만든 공을 구문(毬門)에 집어넣는 놀이를 겸한 춤이다. 무고는 문자 그대로 북춤이다.

제4작 때에는 아박(牙拍)정재, 향발(響鈸)정재와 향당교주, 천세만세곡이 연주되었다. 아박은 열두 달의 가사에 맞추어 여섯 개의 판을 두드리면서 추는 춤이다. 향발은 놋쇠로 만든 방울을 두 손에 매고 장단을 맞추어 추는 춤이다.

제5작 때에는 학무(鶴舞)정재, 유황곡(惟皇曲)정재, 여민락이 연주되었다. 학무는 대나무로 만든 푸른 학과 흰 학 속에 여기(女妓)가 들어가서 춤을 추면서 연꽃

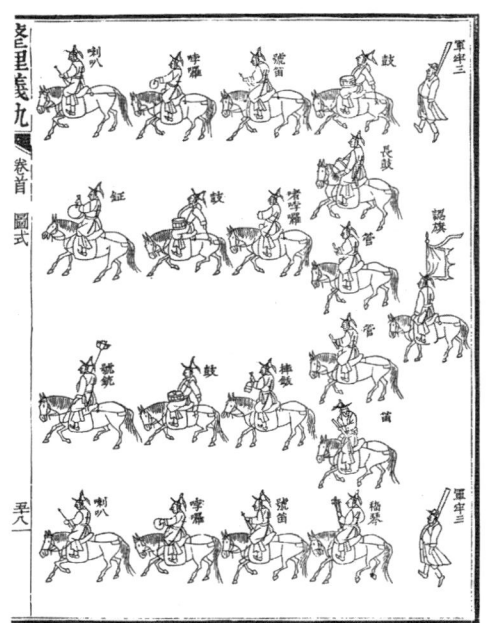

『정리의궤』의 반차도 중 악공들 모습(일부, 19쪽 참조) 피리, 나팔, 해금, 북 등의 악기 이름이 명시되어 있고, 저마다 악기를 든 모습이 보인다. 악공들은 이외에도 21, 32, 33, 34, 36쪽의 반차도 그림에 나타나 있다.

통을 쪼아서 여는 동작을 보이는 춤이다.

제6작 때에는 연화대(蓮花臺)정재, 항항곡(恒恒曲)정재, 여민락이 연주되었다. 연화대는 고려때부터 내려오던 것으로, 두 송이 연꽃 속에 여자 아이를 숨겼다가 꽃이 터진 뒤에 나타나게 하는 춤이다.

제7작 때에는 수연장(壽延長)정재, 하운봉곡(夏雲峰曲)정재, 여민락이 연주되었다. 수연장도 고려때부터 내려오던 궁중무용이다.

그리고 그 다음에는 처용무(處容舞)정재와 향당교주, 정읍악, 여민락이 연주되었다.

처용무는 신라때부터 내려오던 처용가를 춤으로 형상화한 것이다. 다섯 사람이 오방색의 옷을 입고 추는 것이 특색이다.

그 다음에는 첨수무(尖袖舞)정재와 낙양춘곡(洛陽春曲)이 연주되었다. 첨수무는 긴 소매가 달린 옷을 입고 손을 뒤집고 엎으면서 추는 춤이다.

그리고 나서 검무(劍舞)정재가 연주되고, 모든 여령들이 나와서 선유락(船遊樂)정재를 연주했다.

검무는 두 기녀가 군인복장을 하고 칼을 손에 쥐고 서로 마주보며 추는 춤이다. 선유락은 신라때부터 내려오던 것으로, 채색을 꾸민 배를 가운데에 놓고, 여러 기녀들이 닻줄을 끌고 배를 감으며 추는 춤이다.(헌선도 정재~검무까지의 무용 그림은 262~275쪽 참조)

잔치의 마지막에는 두 명의 여령이 나와 '관화장운운(觀華章云云)'의 노래를 불렀다. 그 다음에 찬안(饌案)들이 치워지고 왕과 참가자들이 다시 배위(拜位)로 가서 자궁에게 재배한 다음 자리를 떠났다. 자궁은 합내(閤內)로 돌아왔다.

왕은 잔치가 끝난 뒤 총리대신과 정리소의 당상과 낭청들을 모두 들어오게 한 후 영의정 홍낙성 등에게 말했다.

"내가 소자(小子)로서 몇 년간을 기축(企祝)한 것이 바로 오늘의 진작(進爵)인데, 날씨도 청화(淸和)하고 어머님의 건강도 강녕하시니 기쁘고 경사스런 마음을 어찌 다 말할 수 있겠는가."

홍낙성 등이 말했다.

"만년의 화축(華祝)이 금년 오늘 더욱 절실합니다. 일진(日辰)도 길하고 좋으니 성효(聖孝)의 지극함이 아닐 수 없습니다. 경사스런 모임에 신들이 배석한 것은 신들의 행운입니다."

왕은 백관들에게 음식을 베풀고, 꽃을 나누어 주도록 명하였다. 정리사 1인이 중앙문 밖으로 나가서 찬품을 조사하고, 승지와 병조판서는 동반, 서반의 반차와 각 영의 교졸(校卒)과 각사의 이예(吏隸)들을 정돈하고, 각각 차등을 두어 음식을 나누어 주고, 꽃 한 개씩을 주었다.

왕은 승지와 사관, 그리고 각신들을 들어오게 한 다음 말하기를,

"정리소의 당상과 낭청은 외빈과 차이가 있지만, 진찬의 여러 절차를 검칙해야 하므로 들어오게 한 것이다. 그런데 근시(近侍)만이 참여하지 못한 것은 유감이다. 그래서 경들을 특별히 부른 것이니, 경들은 취하지 않으면, 돌아갈 수 없을 것이다."

왕은 이어 행좌승지 이만수에게 「어제시」를 써서 주고, 연회에 참여한 신하들이 화답하는 시를 쓰도록 명하였다. 그러고 나서 정리소의 여러 신하들에게 말하기를,

"오늘의 의식은 실로 천년 만에 처음 있는 경사이다. 오는 갑자년에는 자궁께서 칠순이 되신다. 그때도 현륭원에 참배하고 잔치하기를 오늘처럼 할 것이다. 오늘 사용한 반탁(盤卓)과 존작(尊爵)의 도구들을 화성부에 보관해 두었다가 10년 후에 경사가 거듭 돌아옴을 기다리게 하라."

이날은 회갑잔치인 만큼 음식이 평상시보다 많았다. 자궁에게는 70종의 음식과 42개의 상화(床花)가 제공되었다. 왕에게는 20종의 음식과 26개의 상화(床花)가 바쳐졌다. 두 군주의 상은 왕과 같았다. 이밖에 장식용으로 큰 준화(樽花)가 식장의 한가운데 놓여지고, 왕의 머리에 꽂는 어잠사권화(御簪絲圈花)도 제작되었으며, 백관 이하 모든 이들에게 머리에 꽂을 수공화(首拱花)가 제공되었다.

내빈에게는 11종의 음식과 8개의 상화(床花)가 들어 있는 상을 15개, 여러 신하들에게는 지위에 따라 30개의 상상(上床), 100개의 중상(中床), 150개의 하상(下床)이 준비되었다. 상상에는 11종의 음식(내빈상과 같음)과 8개의 상화(내빈과 같음)가, 중상에는 8종의 음식과 4개의 상화가, 하상에는 6종의 음식과 4개의 상화가 제공되었다.(음

식과 상화에 대한 자세한 내용은 216~220쪽 참조)

　각 영에서 차출된 장관(將官)과 장교(將校), 그리고 7,716명의 일반군병(軍兵)들에게는 각 개인마다 떡 2개, 탕 한 그릇, 건대구(乾大口) 1조각씩 제공되었다.

　이날 참가자들의 식탁에 제공된 꽃만 해도 대수파련(大水波蓮) 2개, 중·소수파련 27개, 그밖에 목단화(牧丹花), 월계(月桂), 사계(四季), 홍도(紅桃) 등을 합하여 모두 11,919개에 달했고, 꽃을 만드는 데에는 990냥의 경비가 소요되었다.

　잔치가 끝난 뒤 왕은 잔치를 준비한 관리와 잔치에 출연한 여령들, 그리고 수행한 관리들에게 푸짐한 상을 내렸다.

　또 왕은 화원(畵員)으로 하여금 진찬도 병풍(進饌圖屛風)을 만들게 하였다. 병풍은 대병(大屛)과 중병(中屛)의 두 종류를 만들었는데, 대병은 모두 16좌를 만들어 3좌는 궁에 바치고, 나머지는 총리대신과 7명의 정리소 당상, 그리고 5명의 정리소 낭청에게 주었다. 중병은 5좌를 만들어 3좌는 궁에, 2좌는 2명의 감관(監官)에게 주었다. 참고로 대병을 제작하는 데는 1좌당 100냥의 비용이 들고, 중병 제작비는 각각 50냥씩 들었다.

　병풍을 그리는 데 참여한 화원은 최득현(崔得賢), 김득신(金得臣), 이명규(李命奎), 장한종(張漢宗), 윤석근(尹碩根), 허식(許寔), 이인문(李寅文) 등 7인이었다. 병풍을 제작한 병풍장(屛風匠)은 임우춘(林遇春)이다. 그리고 이들에게는 무명과 삼베를 차등을 두어 상으로 지급하였다.

• 자궁에게 바친 70종의 음식과 재료는 다음과 같다.

각종 병(餠, 떡) 1그릇(높이 1척 5촌)/
백미병(白米餠) 멥쌀 4말, 찹쌀 1말, 검은콩 2말, 대추 7되, 밤 7되
점미병(粘米餠) 찹쌀 3말, 녹두 1말2되, 대추 4되, 밤 4되, 곶감 4곶
삭병(朔餠) 찹쌀 1말5되, 검은콩 6되, 대추 3되, 밤 3되, 꿀 3되, 계피가루 3냥
밀설기(蜜雪只) 멥쌀 5되, 찹쌀 3되, 대추 3되, 밤 2되, 꿀 2되, 곶감 2곶, 잣 5홉
석이병(石耳餠) 멥쌀 5되, 찹쌀 2되, 꿀 2되, 석이버섯 1말, 대추 3되, 밤 3되, 곶감 2곶, 잣 3홉
각종 절병(各色切餠) 멥쌀 5되, 연지(臙脂) 1주발, 치자 1돈, 쑥 5홉, 김 2냥
각종 조악(또는 주악, 各色助岳) 찹쌀 5되, 참기름 5되, 검은콩 2되, 삶은밤 2되, 참깨 2되, 송고(松古, 소나무 속껍질) 10조각, 치자 3돈, 쑥 5홉, 김 2냥, 잣 2홉, 꿀 1되
각종 사증병(各色沙蒸餠) 찹쌀·참기름 각5되, 신감초 5홉, 잣 2홉, 꿀 1되5홉
각종 단자병(各色團子餠) 찹쌀 5되, 석이버섯·대추·삶은밤 각3되, 쑥·잣 각5홉, 꿀 1되5홉, 계피가루 3돈, 말린 생강가루 2돈
약밥[藥飯] 1그릇/ 찹쌀 5되, 대추·밤 각7되, 참기름 7홉, 꿀 1되5홉, 잣 2홉, 간장 1홉
국수[麵] 1그릇/ 메밀가루 3되, 녹말 5홉, 간장 5홉, 꿩 2각(脚), 쇠고기 안심육 3냥, 계란 5개, 후추가루 2작
대약과(大藥果) 1그릇(약과 225개)/ 밀가루 4말5되, 꿀 1말8되, 참기름 1말8되, 잣 1되5홉, 계피가루·후추가루 각3돈, 말린 생강가루 1돈, 참깨 2홉, 사탕 2원(圓, 둥글게 생긴 물건을 세는 단위)
만두과(饅頭果) 1그릇/ 밀가루 3말, 꿀·참기름 각1말2되, 대추·황률(黃栗)가루 각8되, 건시 5곶, 잣 3되, 계피가루 1냥, 후추가루 5돈, 말린 생강가루 2돈, 사탕 3원
다식과(茶食果) 1그릇/ 밀가루 3말, 참기름·꿀 각1말2되, 말린 생강가루 1돈, 계피가루 3돈, 잣 5홉, 참깨 7홉, 후추가루 2돈, 사탕 2원
흑임자다식(黑荏子茶食) 1그릇/ 흑임자(검은깨) 4말, 꿀 8되
송화다식(松花茶食) 1그릇/ 송화가루 3말5되, 꿀 9되
율다식(栗茶食) 1그릇/ 황률(黃栗)가루 4말, 꿀 9되
산약다식(山藥茶食) 1그릇/ 산약 30단(丹), 꿀 9되
홍갈분다식(紅葛粉茶食) 1그릇/ 칡가루 2말, 녹말 1말5되, 꿀 8되, 연지 15주발, 오미자 5되
홍매화강정(紅梅花强精) 1그릇/ 찹쌀 2말, 차조[粘租] 7말, 참기름 1말3되, 흰엿 5근, 술과 꿀 각2되, 지초(芝草) 2근

다섯째 날

백매화강정(白梅花强精) 1그릇/ 찹쌀 2말, 차조 7말, 참기름 9되, 흰엿 5근, 술과 꿀 각2되
황매화강정 1그릇/ 찹쌀, 차조, 참기름, 흰엿은 위와 같음. 꿀 1되, 울금(鬱金, 생강의 일종) 8냥, 술 2되
홍연사과(紅軟絲果) 1그릇/ 찹쌀 2말, 세건반(細乾飯)·참기름 각1말2되, 흰엿 4근, 지초 2근, 소주 1선(鐥, 복자), 꿀 3되
백연사과 1그릇/ 찹쌀 2말, 세건반 1말2되, 참기름 1말, 흰엿 4근, 소주 1복자, 꿀 3되
황연사과 1그릇/ 찹쌀 2말, 참기름 1말, 흰엿 4근, 잣 1말4되, 소주 1복자, 꿀 3되
홍감사과(紅甘絲果) 1그릇/ 찹쌀 2말, 참기름 9되, 흰엿 2근, 지초 1근8냥, 술과 꿀 각2되
백감사과 1그릇/ 찹쌀 2말, 참기름 6되, 흰엿 2근, 술과 꿀 각2되
홍료화(紅蓼花) 1그릇/ 밀가루 2말, 건반(乾飯) 1말2되, 참기름 1말3되, 흰엿 6근, 지초 2근
백료화 1그릇/ 밀가루 2말, 건반 1말2되, 참기름 1말, 흰엿 7근
황료화 1그릇/ 백료화 재료에 송화가루 3되 추가
(대약과부터 황료화까지 1척5촌으로 높이 같음)

각종 팔보당(八寶糖) 1그릇/ 높이 1척4촌, 팔보당 14근
인삼당 1그릇/ 높이 1척3촌, 문동당(門冬糖), 인삼당, 빙당(氷糖) 합13근
오화당(五花糖) 1그릇/ 높이 1척2촌, 옥춘당(玉春糖) 4근, 오화당 8근
조란(棗卵) 1그릇/ 높이 1척, 대추 2말, 황률 1말5되, 잣 1말, 꿀 7되, 계피가루 1냥
율란(栗卵) 1그릇/ 높이 1척, 황률 2말5되, 꿀 6되, 계피가루 1냥, 후추가루 3돈, 잣 8되, 사탕 3원
강란(薑卵) 1그릇/ 높이 1척, 생강 5말, 잣 1말, 꿀 7되, 흰엿 2근
용안·여기(龍眼荔枝) 1그릇/ 높이 1척4촌, 용안·여기 각7근
밀조·건포도(蜜棗乾葡萄) 1그릇/ 높이 1척1촌, 밀조(꿀에 조린 대추) 5근, 포도 6근
민강(株薑) 1그릇/ 높이 1척, 민강 23근
귤병(橘餠) 1그릇/ 높이 1척, 귤병(꿀이나 사탕에 조린 음식) 320개
유자(柚子) 1그릇/ 유자 80개
석류(石榴) 1그릇/ 석류 80개
배〔生梨〕 1그릇/ 배 50개
준시 1그릇/ 높이 1척, 준시 430개
밤〔生栗〕 1그릇/ 밤 3말5되
황률(黃栗) 1그릇/ 황률 3말5되
대추〔大棗〕 1그릇/ 대추 3말, 잣 5되
대추찜〔蒸大棗〕 1그릇/ 대추 4말, 잣 3되

호두〔胡桃〕 1그릇/ 높이 1척, 호두 3말5되
산약(山藥) 1그릇/ 높이 7촌, 산약 20단
송백자(松柏子) 1그릇/ 높이 1척, 잣 2말
각종 정과(正果) 1그릇/ 높이 7촌, 생강 2말, 모과 15개, 연근 1속, 산사(山査) 5되, 두충 3되, 동과(冬苽) 1편, 배 10개, 도라지 2단, 유자 8개, 감자(柑子) 8개, 연지 2주발, 치자 4냥, 산사고(山査膏) 3조각, 꿀 8되
수정과(水正果) 1그릇/ 석류 3개, 감자(柑子) 2개, 유자 2개, 배 5개, 연지 1발, 꿀 5홉, 잣 2홉
배찜〔生梨熟〕 1그릇/ 배 15개, 꿀 1되5홉, 잣 2홉, 후추 3홉
금중탕(錦中湯) 1그릇/ 묵은닭 3마리, 쇠고기 4냥, 해삼·계란·무 각5개, 전복 5개, 박고지 1사리, 다시마 2립(立), 오이 2개, 표고·밀가루 각1홉, 후추가루 5작, 간장 1홉5작
완자탕(莞子湯) 1그릇/ 무·해삼·계란 각5개, 꿩 2마리, 쇠고기·양·돼지고기 각4냥, 전복 5개, 곤자소니(昆者巽, 소 창자의 일부분) 2부, 오이 2개, 녹말·표고 각1홉, 후추가루 5작, 간장 1홉5작
저포탕(猪胞湯) 1그릇/ 돼지 아기집 5부, 쇠고기 1근, 묵은닭 2마리, 후추가루 5작, 간장 1홉5작
계탕(鷄湯) 1그릇/ 묵은닭 3마리, 계란 5개, 다시마 2장, 후추가루 5작, 간장 1홉5작
홍합탕(紅蛤湯) 1그릇/ 홍합 130개, 쇠고기 1근, 후추가루 5작, 간장 1홉5작
편육(片肉) 1그릇/ 높이 1척, 돼지고기 30근
절육(截肉) 1그릇/ 높이 1척5촌, 황대구·건대구 각13마리, 홍어·상어 각7마리, 광어 10마리, 문어 3마리, 전복 7곶, 염포(鹽脯) 7첩, 추복(層鰒, 전복의 일종), 오징어 각5첩(貼), 말린꿩〔乾雉〕 6마리
생선저냐〔魚煎油花〕 1그릇/ 높이 1척, 숭어 2속(束, 묶음), 계란 170개, 참기름 8되, 녹말 4되, 소금 2홉
꿩저냐〔生雉煎油花〕 1그릇/ 높이 1척, 꿩 10마리, 계란 150개, 녹말 1되, 메밀가루 6되, 참기름 8되, 소금 1홉
생치수(生雉首) 1그릇/ 꿩 7마리, 참기름, 소금 각1홉5작
화양자(花陽炙, 적) 1그릇/ 높이 7촌, 쇠고기 안심육 7근, 돼지고기 안심육 5근, 양 1/2부(部), 요골(腰骨), 곤자소니 각5부, 숭어 1마리, 계란 50개, 전복 7개, 해삼 3곶, 메밀가루 5되, 도라지 3묶음, 파 1단, 석이버섯 2되, 표고버섯 1되, 후추가루 1돈5푼, 간장·소금 각1홉
꿩찜〔生雉熟〕 1그릇/ 꿩 4마리, 쇠고기 1근, 후추가루 1돈, 간장·소금 각1홉
숭어찜〔秀魚蒸〕 1그릇/ 숭어 2마리, 쇠고기 1근, 묵은닭 1마리, 계란 5개, 녹말 3홉, 간장 1홉
해삼찜〔海蔘蒸〕 1그릇/ 해삼 1첩4곶, 돼지다리 3부, 쇠고기 3근, 계란 80개, 메밀가루·참기름 각5되, 소금 2홉

어린돼지찜〔軟猪蒸〕 1그릇/ 어린돼지 3마리, 묵은닭·꿩 각2마리, 쇠고기 1근, 참기름 3되, 잣 5홉, 후추가루 1홉, 생강 2홉, 간장 1홉5작
각종 만두(饅頭) 1그릇/ 높이 7촌, 천엽 3부, 양 5근, 돼지고기·쇠고기 각2근, 녹말 2되, 참기름 7홉, 후추가루, 간장·소금 각1홉2작.
어만두(魚饅頭) 1그릇/ 숭어 6마리, 돼지다리 2부, 쇠고기 2근, 녹말 2되, 참기름 5홉, 후추가루, 소금 각1홉
어채(魚菜) 1그릇/ 높이 4촌, 숭어 3마리, 전복 5개, 양·돼지고기 각2근, 해삼 3곶, 도라지 반단, 계란 50개, 곤자소니 3부, 석이버섯 1되, 표고버섯 5홉, 녹말 5되, 연지 1주발
생선회(魚膾) 1그릇/ 숭어 5마리, 농어 1마리
숙합회(熟蛤膾) 1그릇/ 대합 3말2되, 녹말 5되, 소금 1홉5작
숙란(熟卵) 1그릇/ 계란 320개
꿀〔淸〕 1그릇/ 꿀 7홉
초장(醋醬) 1그릇/ 간장 5홉, 초 2홉, 잣 1작
겨자〔芥子〕 1그릇/ 겨자 7홉

· 왕이 받은 음식의 종류와 양은 다음과 같다. 각 음식에 들어간 재료는 생략한다.
각종 떡(1그릇, 높이 8촌), 약밥 1그릇, 국수 1그릇, 대약과(大藥果, 1그릇, 높이 8촌), 각종 다식(茶食), 각종 연사과(軟絲果, 1그릇, 높이 4촌), 각종 강정(强精, 1그릇, 높이 8촌), 민강(株薑, 1그릇, 높이 7촌), 귤병(橘餠, 1그릇, 높이 7촌), 유자·석류 1그릇, 배 1그릇, 준시(1그릇, 높이 6촌), 밤(生栗, 1그릇), 각종 정과(正果, 1그릇, 높이 5촌), 수정과 1그릇, 금중탕(錦中湯, 1그릇), 완자탕 1그릇, 편육 1그릇(높이 6촌), 절육(截肉) 1그릇(높이 8촌), 각종 저냐 1그릇(높이 6촌), 생선회 1그릇, 꿀 1그릇, 초장(醋醬) 1그릇, 겨자 1그릇.

· 내빈이 받은 11종의 음식은 다음과 같다.
각종 떡, 국수, 소약과(小藥果), 각종 강정, 각종 요화(蓼花), 과일(준시·대추·밤·배), 잡탕, 절육, 생선저냐, 육족병(肉足餠), 황양자(花陽炙), 꿀, 초장.

· 중상의 8종의 음식은 다음과 같다.
각종 떡, 국수, 소약과, 각종 강정, 준시와 배, 잡탕, 생선저냐, 저육족병, 화양자, 꿀, 초장.

· 하상의 음식 6종은 각종 떡, 국수, 각종 요화, 준시·대추·밤, 잡탕, 화양자, 꿀.

- 자궁에게 바쳐진 42종 상화(床花)의 이름과 재료 및 용도는 다음과 같다.
  대수파련(大水波蓮)/ 1개, 큰 찬탁(饌卓)에 꽂음, 밀납으로 연꽃잎을 만들고, 그 사이에 월계(月桂), 홍도(紅桃), 벽도(碧桃) 등을 넣는다. 선동(仙童) 10인이 금은잔을 들고, 위에는 남극노인(南極老人)이 있고, "강구연월 수부다남(康衢烟月 壽富多男)."이라고 쓴 8금자(金字)를 건다. 값은 14냥.
  중수파련/ 1개, 좌우의 탁에 꽂음.
  소수파련/ 2개, 좌우의 탁에 꽂음
  삼색 목단화/ 3개, 크고 작은 찬기(饌器)와 신하들의 찬탁(饌卓)에 꽂음. 아래 꽃들의 용도도 마찬가지.
  월계(月桂)/ 1개
  사계(四季)/ 1개
  홍도별삼지화(紅桃別三枝花)/ 6개
  홍도별건화(紅桃別建花)/ 5개, 건화(建花)란 꽃잎을 무성하게 만든 것.
  홍도건화(紅桃建花)/ 15개
  홍도간화(紅桃間花)/ 7개, 간화(間花)란 꽃잎을 엉성하게 만든 것.

- 왕이 받은 상화는 다음과 같다.
  대수파련 1개, 중수파련 1개, 소수파련 1개, 월계 1개, 사계 1개, 3색 목단화 2개, 홍도별삼지화 4개, 홍도별건화 5개, 홍도별간화 10개.

  준화(樽花)는 길이가 9척 5촌으로서, 홍벽(紅碧) 복숭아꽃 철(綴)로 분장되었다. 또한, 2천 타(朶)의 비취(翡翠)와 호접(蝴蝶) 따위를 이룡존(二龍尊)에 꽂았다.

  어잠 사권화는 길이가 1척 2촌으로서 홍록 융사(紅綠絨絲)로 꽃잎을 만들고, 은동사(銀銅絲)로 테두리를 만들며, 은(銀)으로 부(趺)를 만들었다.

  수공화(首拱花)는 홍도지권화(紅桃紙圈花, 종이로 만든 복숭아꽃)를 썼다.

- 내빈이 받은 8개의 상화는 다음과 같다.
  소수파련 1개, 홍도삼지화 2개, 홍도간화 2개, 홍도건화 3개.
- 중상에 꽂은 4종류의 상화는 다음과 같다. 홍도삼지화, 홍도건화, 홍도간화, 지간화.
- 하상의 상화는 홍도건화, 홍도간화, 지건화, 지간화.

여섯째 날 - 윤2월 14일

새벽에 화성주민에게 쌀을 나누어 주다

이날은 서울을 떠난 지 엿새가 되고, 화성에서는 나흘째 행사가 벌어지는 날이다. 이 날의 행사는 새벽에 신풍루(新豊樓)에서 주민들에게 쌀을 나누어 주고, 오전에 낙남헌(洛南軒)에서 양로연을 열도록 되어 있었다. 말하자면 화성부 주민들에게 인정(仁政)을 베푸는 날인 것이다. 왕은 어머니 회갑의 기쁨을 화성부 주민들과 함께 갖기를 원했고, 또 자신의 인정(仁政)이 화성을 중심으로 하여 전국 방방곡곡에 미치게 되기를 기대하였다.

이 행사 뒤에는 왕이 방화수류정(訪花隨柳亭)을 방문한 다음, 저녁에 득중정(得中亭)에서 활을 쏘는 행사가 예정되어 있었다.

화성주민들에게 쌀을 나누어 주는 행사는 미리 대상자를 선발하는 등 치밀한 준비가 완료되어 있었다. 계획에 따르면,

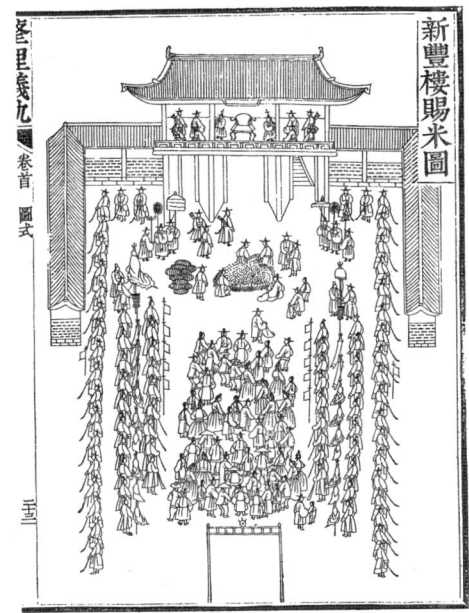

『정리의궤』 중 신풍루 사미도

쌀을 받는 대상자는 화성부 사람으로서 사민(四民)과 진민(賑民)에 해당하는 사람들이었다. 사민이란 환과고독(鰥寡孤獨) 즉, 홀아비, 과부, 고아, 독자를 말하며, 진민은 가난한 사람을 말한다. 요즘 말로 하자면 국가의 보호를 받아야 할 결손가정이라고 할 수 있다.

그런데 이들을 모두 한곳에 모아놓고 쌀을 주는 것은 아니었다. 지역을 네 군데로 나누어서, 성곽 내외의 도시지역은 행궁의 정문인 신풍루에서 왕이 친림한 가운데 사미(賜米)하고, 주변지역은 승지들을 산창(山倉)과 사창(社倉), 그리고 해창(海倉)으로 보내 왕을 대신하여 나누어 주도록 조처하였다. 산창(山倉)의 곡식은 가승지 조진관(趙鎭寬)이, 사창(社倉)의 곡식은 가승지 이유경(李儒敬)이, 해창(海倉)은 가승지 홍인호(洪仁浩)가 각각 책임을 맡도록 하였다.

신풍루에서 쌀을 받도록 선발된 사람은 사민(四民) 50명(홀아비 20명, 과부 24명, 고아 6명), 진민(賑民) 261명으로 정해졌다. 사민 중 홀아비와 과부에게는 각각 쌀 6두씩 지급되고, 고아에게는 4두씩이 지급되었다. 사민에게 지급된 쌀은 모두 19석 3두였다.

진민은 성별과 나이에 따라 차등을 두어 지급하였다. 38명의 남장(男壯, 남자 장정)에게는 각각 쌀 1두 2승과 소금 8홉이 지급되었고, 56명의 남로(男老, 남자노인)와 41명의 여장(女壯, 장년여자), 그리고 71명의 여로(女老, 여자노인)에게는 각각 쌀 1두와 소금 8홉이 지급되고, 55명의 남녀약(男女弱, 어린 남녀)에게는 각각 쌀 8승과 소금 6홉이 지급되었다. 진민에게 지급된 쌀은 모두 17석 2두 6승이고, 소금은 1석 4두 7승 8홉에 달했다.

산창(山倉)에서는 122명의 사민(홀아비 56명, 과부 48명, 독자 3명, 고아 15명)에게 모두 46석 12두의 쌀을 나누어 주었으며, 1,169명의 진민을 역시 성별과 나이로 구분하여 쌀 39석 4두 1승, 소금 2석 14두 4승 2홉을 주었다. 진민의 경우는 한 사람이 받는 분량이 신풍루 주민이 받은 분량의 절반으로 줄었다.

사창(社倉)에서는 163명의 사민에게 쌀 57석 1두가, 1,848명의 진민에게 쌀 62석 11두 9승, 소금 4석 10두 9승 9홉이 지급되었다. 개인이 받는 수량은 산창과 같았다.

해창(海倉)에서는 204명의 사민에게 쌀 75석 9두, 1,535명의 진민에게 쌀 50석 6두 1승, 소금 3석 12두 8승이 지급되었다. 개인이 받는 수량은 역시 산창과 같았다.

이상 혜택을 받은 주민을 모두 합하면 사민이 539명이고, 진민이 4,813명이며, 이들에게 나누어 준 쌀이 약 368석이 된다. 당시 화성부의 인구가 대략 6만 명이었으므로 전 인구의 10분의 1정도가 혜택을 받은 셈이다. 형식적인 행사가 아님을 알 수 있다.

왕은 진민에게 쌀과 소금을 주는 데 그치지 않고, 죽을 만들어 먹이도록 하였다. 이에 소요된 쌀이 9석 9두, 감곽(甘藿, 미역)이 925립, 간장이 1석 12두 7승 4홉이 소비되었다.

아침 묘시(卯時, 5~7시)에 왕은 행궁의 유여택(維與宅)에 납시어 교를 내렸다.

"화성부의 사민(四民)과 기민(饑民)은 모두 4,819명이라고 한다. 쌀을 나누어 줄 때, 승지를 네 곳으로 보내라는 명령은 이미 내린 바 있다. 가승지 이유경은 사창으로 가고, 조진관은 산창으로 가고, 홍인호는 해창으로 가도록 어제 교를 내려 일일이 효유한 바 있거니와, 자은(慈恩, 어머니의 배려)에 의해 쌀을 주고 죽을 먹이는 것임을 알게 하라. 또 내가 친림한 것처럼 유루(遺漏)가 없도록 하라. 성 안팎의 사민과 진민은 내가 친림하여 나누어 줄 것이다.

기민과 사민에게 쌀과 죽을 주는 것은 일제히 거행하되, 쌀 포대를 먼저 신풍루 아래에 갖다 놓아 나누어 줄 때 떠들썩하고 혼잡하지 않도록 하라. 그리고 시간이 일러서 아직 오지 못한 사람은 모두 알려 주어 한 사람이라도 빠지는 일이 없도록 하라."

새벽 묘초(卯初) 3각(5시 45분경) 삼취에 왕은 융복을 입고, 말을 타고 신풍루에 가서 말에서 내려 2층 누각에 마련된 자리에 앉았다. 왕은 동부승지 이조원(李肇源)에게,

　"너는 내려가서 쌀을 배급하고 죽을 똑같이 나누어 먹이되, 쌀과 죽이 자은(慈恩)의 뜻임을 여러 백성들에게 널리 알리라."
고 교를 내리고, 다시 교를 내리기를,

　"선전관(宣傳官)은 죽 한 그릇을 가지고 오라. 내가 직접 죽이 어떤지를 보겠노라."
고 말했다. 혹시 냉죽을 먹이지 않을까 하는 염려에서였다.

　왕은 다시 행좌승지 이만수(李晩秀)에게,

　"오늘 양로연을 베풀려고 하는 것은 노인을 존경하기 위함이니, 여러 노인들이 오래도록 외반(外班)에서 기다리지 않도록 해야 한다. 나는 곧 낙남헌으로 갈 것이니, 경은 이곳에 남아 사민(四民)이 와서 기다리면 일일이 죽을 먹일 것이며, 혹시 뒤늦게 오는 자가 있더라도 냉죽을 먹이지 않도록 하라. 직접 챙겨서 소홀함이 없게 하라."
고 일렀다. 역시 정조는 백성을 사랑하는 마음이 지극하였다.

　영의정 홍낙성이 신풍루 누각으로 올라와 왕 앞으로 나오자, 왕은,

　"근력은 비록 좋으시나 팔순 원로이신데 어떻게 계단을 올라오셨습니까. 더욱이 경은 여러 노인들의 반수(班首)이시니, 먼저 내려가서 외반을 정리해 주십시오. 조금 뒤에 내가 낙남헌으로 돌아갈 것입니다."
고 말했다. 왕은 신풍루에서 내려와 양로연이 곧 벌어질 낙남헌으로 발길을 재촉하였다.

오전에 낙남헌에서 양로연을 베풀다

양로연은 진시(辰時, 오전 7~9시)에 화성행궁 낙남헌(洛南軒)에서 거행되었다. 어머니의 회갑잔치를 위한 나들이인 만큼 현지의 노인들을 위로할 필요가 있었다.

양로연에 초대받은 노인은 어가를 따라 한양에서 내려온 영의정 홍낙성(洪樂性)을 비롯한 노인관료 15명과 화성에 사는 노인 384명이었다. 화성에서 노인으로 선발된 사람은 조관(朝官, 벼슬아치)과 사서인(士庶人, 士族과 庶人)으로 구별하여, 조관은 70세 이상과 61세인, 사서인은 80세 이상과 61세인에 한정하였다. 61세인을 넣은 것은 혜경궁 홍씨와 동갑의 회갑노인을 특별히 배려한 것이다. 또한 일반평민도 참여시킨 것은 정조의 통치철학이 신분을 초월하고 있다는 것을 잘 보여 준다.

한양에서 내려온 노인관료는 최고령자인 79세의 이민보(李敏輔, 행사직)를 비롯하여 78세의 홍낙성(영의정), 76세의 채제공(우의정)과 이명식(李命植, 판부사), 72세의 조규진(趙圭鎭, 행부호군), 71세의 조윤형(曹允亨, 호조참판)과 김효검(金孝儉, 內醫), 그리고 61세의 김이소(金履素, 영돈녕), 심이지(沈頤之, 수어사), 이조원(李祖源, 도승지), 서유신(徐有臣, 대사간), 한대유(韓大裕, 사복판관), 최정(崔珽, 引儀), 김동람(金東覽, 引儀), 홍탁보(洪鐸輔, 引儀) 등이었다.

한편 화성부에서 선발된 노인으로서,

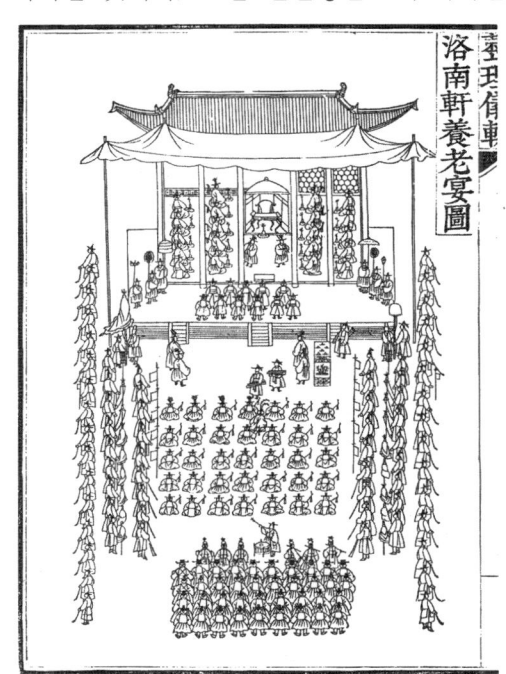

『정리의궤』 중 낙남헌 양로연도

70세 이상의 조관(朝官, 전직관료)은 8명, 61세 노인은 2명이었다. 그런데 80세 이상의 사서인(士庶人) 노인은 무려 209명이나 되고, 그 중에 13명은 서인 즉, 양인(良人)이었다.

나이별 인구분포를 보면, 99세 3명, 97세 1명, 96세 1명, 94세 2명, 93세 6명, 92세 1명, 90세 3명, 89세 6명, 88세 7명, 87세 18명, 86세 20명, 85세 15명, 84세 13명, 83세 19명, 82세 45명, 81세 20명, 80세 29명이다. 90세 이상 노인만도 17명이나 된다. 장수하는 노인이 매우 많은 것을 알 수 있다.*

참고로 18세기 중엽 수원부의 남자인구는 약 3만여 명이었다. 61세된 사서인 노인은 171명이었으며, 그 중에 양인은 30명이었다.

왕은 진정(辰正) 1각(8시 15분경)에 삼엄(三嚴, 모든 의식의 준비를 완전히 끝냄)을 알리는 북이 울리자 융복을 입고 낙남헌에 나와 자리에 앉았다. 한양에서 내려온 노인 관료들은 모두 지팡이를 짚고 전(殿) 위로 올라갔다. 2품 이상은 영내(檻內, 기둥 안)로 들어가고, 3품 이하는 계단 위에 가 앉았다. 나머지 사서노인(士庶老人)들은 모두 자손들의 부축을 받으면서 들어와 계단 밑에 열을 지어 앉았다.

왕은 노란 비단 손수건을 나누어 주어 지팡이 머리에 매게 하고, 비단 한 단씩을 나누어 준 다음 음식을 내오고 연례(宴禮)를 하라고 명했다. 금슬공(琴瑟工)이 먼저 천보(天保)를 연주하고 다음에 관저(關雎)와 녹명(鹿鳴)을 차례로 연주했다. 정리사 윤행임(尹行恁)이,

"연상(宴床) 일좌를 자궁께 바치기 위해 준비해 놓았습니다."

라고 아뢰니 왕은,

---

* 『정리의궤』 권5, 참연노인(參宴老人)에 화성부 노인 384명의 이름과 나이, 그리고 직업이 모두 기록되어 있다. (영인본, 중 336~342쪽)

"좋다. 즉시 들이도록 하라."
고 명했다. 윤행임은 꽃을 왕에게 드리고, 집사자들은 여러 노인들에게 역시 꽃을 나누어 주었다. 왕은,

"오늘 이 자리는 진짜 수역(壽域)이다. 어제도 꽃을 꽂았지만, 오늘 참반한 사람들은 꽃 한 개를 더 꽂아 특별한 날임을 알라."
고 말하였다.

정리사가 왕에게 제1작을 올리려 하자, 우의정 채제공(蔡濟恭)이,

"이 경사스런 효행의 은총이 신들에까지 미치니 간절한 마음으로 더욱 송축드립니다. 원컨대 잔을 올리면서 산호(山呼)*를 불러서 옛날 천자를 위해 하던 방식을 따르고 싶습니다."
라고 말했다. 그러자 홍낙성이,

"신은 군로(群老)의 머리에 앉아 있으니 신이 먼저 만수무강의 잔을 올리겠습니다."
라고 말하자 왕은,

"경의 말이 좋소. 경이 먼저 하시고, 우상과 영돈녕, 그리고 세 중신(重臣)들이 차례로 하시오."
라고 말했다. 홍낙성이 제1작을 올리고, 채제공이 제2작을, 김이소가 제3작을, 이명식, 이민보, 심이지가 그 다음으로 차례로 잔을 올렸다. 잔을 올릴 때마다 산호(山呼)를 부르고, 녹명(鹿鳴), 천보(天保), 관저(關雎), 작소(鵲巢), 남유가어(南有嘉魚), 남산유대곡(南山有臺曲), 향당교주(鄕唐交奏) 등이 연주되었다.

---

* 산호란 천자(天子)를 위하여 만세를 부르는 것을 말한다. 한(漢)나라 무제(武帝)가 숭산(嵩山) 위에서 제사를 지낼 때 신민(臣民)이 만세를 삼창한 데서 유래한 것이다.

채제공이 나서서 말했다.

"옛날에 춘대수역(春臺壽域)이라는 것이 있었다는 말은 들어 보았으나, 지금 신들이 직접 보게 되니 참으로 기쁨을 감출 수 없습니다."

왕이 이를 받아,

"수고(壽考)의 교화(敎化)는 자덕(慈德)에서 나온 것이니, 군로(群老)들이 배불리 먹고 취하는 것 또한 자궁이 주신 것이다. 오늘 군로들이 술잔을 주면서 수(壽)를 빈 것은 모두 자궁에게 돌릴 것이다."

라고 하자, 홍낙성 등이 다시,

"원컨대 군로들의 나이를 대전, 자궁, 그리고 원자궁에 바치고 싶습니다."

라고 하였다. 이에 왕은,

"경들이 반상에 있는 검은 콩을 손으로 싸서 바치면 원자궁(元子宮)에 보낼 것이다."

라고 하였다. 홍낙성과 채제공이 손으로 싸서 바치자 왕은 이를 어안(御案)에 놓고 교를 내리기를,

"내가 평소 술을 좋아하지 않으나 오늘 취한 것은 오직 기쁨을 알기 위해서다. 경들도 또한 한껏 취하라."

고 말했다. 채제공은,

"신이 비록 주호(酒戶, 주량)가 없으나, 어찌 취하지 않을 수 있겠습니까."

라고 답했다.

왕은 동부승지 이조원(李肇源)에게 「어제시」를 써서 내려 주고, 홍낙성에게 명하여 낙남헌에 걸도록 하였다. 그리고 연회에 참여한 여러 노인들이 화답하는 시를 쓰게 하였다. 왕은 교를 내리기를,

"화성부에서 살면서도 적(籍)이 없어서 양로연에 참여하지 못한 사람 몇 명을 화성

유수로 하여금 장외(杖外)로 불러 모으게 하라. 또한 관광하는 사람 중에 노인이 있으면, 멀고 가깝고, 많고 적음을 가리지 말고 모두 술과 음식을 대접하라."
고 하였다. 채제공은,
"아름다운 깃발을 보고 멀리서 찾아온 노인들이 말할 수 없이 많습니다. 저 울타리처럼 둘러서 있는 사람들의 태반이 노인들입니다."
라고 말했다. 왕은,
"상서로운 일에는 사람이 많을수록 좋다. 어제 먹고 남은 음식을 나누어 주어 자덕(慈德)을 만끽하도록 하라."고 일렀다.
드디어 구경꾼들을 열을 지어 앉게 하고, 윤행임으로 하여금 음식상 네 개를 갖다 놓게 하였다. 그러고는 이것이 자은(慈恩)으로 내려 주신 것이라는 것을 설명하고, 똑같이 나누어 주었다.
참가자들은 모두 일어나 춤추면서 천세(千歲)를 외쳤다. 군로(群老)들의 잔치가 끝나자, 군로들은 각기 남은 음식을 싸가지고 나갔다.
이날, 왕에게 올린 상(床)에는 탕, 편육, 흑태증(黑太蒸), 실과(배, 곶감, 밤)가 올려졌고, 노인상에도 똑같이 음식이 제공되었다. 노인상은 모두 425개가 마련되었다.
양로연 때 노인들에게는 백화주(白禾紬), 황목주(黃木紬) 등의 비단과 청려장(靑藜杖, 명아주 줄기로 만든 지팡이)이 상으로 내려졌고, 등가인(登歌人, 남자 노래꾼)들에게도 각각 1필의 포목이 하사되었다.

정조의 화성행차, 그 8일

한낮에 방화수류정을 시찰하다

양로연을 마지막으로 이번 행차의 공식행사는 거의 끝난 셈이었다. 문인, 무인, 결손가정, 가난한 사람, 노인 등 화성부의 각계각층 주민들을 골고루 다독거린 셈이다. 왕이 표방하는 성인(聖人)의 통치가 구체화된 것이다. 여기에 화성부 전주민의 요역과 세금을 면제하는 등의 혜택이 또한 부여되었다.

이제는 왕 자신의 시간을 가질 때가 되었다. 왕은 자신이 설계한 화성의 성곽을 좀더 자세히 살펴보고 싶었다. 성곽 건물 중에서 경관이 가장 빼어난 정자인 방화수류정(訪花隨柳亭)으로 갔다. 정자의 편액은 전참판 조윤형(曺允亨)이 썼다. 방화수류정이

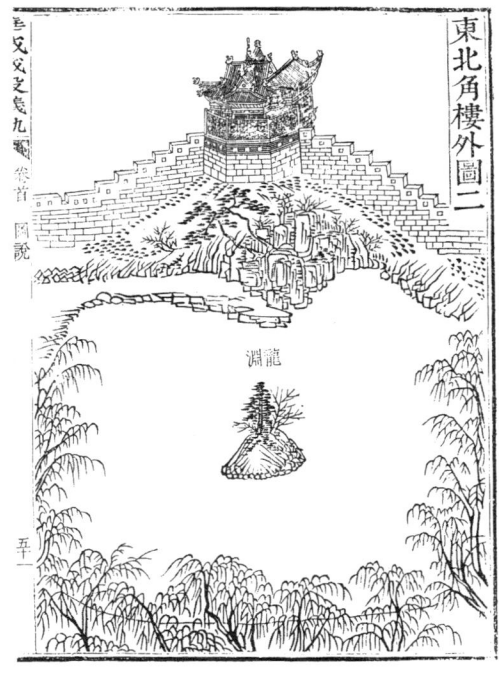

(왼쪽) 『화성성역의궤』 중 동북각루외도 2
1794년 10월에 준공된 동북각루(방화수류정)는 아름다운 주변풍광을 지닌 정자이면서 비상시엔 군사지휘소이기도 했다. 연못(용연) 가운데 있는 자그마한 섬은 실제로는 그림보다 훨씬 크게 보인다. 화성팔경 가운데 하나이기도 한 이곳에서의 달맞이(龍池待月)는 그대로 한편의 그림이자 시(詩)였을 것이다.

(위) 그림에 나타난 동북각루를 가까이서 본 모습
군사복장을 한 사람이 서 있는 위치에서는 서장대, 장안문, 동장대는 물론 멀리 광교산과 관악산 자락까지도 시야에 들어온다.

여섯째 날

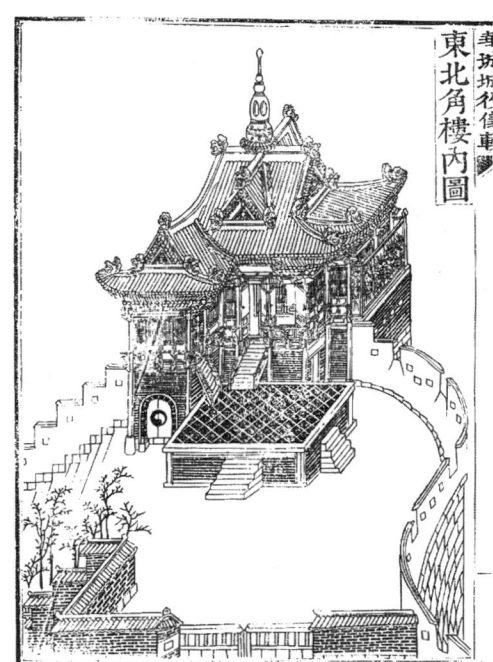

동북각루 내도(왼쪽)와 실제의 모습(위)
의궤의 그림과는 달리 문들이 하나도 없다.
ㄴ자 모양의 평면인 내부는 기능적인 면과 심미성이
어우러진 공간구조를 보이고 있으며, 외부에는
외래적인 요소가 결들여진 모습도 보인다.
태극 무늬가 그려진 문 안에는 이곳이 군사시설임을
알 수 있는 벽면 및 내부구조를 볼 수 있다.
(아래 사진) 방화수류정과 용연(230쪽 그림 참조)

231

라는 이름은 정이(程頤, 1033~1107)의 시에서 취했다는 설이 있지만, 현륭원이 있는 화산(花山)과 화성의 유천(柳川, 지금의 수원천)을 찾는다는 뜻을 함께 담은 것인지도 모른다.

수원성곽의 동북각루(東北角樓)로서, 깎아지른 암벽 위에 우뚝 서 있는 이 정자는 장안문(長安門) 및 화홍문(華虹門)과 인접하여 화성 동북지방 방어의 요해처로 건설된 것이다. 하지만 평상시 이곳은 시정(詩情)을 자아내는 절경을 연출한다.

왼편으로는 화홍문(華虹門) 아래로 흐르는 유천(柳川)의 물소리가 아련하고, 눈을 들어 앞을 보면 멀리 광교산(光敎山)의 우람한 자태가 한눈에 들어온다. 그런가 하면,

화홍문과 방화수류정
멀리 광교산에서 비롯된 유천(柳川)은 이곳에서 장쾌한 물보라가 넘쳐나는 한 폭의 그림을 그려내며(華紅觀漲) 또다른 하나의 운치 있는 아치형 다리인 남수문(南水門)으로 흘러내려갔다. 그러나 지금은 남수문의 자취도 사라지고, 아래쪽으로 얼마되지 않은 곳까지 뒤덮인 복개도로가 하천의 숨결을 가로막고 말았다. 화홍문의 현판은 당대 예서의 대가 유한지(俞漢芝, 1760~?)의 글씨이다.

바로 발 아래에는 버드나무에 둘러쌓인 용연(龍淵)의 물그림자가 거울처럼 맑다. 그 야말로 물과 산이 어우러져 한껏 풍취를 돋우는 곳이 바로 방화수류정이다. 더욱이 이 정자는 평면이 만자형(卍字形)으로 설계되어 있고, 지붕이 세 번 꺾이면서 중앙으로 모아져 첨탑형식을 이루고 있어, 건축양식에 있어서도 독특함을 보여 주고 있다.

학문이 뛰어나고, 파초 그림으로도 유명한 정조가 화성을 찾으면서 이곳을 외면할 리가 없다. 시각은 오시(午時, 11~1시)였다. 왕은 군복을 입고 말을 타고, 낙남헌에서 나와 강무당(講武堂)을 거쳐 성을 밟으면서 걸어갔다. 수행원은 가까운 측근 몇 사람으로 제한되었다. 행좌승지 이만수(李晩秀), 행우승지 이익운(李益運), 가주서 구득로(具得魯), 기주관 김양척(金良倜), 기사관 오태증(吳泰曾), 장용외사 조심태(趙心泰), 정리소 당상 서용보(徐龍輔), 윤행임(尹行恁), 검교직각 남공철(南公轍)이 차례로 임금 곁을 따랐다.

화성의 북문인 장안문루(長安門樓)에 이르자, 왕은 화성유수이자 장용외사인 조심태(趙心泰)에게 물었다.

"전에 성 밖에 개간할 만한 땅이 있다고 했는데, 그곳이 어디냐."

조심태는 성 밖 서북지방을 가리키면서 자세하게 설명했다. 왕은 이곳에

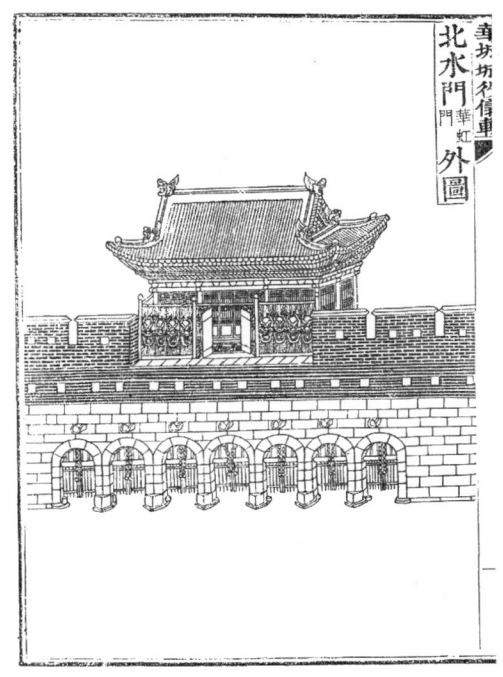

『화성성역의궤』 중 북수문(화홍문) 외도
232쪽 사진의 화홍문을 뒤에서 본 모습으로, 수문(水門)이자 교량이면서 유사시엔 포대(砲臺)의 구실을 하였음을 눈여겨볼 수 있다.

(위)『화성성역의궤』중 영화정도
영화정은 신·구관 부사·유수들이 거북 모양의 관인(官印)을 인수 인계하던 곳으로 교구정(交龜亭)이라고도 했다. 사진에 보이는 영화정 터는 현재 도로가 나 있으며, 만석거 표석은 온데간데없다.
(아래) 장안구 송죽동 만석거공원 내에 있는 영화정. 원래의 위치에서 조금 떨어진 곳에 1996년 10월 복원되었다.

내탕전으로 곧 건설될 만석거(萬石渠)의 저수지와 대유둔(大有屯, 일명 北屯)의 농장 후보지를 알고 싶었던 것이다. 실제로 만석거는 3월 1일부터 공사가 시작되어 5월 18일 완성되었는데, 둘레가 1,022보에 달했다. 그동안 이 저수지는 일왕저수지로 불려 오다가, 최근에는 저수지 주변을 공원으로 조성하고 이름도 만석거공원으로 바꾸었다.

만석거의 축조로 이 일대는 흉년을 모르는 비옥한 옥토로 변하였다. 만석거를 이용한 대유둔(大有屯)의 농장은 이 해 11월에 완성되었다. 장안문 북쪽의 화성부 일용면(日用面)에 설치된 이 농장은 정리소의 경비 2만 냥을 투자한 것으로 둔전답은 109석 14두락에 이르렀고, 여기서 들어오는 수입은 화성 운영경비로 지출되었다.

화홍문(華虹門)을 거쳐 방화수류정에 이르자 왕은 감회가 큰 듯 이렇게 말했다.
"우리나라 성곽제도는 그동안 둥글게 담장을 치는 데 그쳤다. 그러나 이 화성의 성곽은 보수(步數)를 잘 분배하여 치첩(雉

여섯째 날

堞)을 설치하였다. 치첩의 크기는 비록 수세 명의 사람이 들어 설 수 있는 정도이지만, 성의 좌우를 살필 수 있어서 방어하는 데 편리하다. 이래야 가히 성제(城制)라고 할 수 있는 것이다.

또 성곽의 경영과 위치도 조리(條理)가 있다. 하지만 장용외사가 성심으로 일하지 않았다면, 어찌 이와같이 될 수 있었겠는가. 어제 가졌던 성조(城操, 군사훈련)로 말하더라도, 화성부의 군대는 평소 조련하지도 않았지만, 성정군(城丁軍)이 횃불을 올리고 화포를 쏘는 것이나, 친군위 군인들이 좌작진퇴(坐作進退, 앉고 서기·전진과 후퇴)하는 것이 모두 훌륭하였다. 이는 좋은 장수를 만난 때문이니 내 마음이 매우 기쁘다."

사실, 정조는 우리나라 성곽제도에 대해 불만이 많았고, 이를 개선하기 위해 1794년에 『성제도설(城制圖說)』(3권)을, 1795년에 『성도전편(城圖全編)』(10권)을 편찬한 바 있었다. 전자는 중국과 우리나라의 성곽제도의 역사를 그림을 곁들여 설명한 것이고, 후자는 우리나라 전국의 성곽들을 조사하여 그림을 그려서 소개한 책이다. 지금 이 두 책은 유감스럽게도 전하지 않지만, 정조가 성곽제도에 대하여 얼마나 비상한 관심을 가졌는지를 알 수 있다.

왕은 자신이 설계한 화성의 모습에 자부심을 가지면서도, 한편으로는 화성의 행정·군사책임자로서 장용외사이며 화성유수를 겸하고 있는 조심

『화성성역의궤』 중 치성도
화성성역의궤의 화성전도(92쪽 참조)에 의하면 '雉'라고 표기된 이와 같은 구조물은 8군데에 세워져 있고, 그 사이사이에는 이를 바탕으로 세워진 포루(舖樓 및 砲樓)가 배치되어 있다.

태의 공로를 높이 치하하였다. 사실, 화성건설공사의 형식적 책임자가 채제공이라면, 현장 책임을 맡은 것은 조심태였다. 이번 회갑잔치를 위한 준비도 형식적 책임은 채제공, 현장 준비는 조심태가 맡았다. 왕이 그를 칭송하는 것은 그의 이러한 노고를 위로하기 위함이었다. 왕은 조금 뒤에 말을 타고 낙남헌으로 돌아왔다.

1796년 10월 16일 화성을 낙성할 때 춘팔경(春八景)과 추팔경(秋八景)을 병풍으로 그려 행궁에 진열해 놓고 낙성연을 가진 바 있었다. 이 중에서 김홍도가 그린 '한정품국'과 '서성우렵'이 지금 서울대학교 박물관에 보관되어 있다.

* 춘팔경
    화산서애(花山瑞靄) - 아지랑이 핀 화산
    유천청연(柳川晴煙) - 물안개 낀 유천
    오교심화(午橋尋花) - 매향교의 꽃놀이
    길야관상(吉野觀桑) - 관길야의 뽕나무밭
    신풍사주(新豊社酒) - 신풍루의 술잔치(항음주례)
    대유농가(大有農歌) - 풍년가 울리는 대유둔
    화우산구(華郵散駒) - 말들이 뛰노는 영화역(迎華驛)
    하정범익(荷汀泛鷁) - 물새가 노는 연못(용연?)
* 추팔경
    홍저소련(虹渚素練) - 장쾌한 물살의 화홍문
    석거황운(石渠黃雲) - 만석거의 누런 들판
    용연제월(龍淵霽月) - 맑은 달밤의 용연
    구암반조(龜巖返照) - 구암의 밤풍경
    서성우렵(西城羽獵) - 화성 서편의 사냥터
    동대화곡(東臺畵鵠) - 동장대의 활쏘기

여섯째 날

김홍도, 화성추팔경도(華城秋八景圖), 비단에 담채, 97.7×41.3cm, 서울대 박물관 소장
(왼쪽) 서성우렵도(西城羽獵圖) (오른쪽) 한정품국도(閒亭品菊圖)

한정품국(閒亭品菊) – 미로한정의 국화
　　　양루상설(陽樓賞雪) – 눈덮인 화양루

　한편, 그후 다시 정리된 화성 8경은 다음과 같다.
　　• 광교적설(光敎積雪) – 흰눈 덮인 광교산의 모습
　　• 북지상련(北池賞蓮) – 연꽃이 곱게 핀 북쪽 연못의 모습
　　• 화홍관창(華虹觀漲) – 물보라 이는 화홍문의 모습
　　• 용지대월(龍池待月) – 방화수류정 앞 용연에서의 달맞이
　　• 남제장류(南堤長柳) – 버드나무가 길게 늘어선 남쪽 연못의 모습
　　• 팔달청람(八達晴嵐) – 맑기도 하고 은은하기도 한 팔달산의 모습
　　• 서호낙조(西湖落照) – 해질 무렵의 서호의 모습
　　• 화산두견(花山杜鵑) – 진달래 핀 화산의 모습

오후에 득중정에서 활쏘기를 하다

이날 신시(申時, 오후 3~5시)에 왕은 낙남헌 바로 뒤에 있는 득중정(得中亭)으로 갔다. 수행한 신하들과 함께 활쏘기를 하기 위해서다. 활쏘기는 일종의 레크리에이션이라 할 수 있다. 정조는 무예도 뛰어났지만, 그에게 활쏘기는 단순한 무예는 아니었다. 그것은 정신을 집중시키는 수양 방법이기도 했다. 한편, 득중정은 그 자체로서 활쏘기를 염두에 둔 건물이기도 했다.

　왕과 함께 활쏘기에 참여한 신하는 영의정 홍낙성(洪樂性)을 비롯하여, 수어사 심이지(沈頤之), 경기감사 서유방(徐有防), 호조판서 이시수(李時秀), 장용외사 조심태, 장용내사 서유대(徐有大), 총융사 서용보(徐龍輔), 행좌승지 이만수(李晩秀), 행우승지 이익운(李益運), 정리사 윤행임(尹行恁), 검교직각 남공철(南公轍), 초계문신 서준보(徐俊

輔), 조석중(曹錫中), 수가장관 오의상(吳毅常), 이석(李晳), 이광익(李光益), 이희(李𤦎), 조기(趙岐) 등이었다.

활쏘기는 유엽전(柳葉箭, 살촉이 버들잎처럼 생긴 화살), 소포(小布), 장혁(掌革) 등 세 종류의 화살을 가지고 했다. 여기에서 성적이 가장 뛰어난 사람은 왕이었다. 왕은 유엽전을 6순(六巡, 연속적으로 5발을 쏘는 것을 1순이라 함)하여 30시(矢) 만점 중 24시를 얻었으며, 소포는 5순(五巡)하여 24시를, 장혁은 1순하여 세 번을 맞추었다.

신하의 경우는 가장 성적이 좋은 사람이 유엽전에서 17점, 소포에서 18점, 그리고 장혁은 대부분 맞추지 못하였다. 신하들이 혹시 고의로 양보했을지도 모르지만, 왕의 활솜씨가 뛰어난 것만은 사실이었다. 정조의 무예가 유감없이 발휘되었다. 왕은,

"활쏘기는 비록 6예(六藝)* 중 하나라고 하지만, 역시 기(技)에 가깝다. 그래서 포기하고 연습하지 않은 지 이미 4년이 지났다. 오늘의 명중은 우연일 뿐

『정리의궤』 중 득중정 어사도. 능행도 8폭 병풍 가운데 「득중정어사도」에도 윗부분에 이와 유사한 장면이 보인다.

---

* 중국 주나라 때에 행해지던 교육과목으로, 예(禮, 예절)·악(樂, 음악)·사(射, 활쏘기)·어(御, 말타기)·서(書, 서예)·수(數, 수학) 등을 말한다.

정조의 화성행차, 그 8일

121쪽에 실린 「득중정어사도(得中亭御射圖)」의 아랫부분(일부) 매화포가 터지는 장면이다.

이다."
라고 하면서 겸손함을 보였다. 왕은 나이가 많은 홍낙성을 보면서,

"경은 8순의 원로로서 소포를 세 개나 맞춘 것은 매우 드문 일이다."
라고 하면서 격려했다.

왕은 신하들에게 저녁을 대접하였다.

저녁식사를 마치고, 해가 지자 왕은 야간 활쏘기를 준비하라고 명했다. 작은 표적을 설치하고, 횃불 두 개를 표적의 좌우에 설치하게 했다. 왕은 2순을 쏘아 다섯 개를 맞추었다. 활쏘기가 끝나자, 왕은 조심태에게 물었다.

"성조(城操, 군사훈련) 뒤에는 매화(埋火, 땅에 묻은 화약)를 터뜨리는 것이 순서인데, 지금 곧 비가 올 것 같다. 그래도 할 수 있느냐."

조심태는 대답했다.

"약성(藥性)의 맹렬함이 맑은 날 같지는 않겠지만, 적은 비는 땅을 적시지 못하므로 기구들을 이미 갖추어 놓았습니다."

왕이 차례대로 하자고 말하자, 조심태가 달려가서 규정대로 거행하였다. 득중정에서 매화포(埋火砲)가 터지는 장면은 지금 남아 있는 능행도 병풍그림에도 보인다.

 득중정에서의 활쏘기를 끝으로 화성에서의 행사는 모두 끝났다. 이제 이 밤이 지나면, 다음날 아침은 귀경길에 오르게 된다. 이번 행차에서 왕은 참으로 많은 일을 하였고, 많은 모습을 신하와 백성들에게 보여 주었다. 하지만 영명한 지혜와 불굴의 추진력과 지칠 줄 모르는 정력을 지닌 그가 5년 뒤에 세상을 떠나게 되리라고 누가 상상할 수 있었을까.

일곱째 날 – 윤2월 15일

귀경길에 오르다 – 화성을 떠나 시흥으로

한양으로 돌아가는 길은 내려올 때 여정과 같았다. 사근평참에서 점심을 들고 시흥 행궁에서 밤을 지내는 것이 이날의 행사였다.

아침 진시(辰時)에 왕은 행궁에 나와서 교를 내렸다.

"광주, 시흥, 과천 등 읍에서는 척후복병(斥候伏兵)이 여러 날 대기하고 있어서 걱정된다. 가마가 지나간 뒤에는 차례로 척후복병을 철수시킬 것을 수어청과 총융청 양사에게 신전(信箭, 통신화살)으로 전하라."

진정 3각(辰正三刻, 오전 8시 45분경) 3취에 왕은 군복을 입고 말을 타고 출발했다. 자궁어가는 복내당(福內堂)에서 출발하여 중앙문을 거쳐 좌익문, 신풍루를 지나 장안문 밖에 이르렀다. 이곳에는 문무과 별시에 합격한 사람들이 꽃모자를 쓴 무동(舞童)들을 데리고 줄을 서서 맞이했다.

가마가 5리쯤 떨어진 진목정교(眞木亭橋)에 이르자 잠시 휴식을 가졌다. 왕은 미음다반(米飮茶盤)을 혜경궁에게 올렸다. 왕은 조심태를 보고,

"경은 군대를 이끌고 이곳까지 왔으니, 어가를 뒤따르는 것은 불가하다. 이제는 영(營)으로 돌아가라"고 명하였다. 장용영 외영의 군인들은 화성을 떠날 수 없기 때문이다.

이어 행차는 미륵현(彌勒峴, 지지대고개)에 도착했다. 오늘날 수원시와 의왕시의 경

 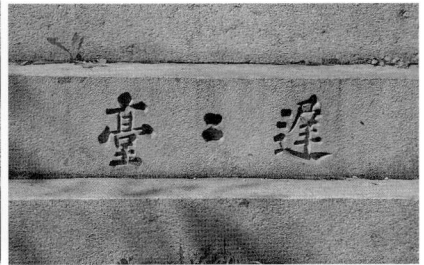

지지대 비각, 수원시 장안구 파장동 지지대 고개
정조의 효심을 기록하고자 1800년(순조1) 화성어사 신현(申絢)이 비의 건립을 주청하여, 1807년(순조7)에 완성하였다. 비문은 호조판서 서영보(徐榮輔)가 지었고, 당시 여든 살의 윤사국(尹師國)이 왕명을 받들어 글을 쓴 것으로 전한다. 비각으로 오르는 계단에서 비교적 아래쪽에 '遲遲臺'라 새겨진 것이 보인다.(왼쪽의 표시 부분 및 오른쪽 사진)

계선에 해당하는 이 고개는 당시로서는 꽤 높은 고개였다. 이 고개를 넘으면 화성은 물론, 현륭원이 보이지 않는다. 왕은 여기서 신하에게 명령했다.

"이 미륵고개에 오면 떠나기 싫어 거둥을 멈추고 한참동안 남쪽을 바라보게 된다. 나도 모르게 말에서 방황한다. 이번에 고개 위를 보니 둥글게 생긴 돌자리가 있다. 그 자리를 '지지(遲遲)'라고 이름지으라. 그리고 앞으로는 미륵현 밑에 '지지대'라는 세 글자를 넣어 표석을 세우라."

그래서 이때부터 이 고개를 '지지대(遲遲臺)고개'로 부르게 된 것이고, 지금도 이곳에는 그 유래를 적은 비각(碑閣)이 서 있다.

점심 무렵에 거둥은 사근평 행궁(肆覲坪行宮)에 도착하였다. 왕은 자궁보다 먼저 이곳의 막차(幕次)에 도착하여 각무 차사원(差使員)과 광주부윤 서미수(徐美修), 시흥현령 홍경후(洪景厚), 과천현감 김이유(金履裕)를 입시케 하고 읍폐(邑弊)와 민막(民瘼, 백성들의 고통스런 일)을 물었다. 백성들이 고통스러워하는 일이 무엇인가를 현지 수

정조의 화성행차, 그 8일

령과 암행한 신하들을 통해서 알아보기 위함이었다.

조금 뒤에 혜경궁 가마가 도착하자 내차(內次)로 맞아들이고 오선(午膳, 점심)을 올렸다.

점심을 마치고 거둥은 다시 시작되었다. 왕은 역시 말을 탔다. 안양교(安養橋) 앞에 이르자 잠시 휴식을 취하고 자궁에게 미음다반을 드렸다. 행렬은 대박산(大博山) 앞 벌판을 지나 저녁무렵에 시흥행궁에 도착했다. 왕은 먼저 행궁에 도착하여 시설을 점검한 뒤에 혜경궁을 내차로 맞이하고 석선(夕膳, 저녁)을 올렸다. 음식의 종류는 화성으로 갈 때의 그것과 큰 차이가 없었다.

「정조대왕 능행도」 8폭병풍 중 노량주교도섭도의 일부(119쪽에 전체 그림)
그림 전체에서 왼쪽 윗부분에 해당한다. 다리 남쪽 끝에 세워진 홍살문 뒤로 보이는 것은 용양봉저정이다.(161쪽 참조) 시흥환어행렬도의 일부분에서도 볼 수 있는 '관광민인'들의 모습이 생생하게 묘사되어 있다. 행렬을 바라보다가 목도 축이고 군것질도 하는 듯한 장면들이 재미있다. 하얗게 만발한 꽃들도 민인들의 소박한 바람을 머금은 듯 정겹다.

여덟째 날 – 윤2월 16일

시흥에서 백성들과 대화를 나누다

이날은 아침에 시흥행궁을 떠나 노량 용양봉저정에서 점심을 들고, 한강의 배다리를 건너서 저녁에 창덕궁으로 돌아오도록 예정되어 있었다. 왕은 궁으로 돌아가기에 앞서 백성들을 직접 만나 민생의 질고(疾苦)를 듣고 싶었다. 그리고 연로의 백성들에게 무언가 선물을 주고 가야 한다고 생각했다.

아침 묘시(卯時, 오전 5~7시)에 왕은 시흥행궁에 나와서 교를 내렸다.

"지방관은 자기 경내의 부로(父老)와 민인(民人)들을 데리고 연로(輦路, 임금이 거둥하는 길)의 넓은 곳으로 나와 대기하고 있으라."

왕은 민인들의 여론을 직접 들을 기회를 갖기 위함이었다.

묘정 삼각(卯正三刻, 6시 45분경) 삼취에 왕은 군복을 입고 말을 타고 떠났다. 행렬이 문성동(文星洞) 앞길에 이르자 시흥현령 홍경후(洪景厚)가 민인(民人)들을 데리고 길 옆에서 어가를 맞이했다. 왕은 잠시 쉬면서 말했다.

"보통 어가가 지나는 곳에서는 반드시 시혜를 베푼다. 더욱이 오늘은 자궁을 모시고, 두 번째로 시흥행궁에서 밤을 보냈다. 모든 것이 만안(萬安)한 가운데 돌아오니 경행이 아닐 수 없다. 어찌 백성들에게 인색할 것인가. 반드시 요역을 견감해 주고, 폐막(弊瘼)을 제거하고, 자은(慈恩)을 널리 펴서 백성들의 소망에 부응할 것이다. 너희들은 말하고 싶은 것이 있으면, 숨기지 말고 말하라."

왕의 요구를 받아 민인들이 입을 열었다.

"다행히 성스럽고 밝은 세상을 만나 입는 것, 먹는 것 하나하나가 임금의 은혜가 아닌 것이 없습니다. 별다르게 천청(天聽, 임금의 귀)을 번거롭게 할 만한 질고가 없습니다."

그러나 왕은 그 말을 그대로 믿으려 하지 않았다. 왕은 다시 다그쳤다.

"그런 말은 너희들의 외면인사(外面人事)이다. 너희들은 모두 나의 적자(赤子, 임금이 백성을 일컬어 어린아이라 함)로서 은택이 아래로 미치지 못하는 것을 늘 안타까워하고 있다. 더욱이 구중(九重)의 깊은 곳에 있어서 부옥(蔀屋, 일반 민간)의 질고를 자세히 알지 못한다. 그래서 지척의 가마 앞으로 그대들을 불러서 하고 싶은 말을 하게 하는 것이다. 듣고 싶어도 들을 수 없는 여러 폐단을 직접 들어서, 여러 백성들이 행차를 바라보는 그 뜻에 보답하고자 한다. 말할 수 있는 기회를 만났는데도 무엇이 두려워서 말을 하지 않는가."

행우승지 이익운(李益運)이 왕의 말씀을 여러 백성들에게 두루 알리고, 여론을 듣고 난 다음 왕에게 아뢰었다.

"민인들은 실제 절실하게 고통스러운 폐막이 없습니다. 다만 호역(戶役)에 두 번이나 징발되어 폐단이 없지 않았다고 합니다."

왕은 비변사 당상 이시수(李時秀)에게 명하여 왕의 뜻을 민인들에게 널리 알리게 했다.

"다른 때에는 비상한 은택을 두루 펴기가 어렵겠지만, 금년에는 어찌 특별한 배려가 없겠는가. 지난 해 가을의 환곡은 정퇴(停退, 연기)한다고 이미 영을 내린 바 있지만, 이를 모두 탕감할 것이다. 호역(戶役)은 비변사가 방백(方伯) 및 수령과 의논하여 폐단을 줄이고 일을 줄이는 방법을 강구하게 할 것이다. 또 해마다 정월에 임금이 행차할 때마다 민인들이 연로(輦路)의 눈을 치우고, 길을 닦는 수고로움이 적지 않다. 그래서 금년부터는 원행(園幸) 일자를 봄과 가을의 농극(農隙, 농한기)으로 정하였다.

여덟째 날

(왼쪽) 관악산의 단연 손꼽히는 절경인 연주대
고려의 유신(遺臣)들이 송도(松都)를 바라보며 통곡했다는 고사에서 이름이 유래되었다.
이성계가 한양천도를 결심하고 경복궁을 세운 뒤 이곳에 올라 국운의 융성을 기도했다고도 한다.
대 위에 보이는 것은 연주암 응진전(應眞殿).
(오른쪽) 낙성대에 있는 강감찬 장군의 동상. 1998년 건립.

이 또한 백성을 위한 고심에서 나온 것이다. 앞으로 행차가 지날 때마다 민정(民情)을 자세히 채집할 것이다. 폐단을 시정할 일이 있는지를 너희들은 잘 알고 있으라."

백성들은 왕의 말을 듣고 모두 송축(頌祝)하면서 물러났다. 그런데 이때 한 사람이 먹을 것을 달라고 하였다. 왕은 이익운에게 명하여 그의 나이를 물었다. 그는 61세라고 했다. 왕이 말하기를,

"비록 그 사람의 행동이 외람스럽고 예의없기는 하지만, 이미 나이를 물었으니 어찌 그냥 돌아가라고 할 수 있겠는가. 그의 소원대로 몇 말의 쌀을 주라."
고 하였다.

왕은 멀리 관악산을 바라보면서 이시수에게 다시 물었다.

"학악(鶴岳, 관악산)이 저쪽에 바라다보이는데, 사람의 연기가 있는 것 같다. 그곳이 자하동(紫霞洞)인가."

왕이 관악(冠岳)을 학악(鶴岳)이라고 부른 것도 재미있다. 문헌에는 학악이라는 기

록이 보이지 않지만, 아마 그러한 호칭도 있었던 모양이다.

이시수가 답했다.

"학악의 동서남북에 모두 자하가 있는데, 천석(泉石, 경치)이 절승합니다. 저 산에 의지한 집들은 곧 남자하(南紫霞)입니다."

왕이 다시 물었다.

"그 가운데 옛 장신(將臣)의 계정(溪亭)이 있다고 들었다."

이시수가 "그렇습니다."고 대답했다.

여기서 옛 장신(將臣)의 계정(溪亭)이 있다고 한 것은 아마도 강감찬 장군의 별장을 말하는 것 같다. 강감찬이 태어난 곳은 지금 서울대학교 후문 부근의 낙성대(落星臺, 관악구 봉천동)인데, 당시에는 시흥군에 속해 있었다. 그는 관직을 그만둔 후에 성남(城南)의 별장에서 살았다고 『고려사』 열전에 기록되어 있다. 강감찬이 태어날 때 마침 고려에 온 송나라 사신이 시흥지방에 갔다가 큰 성운(星隕)이 떨어지는 것을 보고 이상히 여겨 알아보았더니 그곳에서 강감찬이 태어났다는 일화가 전해진다. 그래서 이곳을 낙성대라고 부르게 되었고, 강감찬을 문곡성(文曲星)으로도 부르게 되었다. 문성동(文星洞)이라는 지명이 여기서 유래한 것으로 보인다.

왕은 다시 물었다.

"연주대(戀主臺)는 어디에 있는가."

이시수는 "학악의 절정에 있습니다."라고 대답했다.

왕이 연주대에 관해 관심을 가진 것은 그럴 만한 까닭이 있다. 원래 태조 이성계가 한양에 도읍을 정하면서 관악의 불길[火氣]을 걱정하여 연주대를 짓고 기도를 올렸다고 한다. 그 뒤 세자를 아우인 세종에게 양보한 양녕대군(讓寧大君)과 효령대군(孝寧大君)이 이곳에서 놀았고, 세조 때에도 이곳에서 백일기도를 올렸다. 이렇게 조선왕실과 깊은 인연을 가진 연주대를 정조가 모를 리 없는 것이다.

노량 용양봉저정에서 점심을 들다

문성동(文星洞)에서의 휴식을 마치고 행차는 다시 길을 떠났다. 번대방평(蕃大坊坪, 지금의 대방동)에 이르자 잠시 휴식을 취하고 왕은 미음다반을 자궁에게 바쳤다. 곧 이어 가는 만안현(萬安峴, 지금의 상도동 고개)을 거쳐 노량행궁에 도착했다. 왕은 혜경궁을 용양봉저정(龍驤鳳翥亭)으로 맞아들이고 오선(점심)을 올렸다.

왕은 한강의 배다리를 관리한 주교도청(舟橋都廳) 이홍운(李鴻運)을 불러 혜경궁이 하사한 금단 1필을 사급하고, 배다리를 건설한 사격(沙格, 뱃사공)들에게도 차등을 두어 상을 내렸다. 또 노량별장(鷺梁別將)에게도 찬탁(음식)을 하사했다. 왕은 여러 신하들에게 교를 내렸다.

"8일간의 행행으로 노동(수고로움)이 많았다. 자궁의 체도(體度)가 일향으로 강녕하시니 지금 돌아오면서 기쁨을 가눌 수 없다."

정리사 심이지 등이 말했다.

"초 10일(화성행궁에 도착하던 날)의 비는 불과 반나절이었고, 14일의 비는 또 잔치 뒤였습니다. 출궁할 때와 환궁할 때의 날씨는 모두 맑고 화창합니다. 역시 하늘도 기뻐하시는 것을 알 수 있습니다."

왕이 말하기를,

"원자(元子)는 내가 출궁한 날부터 매일 두 차례씩 편지를 보내 문안을 올리고 있다. 오늘도 편지가 왔다. 경들은 이것을 보시오."

하면서 원자의 편지 두 장을 보여 주었다. 그 하나는,

"봉수당진찬 낙남헌양로 산호산호 재산호 천세천세 삼천세

(奉壽堂進饌 洛南軒養老 山呼山呼 再山呼 千歲千歲 三千歲)."

라고 쓴 것이고, 다른 하나는 "금일배알 복희복희(今日拜謁 伏喜伏喜)."라고 쓴 것이었다. 앞의 글은 할머니의 회갑잔치와 양로연을 축하하는 말이고, 뒤의 것은 오늘 아바

마마를 뵙게 되니 기쁘기 한량없다는 뜻이다. 여러 신하들은 거듭 읽어보고, 일어나서 축하를 올렸다.

"원자의 글은 실로 우리 동방의 무강의 복입니다."

이 원자(元子)가 정조의 뒤를 이어 임금이 된 수빈 박씨(綏嬪朴氏) 소생의 순조(純祖)이다. 이때 원자의 나이 6세였고, 5년 뒤에 정조가 타계하자 왕위에 오른 것이다. 정조는 원래 의빈성씨(宜嬪成氏) 소생의 문효세자(文孝世子)로 하여금 대통을 잇도록 할 예정이었으나, 그가 일찍 죽는 바람에 원자를 새로 정하게 된 것이다.

왕은 한강 배다리 건설의 총책임자인 주교당상(舟橋堂上) 서용보(徐龍輔)를 불러,

"8일간 기다리면서 사격(沙格)들의 노고가 많다. 각기 미두(米斗)를 지급해 주라."

고 이르고,

"배들을 지금 내려보내면, 삼남(三南)의 조운을 다시 할 수 있겠는가."

라고 물었다. 서용보가,

"걱정 없습니다."

라고 말하자, 왕은,

"내일 다리를 철파하고 배들을 내려보내 선인(船人)들이 늦지 않게 하라."

고 명하였다. 배다리는 왕의 명령대로 다음날, 즉 윤2월 17일에 해체되었다. 다리를 놓은 지 23일 만이다.

왕은 다시 말을 타고 드디어 한강의 배다리를 건너 한양으로 입성했다. 숭례문을 통과하여 돈화문, 진선문, 숙장문, 건양문, 동룡문, 경화문, 집례문, 숭지문, 보정문, 만팔문, 천오문, 영춘문을 거쳐 창덕궁 내전으로 돌아왔다. 8일간의 장엄한 화성행차가 드디어 막을 내렸다.

행차의 뒷마무리

각종 시상

화성에서 귀경한 지 닷새가 지난 윤2월 21일 창덕궁 춘당대(春塘臺)에서는 어가를 따라 갔다온 신하와 장교와 군졸들에 대한 호궤(犒饋)가 벌어졌다. 그들을 위로하기 위한 잔치라 할 수 있다.

  왕은 역시 융복을 입고, 말을 타고 춘당대에 도착하여 교를 내렸다.

  "이번의 경례(慶禮)는 천년 만에 처음 있는 일로서, 장사(將士)와 교졸(校卒)들이 8일간 호종하면서 효로(效勞)가 매우 컸다. 오늘의 호궤는 비단 수고에 대한 보답일 뿐 아니라, 경사(慶事)를 장식한다는 뜻도 있다. 모두 실컷 마시고, 자궁의 은덕을 느껴 주기 바란다."

  이날 참석한 사람은 모두 3,846명이었다. 호궤는 정해진 예법에 따라 진행되고, 모든 참석자들에게 백병(白餠, 흰떡) 3개, 대구어 1편, 황육자(黃肉炙) 1곶, 술 한 그릇의 음식이 제공되었다.

  이날 호궤가 끝나고, 다시 춘당대에서 장용영 무사들의 무예를 간단하게 시험한 후 각종 물품을 하사하였다.

  또한 3월 13일에는 춘당대에서 각 군영 무사들의 무예를 시험한 후 상품을 하사하였다.

  이밖에 건호궤(乾犒饋)라 하여 정리소, 장용영, 용호영, 훈련도감, 근위영, 어영청,

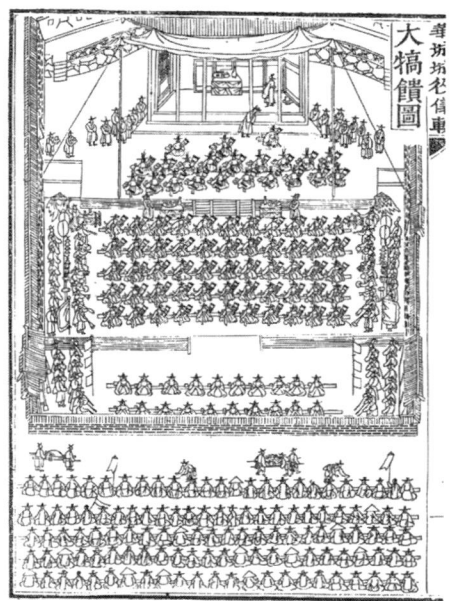

『정리의궤』 중 대호궤도
정조는 화성행차에 따른 신하와 장교와 군졸들의 노고를 치하하며 그들을 위로하고자 잔치를 베풀 정도로 자상한 군주였다.

수어청, 총융청의 대장 이하 장교와 군병 3,536명에게 일률적으로 돈 2전 7푼이 지급되었다. 이 돈은 정리소에서 나갔다.

행차 뒤의 마무리 행사는 주로 시상(施賞)이었다. 우선 행차를 총리한 우의정 채제공을 비롯하여 정리소의 당상들이 푸짐한 상을 받았다. 그리고 어가를 따라간 수많은 관료와 군병들도 모두 차등을 두어 상을 받았다. 고관들은 말이나 표피, 비단, 모자, 놋그릇, 흑칠족반, 화병, 술잔, 홍배, 부채 등을 받고, 지위가 낮은 관리나 군인들은 벼슬을 올려 받거나 포(布) 혹은 목(木, 무명)을 받는 경우가 많았다.

어가가 묵거나 지나간 연로(輦路)의 각 참(站)에서 일하는 관리나 아전들도 물론 상을 받았다. 『정리의궤』에는 시상의 구체적인 내용과 그 비용이 어디에서 지출되었는지가 일일이 기록되어 있다.

『원행을묘정리의궤』 제작

조선왕조는 국초부터 국가의 중요행사를 치를 때마다 그 행사의 전말을 소상하게 기록하여 의궤(儀軌)라는 형태의 책자를 편찬하는 것이 관례로 되어 있다. 정조의 8일간의 화성행차는 천년 만의 경사라고 스스로 말할 정도이니 의궤가 없을 리 없다.

왕은 윤2월 28일 주자소(鑄字所)에 의궤청(儀軌廳)을 설치하고, 좌의정으로 승진한 채제공을 총리대신으로 임명하였다. 당상에는 심이지, 민종현, 서유방, 이시수, 서용보, 이만수, 윤행임이 임명되었다. 대부분 화성행차를 주관했던 정리소의 당상들이다. 당상 밑에 낭청, 감관, 서리, 서사, 고직, 사령, 기수, 문서직 등 실무자들이 임명되었다. 편찬이 진행되는 동안 일부 구성원에 변동이 있었다. 왕은 원행(園幸)에서 쓰고 남은 돈을 의궤청으로 이속시켜 비용에 충당하도록 조처하였다.

의궤에 들어갈 도판을 그릴 화원(畵員)으로는 김득신(金得臣), 이인문(李寅文), 장한종(張漢宗), 이명규(李明奎)가 임명되었다. 이들은 단원 김홍도(檀園 金弘道)의 화풍을 따르는 화원들이다.

정조의 사랑을 극진히 받았던 대표적인 어용화가인 김홍도(전현감)의 이름은 화원명단에는 보이지 않는다. 그러나 윤2월 28일에 "구전(口傳)으로 군직(軍職)을 주고, 관복을 차려입고 늘 관청에 나와서 근무하게 하라."는 기록이 의궤(권2, 계사)에 보인다. 따라서 김홍도가 의궤편찬에 어떤 형식으로든 참여한 것은 사실이다. 아마도 그는 화원들을 지휘 감독하는 일을 맡았던 것이 아닌가 짐작된다. 김홍도는 현감을 지낸 인물이었기 때문에 화원으로 대우할 수는 없었을 것이다. 어쨌든 의궤의 반차도 그림은 김홍도의 화풍을 닮아 등장인물들이 매우 해학적으로 묘사되고 있다.

의궤청의 임원들은 그동안 행차를 주관했던 정리소(整理所)의 문서와 『승정원일기』 등에서 원행과 관련된 자료를 뽑아 먼저 『정리등록(整理謄錄)』을 작성했다. 말하자면 기초 자료 정리가 마무리된 것이다.

그 후 의궤청을 홍문관으로 옮기고, 심이지, 서용보, 윤행임, 이가환(공조판서), 이만수(좌승지)가 편찬을 주도하였다. 낭청도 홍수영(洪守榮)으로 바뀌고, 규장각 전검서관 박제가(朴齊家), 검서관 유득공(柳得恭)이 실무를 맡았다. 그러나 작업량이 예상보다 많아져 낭청의 인원이 증원되고, 서리, 서사, 고직, 사령, 문서직 등 하급 실무자들도 늘어났다.

의궤 편찬사업은 정조의 비상한 관심과 독려를 받으면서 진행되어 이 해 8월 15일 드디어 인쇄에 들어갔다. 윤행임이 인쇄책임을 맡았다. 그러나 인출(印出, 冊板에 박아냄)의 마지막 작업은 2년 뒤인 1797년 3월 24일에 가서야 이루어졌다.

보통 의궤는 5부 정도를 필사본으로 제작하는 것이 관례이지만, 이번의 경우는 많은 기관과 행사참여자들에게 나누어 주기 위해 100여 부 정도를 새로 만든 금속활자로 인출했다. 이 활자는 청나라에서 널리 쓰고 있는 활자체를 참고하여 만든 것인데, 『원행을묘정리의궤』를 편찬하는 데 처음 사용되었기 때문에 정리자(整理字)라고 부른다.* 이 책은 활자인쇄인 까닭에 그림에 채색이 들어가지 않은 것이 다른 의궤와 다르다.

『정리의궤』는 왕명에 따라 혜경궁, 정조, 서고(西庫), 화성행궁, 원관(園官), 궁사(宮

---

* 조선시대에는 여러 차례에 걸쳐 활자가 제작되었다. 태종 때 주조된 10만 자의 계미자(癸未字, 1403)가 첫 번째이고, 세종때 주조된 경자자(庚子字, 1420)가 두 번째이며, 동왕 16년(1434)에 주조된 20여 만 자의 갑인자(甲寅字)가 세 번째이다. 그후 문종, 세조, 성종 때에도 계속해서 새로운 활자가 만들어졌다. 1772년(영조48)에 세손으로 있던 정조가 세종때의 갑인자를 토대로 15만 자를 새로 주조한 것이 임진자(壬辰字)이며, 1777년(정조 원년)에는 한구(韓構)의 글씨를 자본(字本)으로 하여 8만여 자를 주조하였는데, 이것이 한구자(韓構字)이다. 그러나 이 활자들도 정교함이 부족하여 1792년(정조16)에 중국의 『사고전서』의 취진판식(聚珍板式)을 모방하고 자전(字典)의 자본(字本)을 취해서 황양목에다 32만 자를 새겼는데, 이를 생생자(生生字)라고 불렀다. 그리고 1795년(정조19)에는 『정리의궤』, 『원행정례』 등의 책을 찍어내기 위해 생생자를 자본으로 삼아 30여 만 자의 크고 작은 동활자를 주조하였는데, 이를 정리자(整理字)라고 한다.

司), 직소(直所), 규장각(창덕궁), 외규장각(강화도), 지방의 다섯 사고(史庫), 정리소, 승정원, 홍문관, 시강원, 비변사, 장용영, 훈련도감, 금위영, 어영청, 호조, 예조, 병조, 사복시, 경기감영, 화성부, 광주부, 시흥현, 과천현 등 원행과 관련된 여러 기관에 나누어 주었다. 그리고 총리대신 채제공을 비롯하여 원행에 참여했던 31명의 주요 인사들에게도 각각 1부씩 반사하였다.

당시 편찬한 100여 부가 지금 모두 남아 있지는 않지만, 서울대학교 규장각에 있는 16종을 비롯하여 국립도서관 등 여러 곳에 수십 부가 전하고 있다.

이 의궤는 화성건설 보고서인 『화성성역의궤』와 더불어 조선시대에 편찬된 의궤 중 백미라고 할 만큼 내용이 정밀하다. 역시 정조시대가 왕조의 르네상스시대라는 것을 여기서도 실감할 수 있다. 다만, 『정리의궤』에 실린 내용의 일부는 『화성성역의궤』에도 들어 있어서 중복되는 점이 있다는 것을 유념할 필요가 있다.

『정리의궤』의 내용은 지나치다고 할 정도로 세밀하여 이 기록을 통해 당시 원행의 전모를 거의 완벽하게 재현할 수가 있다. 정조의 통치 스타일은 말할 것도 없고, 당시의 정치, 경제, 사회, 문화, 과학기술, 그리고 18세기 궁중 생활사를 한눈에 볼 수 있는 귀중한 자료이다.

한편, 『정리의궤』에는 부편으로 두 가지 다른 행사가 실려 있다.

하나는 「영흥본궁제향(永興本宮躋享)」으로서, 이태조의 아버지인 환조(桓祖)가 탄신 8회갑을 맞이한 것을 기념하여 4월에 관리를 영흥에 보내 고유제(告由祭)와 작헌례(酌獻禮)를 행하고, 5월에 영흥과 함흥 노인들을 위한 양로연(養老宴)을 베푼 사실을 기록한 것이다. 참고로 80세 이상의 사족과 평민 노인을 위로한 이 잔치에 초대된 사람은 영흥이 211명, 함흥이 343명이었다.

다른 하나는 「온궁기적(溫宮紀蹟)」으로서, 1760년에 사도세자가 충청도 온양(溫陽)

에 목욕하러 갔을 때 신하들과 함께 심은 느티나무가 35년이 지나자 엄청나게 크게 자란 것을 기뻐하여 이 나무를 영괴(靈槐)라고 부르고, 이 해 10월 이곳에 영괴대비(靈槐臺碑)를 세운 데 대한 기록을 모은 것이다. 이 행사를 계기로 1760년의 온궁행차에 배종한 신하들과 군병들, 그리고 연로의 감사와 수령, 관리, 아전 등을 널리 조사하여 시상하였다. 그 대상자가 수천 명에 이른다. 이 역시 아버지의 구갑을 기념하는 사업의 일환인 셈이다.

정조는 영괴대비 인본(印本)을 30부 찍어내어 각 기관에 보관하도록 하였다.

6월 18일의 연희당 회갑잔치

혜경궁의 진짜생일은 6월 18일이었다. 이 날을 그냥 넘어갈 수는 없었다. 이를 기념하여 몇 가지 행사가 시행되었다. 먼저, 창경궁의 정문인 홍화문(弘化門)에서 기민(饑民)에게 쌀을 나누어 주는 행사가 6월부터 거행되었다. 화성에서 사민(四民)과 기민(饑民)에게 사미(賜米)한 것과 같은 뜻이 담긴 것이다. 이를 위해 서울 5부에서 기민 5,868호를 선발하여 6월 17일 1차로 매호마다 3두씩 지급하고, 2차로 7월에도 2두씩 지급하였다.

참고로 기민의 구역별 분포를 보면, 중부에 229호, 동부에 529호, 서부에 2,591호, 남부에 1,142호, 북부에 861호, 연융대(鍊戎臺) 61호, 북한(北漢, 북한산성 일대)에 112호이다. 서부와 남부에 기민이 많은 것은 한강가에 인접하여 이곳에 지방에서 유입된 새로운 인구가 많은 까닭으로 보인다. 기민에게 주는 쌀은 지금 평창동에 있는 평창(平倉)과 하평창(下平倉)의 곡식을 활용하였다.

6월 18일 당일에는 왕이 전교를 내려, 서울과 지방주민의 세금을 탕감하는 조치를 명령하였다. 즉 서울 공인(貢人)은 정부에 바쳐야 할 2천 석의 곡식을, 시민(市民)은 두 달치의 요역을, 반인(泮人)은 10일간의 속전(贖錢)을 탕감하였다. 지방은 화성과 경기도, 그리고 삼남의 백성들이 작년에 유예된 신공보미(身貢保米)와 포전(布錢)을 모두 탕감하고, 양도(兩都, 강화도와 개성)와 북방 4도는 묵은 환자와 최근 1년의 조대(條代)를 역시 탕감하였다.

이날 새벽 묘초 삼각(卯初三刻, 5시 45분경)에 왕은 원유관을 쓰고, 강사포를 입고, 창경궁 명정전(明政殿)에 나와 왕과 백관들이 혜경궁의 회갑을 축하하는 치사(致詞)를 올리는 행사를 치렀다.

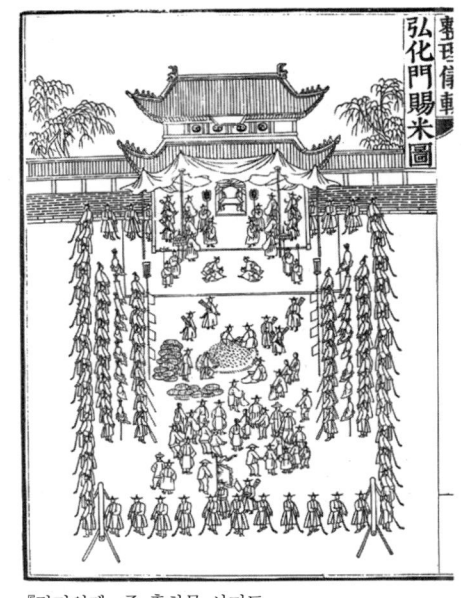

『정리의궤』 중 홍화문 사미도

그리고 다시 창경궁 홍화문(弘化門)에 나와서 기민들에게 쌀을 나누어 주는 행사를 치렀다. 왕은 곤룡포를 입고 익선관을 쓰고 홍화문 누각에 올라갔다. 이때 쌀을 받은 사람은 5부 민인 중에서도 가장 가난하고 의탁할 곳이 없는 512호를 대상으로 하였다. 이를 지역별로 보면, 중부 31호, 동부 80호, 서부 208호, 남부 135호, 북부 58호이며, 여기에 소요된 쌀은 모두 102석 6두였다. 그 나머지 기민들은 5개소로 나누어, 서유린, 심이지, 심환지, 서유대, 윤행임으로 하여금 쌀을 반사(頒賜)하도록 조치하였다.

회갑잔치는 창경궁 연희당(延禧堂)에서 거행되었다. 혜경궁에게는 82그릇의 푸짐한

정조의 화성행차, 그 8일

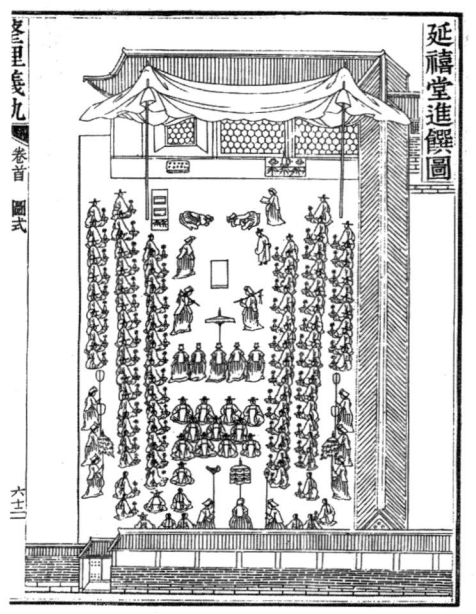

『정리의궤』 중 연희당 진찬도

음식과 83개의 상화(床花)가 올려졌다. (259쪽 참조)

왕에게는 40그릇의 음식과 32개의 상화가 올려졌다. 물론 이 음식은 식사를 위한 것이라기보다는 장식을 위한 것이고, 실제로는 타인들이 먹었을 것으로 짐작된다. 식사를 위한 음식은 따로 내입(內入)이라는 이름으로 바쳐졌는데, 그 종류는 40종 혹은 20종으로 줄었다.

화성에서의 회갑잔치보다 음식의 종류가 늘어난 것이다. 재미있는 것은 전에 없던 구증(狗蒸)이라는 새로운 음식이 혜경궁과 왕에게 올려진 것이다. 이는 개고기와 돼지고기 등을 넣고 끓인 일종의 보신탕이다. 여름에는 궁중에서도 보신탕을 별미로 여겼다는 것을 알 수 있다. 백관과 장교, 장관, 군병들에게도 차등을 두어 음식이 제공되었다. 내빈과 외빈도 초대되었다. 그리고 잔치가 끝난 뒤 실무자들에게 푸짐한 상이 다시 내려졌다.

- 혜경궁에게 올려진 82종의 음식은 다음과 같다. (재료는 생략함)

  각종 설기(雪只)(높이 1척 2촌)/ 백설기(白雪只), 밀설기(蜜雪只), 석이설기(石耳雪只), 신감초설기(辛甘草雪只), 임자설기(荏子雪只)

  각종 밀점설기(蜜粘雪只) 높이 1척 2촌/ 밀점설기, 잡과점설기(雜果粘雪只), 임자점설기(荏子粘雪只)

  임자절병(荏子切餠) 높이 1척 2촌

  각종 절병 및 증병(蒸餠) 높이 1척 2촌/ 오색절병, 증병, 산병(散餠)

  각종 조악(助岳) 및 화전(花煎) 3기(높이 각 1척 2촌)/ 칠색조악, 오색화전,

  석이포(石耳包) 및 석이단자(石耳團子), 각종 산삼, 잡과고(雜果糕), 당귀엽전(當歸葉煎), 국화엽전(菊花葉煎), 약밥, 오색수단(水團), 맥수단(麥水團), 낭화(浪花), 수면(水麵), 강병(薑餠, 높이 9촌), 약과(높이 1척 5촌), 만두과(饅頭果, 높이 1척 2촌), 다식과(茶食果, 높이 1척 2촌), 흑임자다식(黑荏子茶食, 높이 9촌), 송화다식(松花茶食, 높이 9촌), 잡당다식(雜糖茶食, 높이 9촌), 밤·도토리다식(黃栗橡實茶食, 높이 9촌), 신감초다식(辛甘草茶食, 높이 9촌), 홍갈분다식(紅葛粉茶食, 높이 9촌), 홍차수(紅叉手, 높이 1척 2촌), 백차수(白叉手, 높이 1척 2촌), 오색강정(强精, 높이 9촌), 삼색매화강정(높이 9촌), 삼색요화(蓼花, 높이 1척), 팔보당(八寶糖, 높이 6촌), 옥보당(玉春糖)·인삼당·어과자(御菓子, 높이 6촌), 사탕(높이 7촌), 5화당(花糖, 높이 6촌), 잡당(雜糖) 높이 6촌), 민강·귤병(높이 7촌), 임금(林檎 400개), 사과(楂果 200개), 오얏(李實 400개), 복숭아(月桃 160개), 자두(紫桃 400개), 산괄기(福盆子, 2두), 청포도(청포도 40타), 수박(西苽 16개), 참외(眞苽 80개), 배(生梨 100개), 잣(實栢子, 1두), 호두(實胡桃 2두), 황률찜(蒸黃栗, 높이 6촌), 대추찜(높이 6촌),

  각종 정과(正果) 4기(각 높이 5촌), 수정과, 이숙(梨熟, 높이 6촌), 수상화(水霜花), 잡탕(雜湯), 칠계탕(七鷄湯), 꿩탕, 양포탕(胖包湯), 천엽탕(千葉湯), 족탕(足湯), 추복탕(搥鰒湯), 저육탕(猪肉湯), 각종 절육(截肉, 높이 1척 2촌), 편육(높이 9촌), 계전·합전(鷄煎 蛤煎, 높이 8촌), 생선전(높이 8촌), 양전(胖煎, 높이 8촌), 간전(肝煎, 높이 8촌), 전복·해삼·홍합초(높이 6촌), 화양적(花陽炙, 높이 6촌), 각종 만두, 구증(狗蒸: 黃狗 1마리, 쇠고기안심육 1부, 熟猪 1각, 묵은닭 2마리, 파 30단, 참기름 2승, 잣 2홉, 참깨 1승. 후추가루 1전, 밀가루 5홉, 고추 20개, 장 7홉), 붕어찜, 연계찜〔軟鷄蒸〕, 갈비찜(갈비 20개, 묵은닭 2마리, 숙저 반각, 전복 10개, 해삼 20개, 박고지 1토리, 무·파 각 3단, 참기름 2승, 후추가루 2전, 생강 3홉, 표고 1승, 계란 10개, 장 5홉), 생복숙(生鰒熟), 어채(魚菜), 인복회(引鰒膾, 말린 전복회), 생복회(生鰒膾), 흰꿀〔白淸〕, 겨자, 초장, 소주 3복자.

- 한편, 상화 83종은 다음과 같다.

  대수파련 1개, 중수파련 4개, 소수파련 9개, 삼색목단 3개, 월계·사계 각 2개, 홍도삼지건화 24개, 홍도별건화 23개, 홍도별간화 15개.

끝을 맺으면서

6월 18일의 잔치로 혜경궁에 대한 행사는 모두 끝났다. 정조는 이로써 신민을 단합시키는 계기를 마련하고, 더 큰 목표를 향하여 개혁정치를 다그쳐 나갔다. 왕은 다음 해(1796) 1월에 현륭원을 다시 참배하고, 10월에는 화성건설을 완료하였으며, 그 다음해(1797)부터는 1월과 8월 두 차례에 걸쳐 현륭원을 방문하는 것이 관행이 되었다. 화성의 수리시설 건설은 그후에도 계속되어 1798년 2~4월에 내하전을 투자하여 만년제(萬年堤)를 현륭원 입구에 축조하고, 1799년에는 지금의 서호(西湖)인 축만제(祝萬堤)와 서둔(西屯)을 완성했다. 이로써 화성은 더욱 안정된 재정기반을 갖춘 자급자족 도시로 성장해 갔다.

정조와 효의황후의 능인 건릉(健陵)
융릉의 서쪽편에 자리하고 있다 융릉과 달리 병풍석을 두르지 않고 난간석이 봉분을 둘러싸고 있다.

끝을 맺으면서

　그러나 왕성한 정력을 과시하던 정조는 1800년 6월 28일 49세를 일기로 갑자기 타계했다. 고질적인 피부병이 사인이었다. 그 뒤를 이어 세자인 순조가 왕위에 올랐다. 정조의 죽음을 둘러싸고 많은 억측이 나돌고 있는데, 그의 독주에 가까운 개혁정치가 반대세력에게는 적지 않은 부담을 준 것이 사실이다. 특히 신권정치를 주장하던 노론벽파에게는 정조의 통치스타일은 거의 국가를 사적(私的)으로 운영한다는 인상을 주었다. 그만큼 왕이 서울의 귀족들을 억누르고 민국을 세우려는 이상은 확고한 제도장치로 정착되지 못한 한계를 지니고 있다.

　어쨌든 정조의 죽음과 더불어 각계 각층의 백성을 끌어안았던 개혁은 종말을 고하고, 정조가 싫어했던 서울 귀족양반들의 연합정권인 세도정권이 19세기 정치를 이끌어가게 되었다. 세도정권의 주역들은 학벌이 높고 세련된 감각을 가지기는 했으나, 지방 백성들을 끌어안을 만한 지도력과 포용력이 없었다. 그래서 19세기는 서울과 지방이 극단으로 대립하는 비극의 역사가 시작된 것이다.

　정조를 다시 주목한 왕은 80여 년의 세월이 지난 19세기 후반기의 고종이었다. 고종은 규장각을 다시 근시(近侍)기구로 키워서 강력한 왕권을 바탕으로 주체적 근대화를 추진하려고 하였다. 그러나 서양식 국가를 세우려는 급진개화파의 반발로 고종의 개혁은 실패로 돌아갔다.

　정조의 꿈은 바로 우리 것을 바탕으로 선진 외래문명을 수용하여 주체적인 근대국가를 만들려는 것이었다. 말하자면 법고창신(法古創新)의 정신이다. 그 꿈이 비록 절반 성공, 절반 실패로 돌아갔지만, 정조의 후예인 우리는 21세기를 열면서 다시 한번 그의 꿈을 눈여겨 보아야 할 것이다.

　우리 역사는 300년을 주기로 르네상스를 경험했다. 15세기 세종의 시대, 18세기 정조의 시대가 우리 조상들의 몫이었다면, 21세기의 르네상스는 바로 우리 세대의 몫이 아니겠는가.

정조의 화성행차, 그 8일

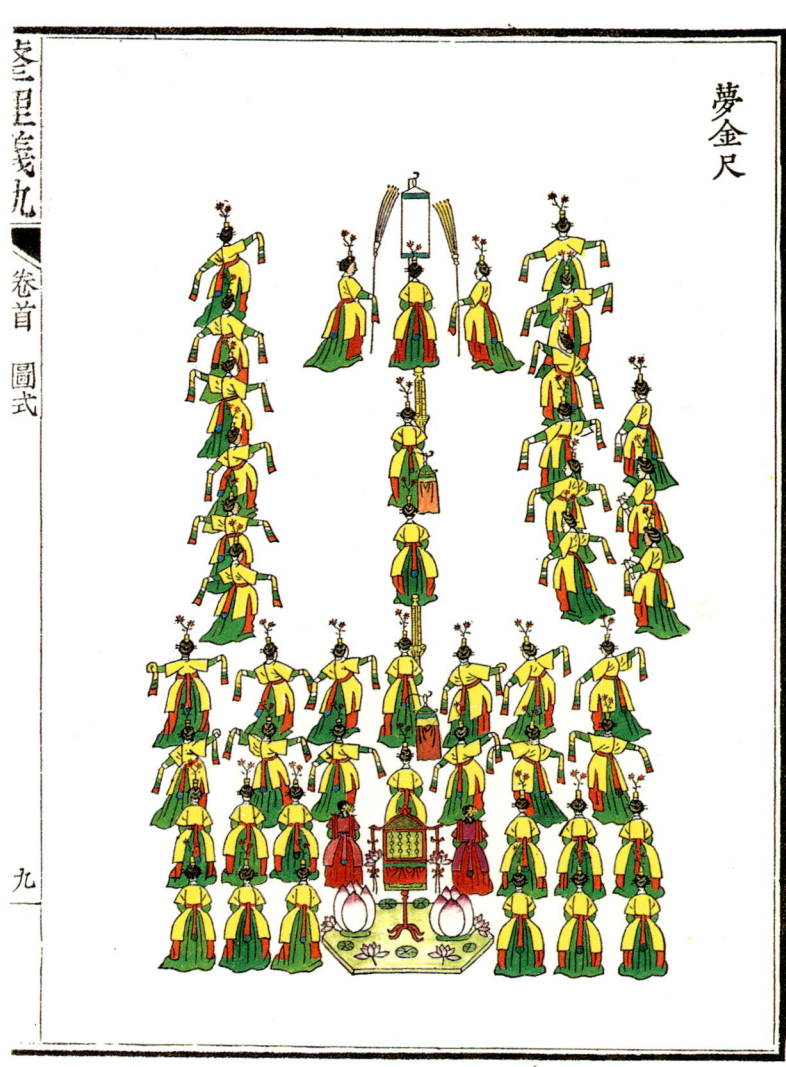

몽금척/ 조선 태조때 정도전이 태조의 공덕을 기리기 위해 만든 악장을 춤으로 꾸민 것이다.
(본문 209쪽 참조, 여령 명단은 210쪽 참조)

헌선도/ 고려때부터 내려오는 궁중무용으로서 오래 장수하기를 축원하는 의미가 담겨 있다.
(본문 208쪽 참조, 여령 명단은 210쪽 참조)

정조의 화성행차, 그 8일

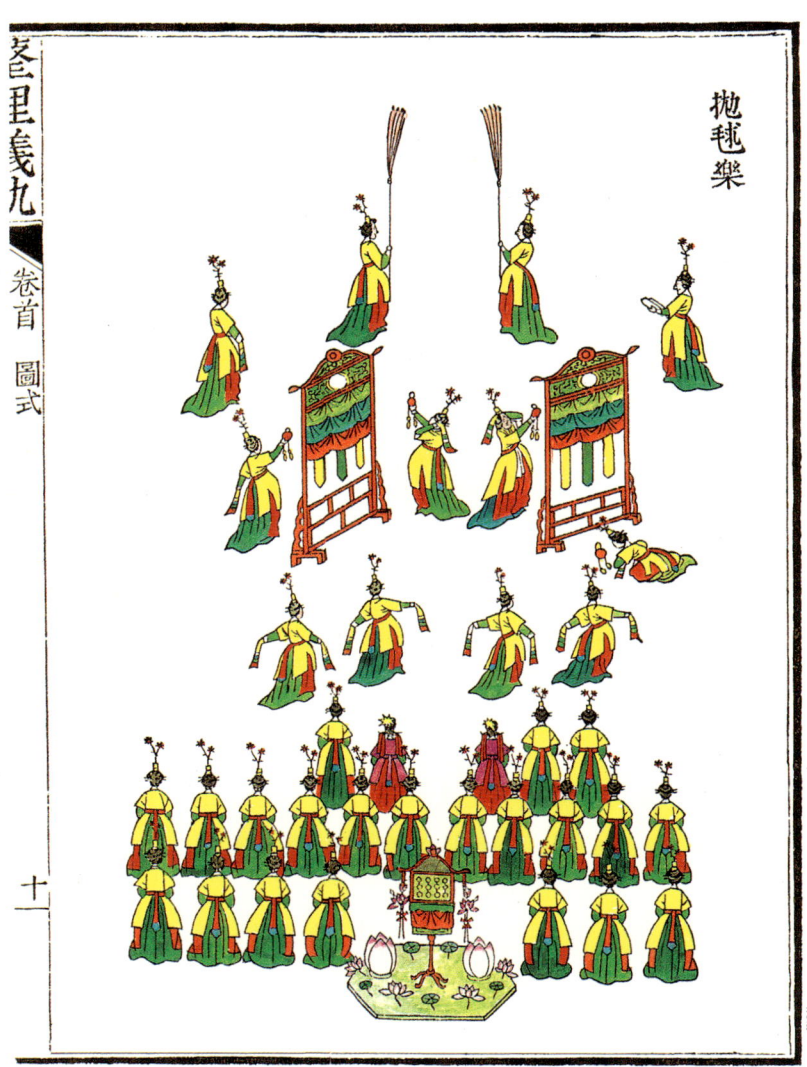

포구락/ 고려때부터 내려오던 춤으로, 비단으로 만든 공을 구문(毬門)에 집어넣는, 놀이를 겸한 춤이다. (본문 212쪽 참조, 여령 명단은 210쪽 참조)

하황은/ 태종이 명나라로부터 고명(誥命)받은 것을 축하하며 지은 노래를 춤으로 만든 것이다.
(본문 209쪽 참조, 여령 명단은 210쪽 참조)

정조의 화성행차, 그 8일

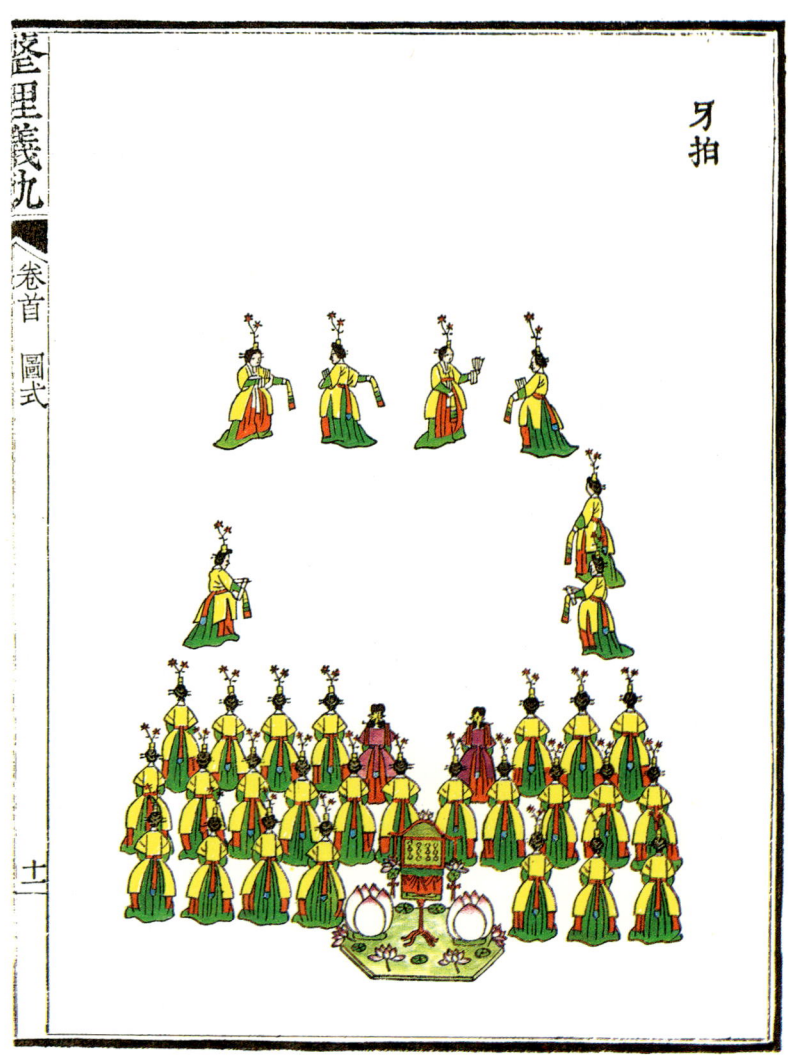

아박/ 동동사(動動詞)를 부르며 상아로 만든 작은 박(拍)인 '아박'을 두 손에 들고 장단을 맞추면서 추는 춤이다. (본문 212쪽 참조, 여령 명단은 210쪽 참조)

무용도

무고/ 고려때 만들어진 춤으로 북을 두드리면서 추는데, 다른 춤에서 볼 수 없는
화려한 면을 가지고 있다. (본문 212쪽 참조, 여령 명단은 210쪽 참조)

정조의 화성행차, 그 8일

학무/ 대나무로 만든 푸른 학과 흰 학 속에 여기(女妓)가 들어가 춤을 추면서 연꽃통을 쪼아서 여는 동작을 보이는 춤이다. (본문 212쪽 참조, 여령 명단은 210쪽 참조)

향발/ 놋쇠로 만든 방울인 향발을 좌우 엄지손가락과 가운데손가락에 끼고 장단에 맞추어 '쨍그랑쨍그랑' 소리를 내며 추는 춤이다. (본문 212쪽 참조, 여령 명단은 210쪽 참조)

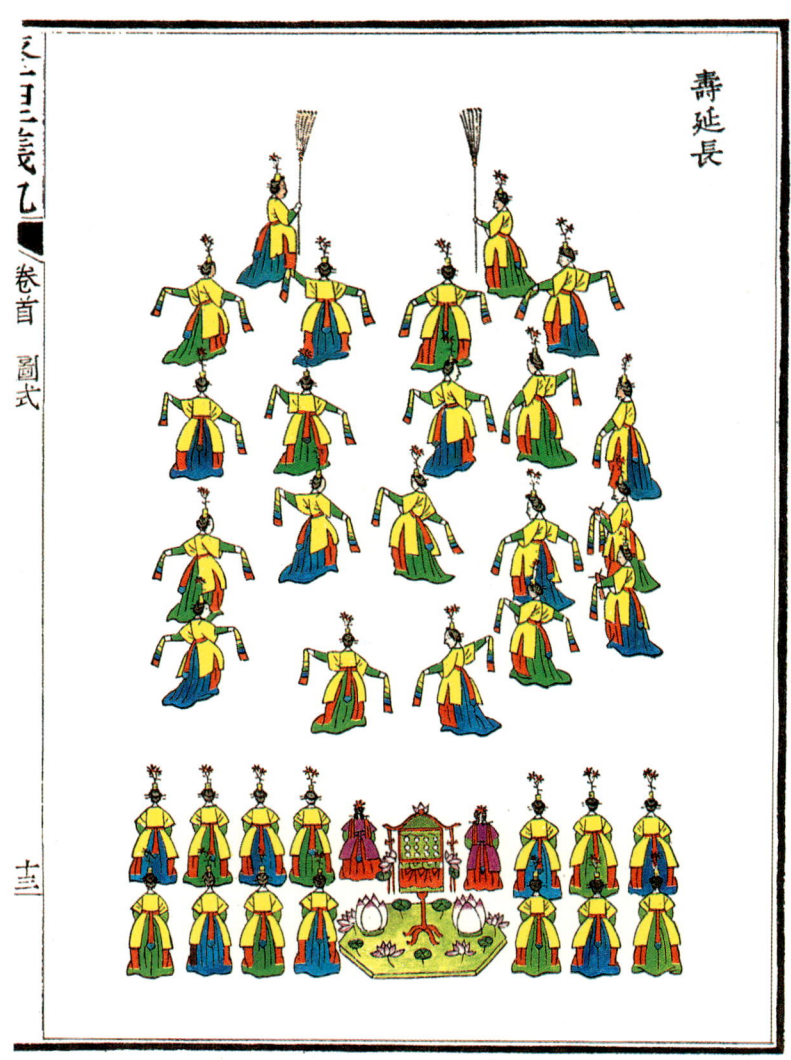

수연장/ 고려때부터 내려오는 궁중 무용으로, 무병장수를 기원하는 내용으로 되어 있다.
(본문 212쪽 참조, 여령 명단은 211쪽 참조)

무용도

연화대/ 고려때부터 내려오던 것으로, 두 송이 연꽃 속에 여자아이를 숨겼다가 꽃이 터진 뒤에 나타나게 하는 춤이다. (본문 212쪽 참조, 여령 명단은 211쪽 참조)

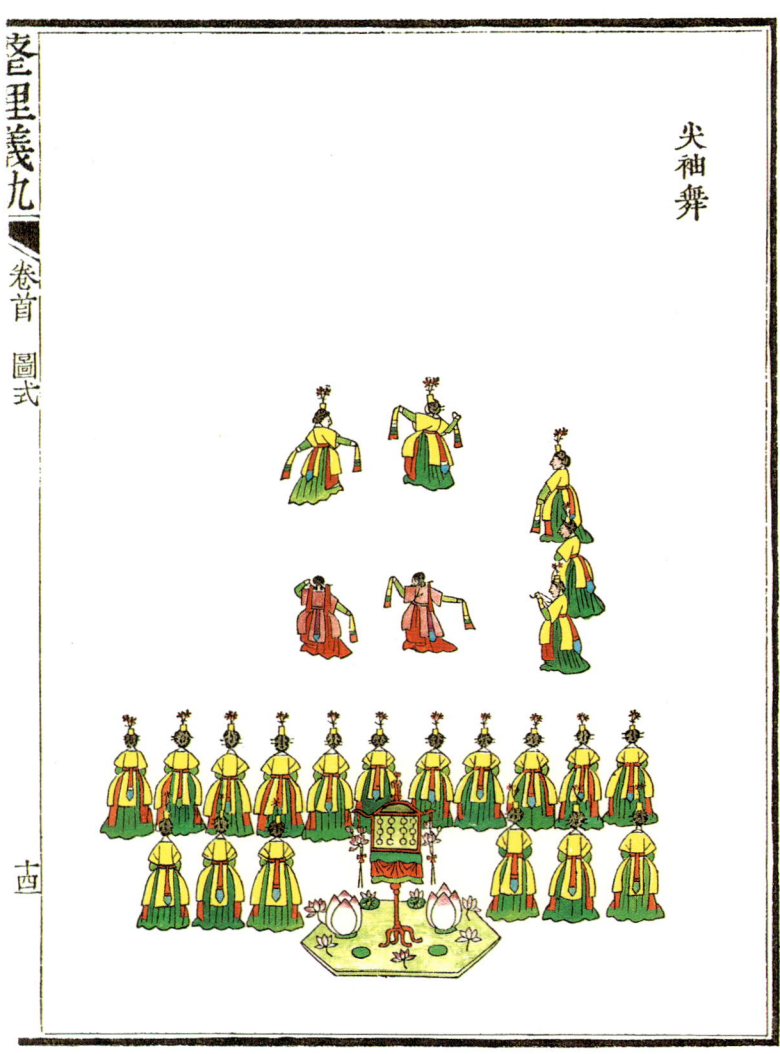

첨수무/ 오색한삼(五色汗衫)을 낀 여기가 음악에 맞추어 손을 뒤집고 엎으면서 추는 춤이다.
(본문 213쪽 참조, 여령 명단은 211쪽 참조)

무용도

처용무/ 신라 헌강왕 때의 처용설화를 바탕으로 하여 꾸민 가면무이다.
(본문 213쪽 참조, 여령 명단은 211쪽 참조)

검무/ 군인복장을 한 두 기녀가 마주 보고 칼을 손에 쥐고 휘두르면서 추는 춤이다.
(본문 213쪽 참조, 여령 명단은 211쪽 참조)

선유락/ 신라때부터 내려오던 것으로, 채색한 배를 가운데 두고 여러 기녀들이 닻줄을 끌고 배를 감으며 추는 춤이다. 126쪽의 봉수당진찬도에 보인다. (본문 213쪽 참조, 여령 명단은 211쪽 참조)

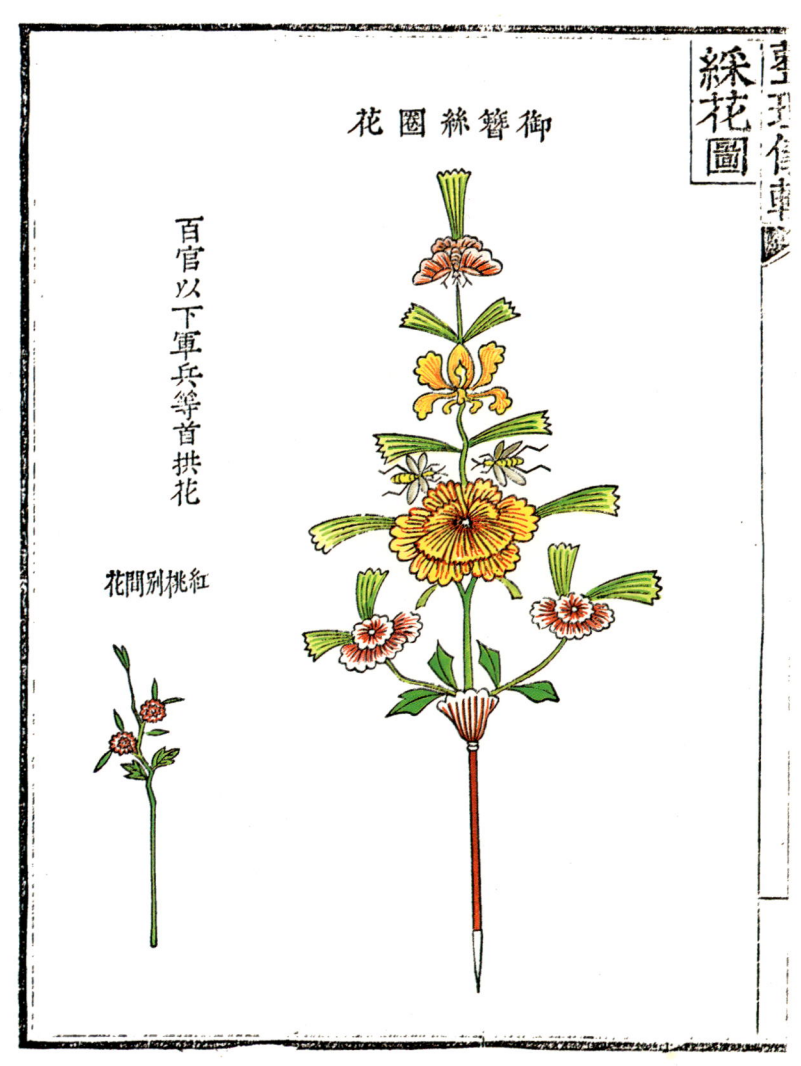

어잠 사권화/ 홍록색의 가는 베로 꽃과 잎을 만들어 은실과 동실로 연결하며 꽃잎을 만든다. 길이는 1척 2촌. 홍도 별간화/ 머리에 꽂는 꽃으로, 종이로 만든 붉은 복숭아꽃이다. (본문 220쪽 참조)

상화

삼층 대수파련/ 대찬탁에 놓는 꽃으로, 밀랍으로 연꽃과 잎을 만든다. 연꽃잎 사이에 월계와 푸른색 복숭아꽃이 있고, 선동(仙童) 10인이 '강구연월 수부다남(康衢烟月壽富多男)'이 쓰인 금은 술잔을 받들고 있다.
(본문 220쪽 참조)

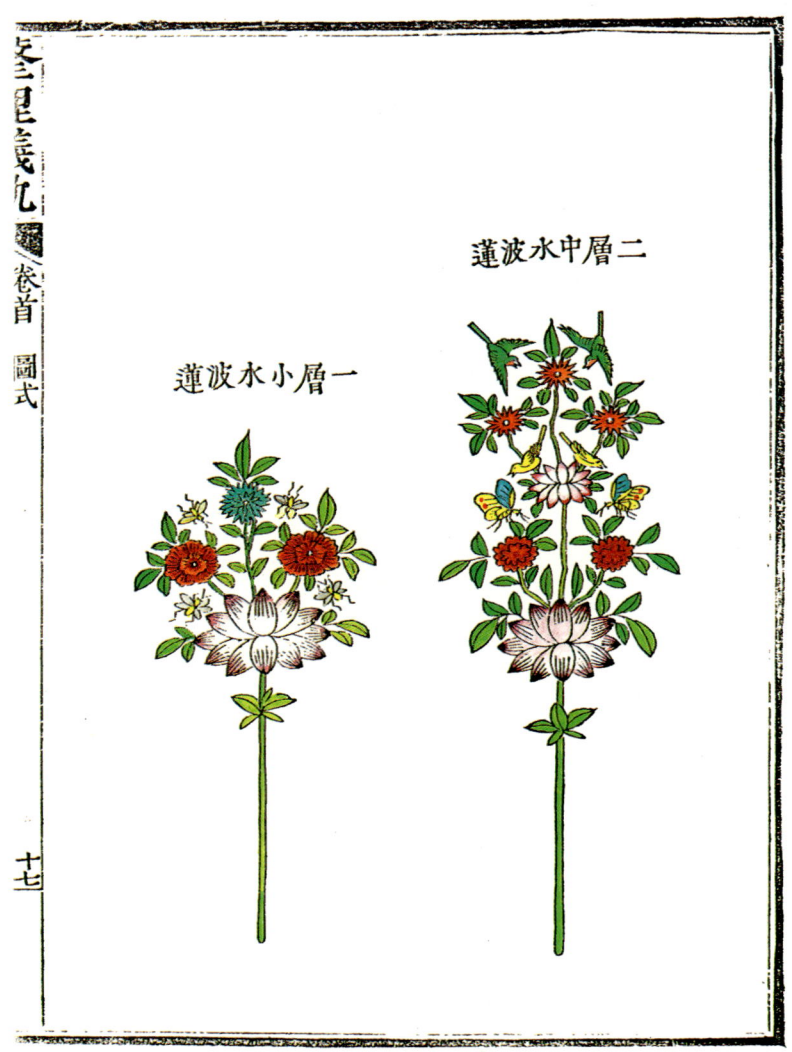

이층 중수파련·일층 소수파련/ 밀랍으로 연꽃과 잎을 만들고, 그 사이사이에 월계와 홍색, 푸른색 복숭아꽃이 있다. 대찬탁 좌우에 꽂는다. (본문 220쪽 참조)

상화

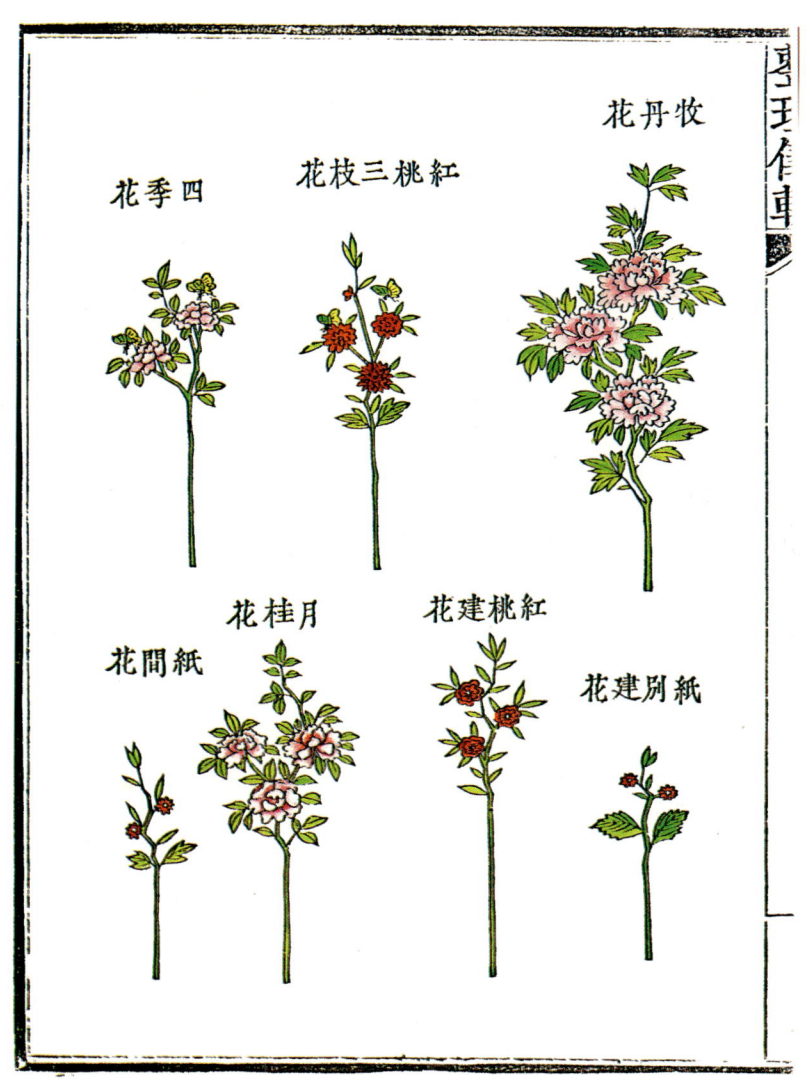

목단화/ 인조 모란꽃. 대소 찬품 및 내외빈 찬탁에 나누어 꽂는다.
홍도 삼지화/ 인조 붉은 복숭아꽃. 대소 찬품 및 내외빈 찬탁에 나누어 꽂는다.
지별건화/ 종이로 만든 꽃. (본문 220쪽 참조)

정조의 화성행차, 그 8일

어가행렬 때 쓰인 깃발들

주작기(朱雀旗)
128×150cm, 화염각 34cm.
궁중유물전시관 소장
(29쪽의 반차도 그림 참조)

벽봉기(碧鳳旗)
140×192cm, 화염각 34cm.
궁중유물전시관 소장
(29쪽의 반차도 그림 참조)

깃발

삼각기(三角旗)
139×155cm, 화염각 33cm.
궁중유물전시관 소장
(29쪽의 반차도 그림 참조)

백택기(白澤旗)
131×139cm, 화염각 34cm.
궁중유물전시관 소장
(29쪽의 반차도 그림 참조)

정조의 화성행차, 그 8일

백호기(白虎旗)
123×141cm, 상하 화염각의 폭 33cm.
궁중유물전시관 소장
(35쪽의 반차도 그림 참조)

황룡기(黃龍旗)
138×190cm, 화염각 34cm.
궁중유물전시관 소장
(35쪽의 반차도 그림 참조)

깃발

청룡기(靑龍旗)
123×141cm, 상하 화염각의 폭 33cm.
궁중유물전시관 소장
(35쪽의 반차도 그림 참조)

현무기(玄武旗)
121.5×135cm, 상하 화염각의 폭 33cm.
궁중유물전시관 소장
(35쪽의 반차도 그림 참조)

정조의 화성행차, 그 8일

감우기(甘雨旗)
143×164cm, 변 223cm.
궁중유물전시관 소장

의봉기(儀鳳旗)
170×203cm, 변 278cm.
궁중유물전시관 소장

깃발

적웅기(赤熊旗)
148×168cm, 변 234cm
궁중유물전시관 소장

유린기(遊麟旗)
134×161cm, 변 213cm,
궁중유물전시관 소장

『정조산릉도감의궤』 중 찬궁사신도(欑宮四神圖)
1800년, 정자각(丁字閣) 안에 시신을 모셨던 찬궁이 있는데 찬궁의 내부에 그려진 그림.
'사신'은 동서남북의 방위를 나타내고 우주의 질서를 지키는 네 가지 상징인 짐승으로서, 청룡·백호·주작·현무를 가리킨다.
사신에 대한 믿음은 고대 중국에서 비롯된 우주신앙사상 곧 천상(天象)과 오행사상에서 비롯되었는데, 사신도는 이를 방위, 빛깔, 짐승 들과 연결시켜 표현하고자 한 것이다.
이 사신도는 우리에게 익히 알려져 있는 고구려벽화의 사신도와 여러 가지로 재미있는 대조를 보인다.

부록

정조가 도서(圖書)에 사용한 인장 가운데 하나로 '만기여가(萬機餘暇)'라 새겨져 있다

정조의 화성행차, 그 8일

1795년 원행 배종(陪從) 신하 명단 및 직책

아래 명단은 각 관청과 군영별로 정리되어 있는데, 한 사람이 여러 직책을 겸한 경우에는 중복해서 기록하였다. 또한 이들이 모두 어가를 따라간 것은 아니고, 경우에 따라서는 먼저 현장에 간 이도 있다. (한글로 쓴 것은 중복된 인물)

각 사(各司)

■ **整理所** (200명, 6명 중복)

蔡濟恭 (정리소 총리대신, 우의정, 양로연에도 참석, 먼저 가다)
沈頤之 (정리사, 行司直, 수어사, 장악원 제조, 원소참 당상, 양로연에도 참석)
徐有防 (경기관찰사, 사근참 당상, 饌卓檢擧 당상, 導駕 및 閣臣)
李時秀 (호조판서, 別雲劍, 시흥참 당상, 찬탁검거 당상, 司僕提調)
徐有大 (행부사직, 장용내사, 화성참 당상)
徐龍輔 (행부사직, 총융사, 노량참 당상, 進揮巾 당상, 각신)
尹行恁 (행부사직, 화성참 당상, 進花 당상, 각신)

郎廳
洪守榮 (정리 낭청, 부사과, 장용영 종사관, 外賓)
具 庠 (현륭원령, 원소참 낭청)
李潞秀 (부사과, 사근참 낭청)
洪大榮 (부사과, 시흥참 낭청, 외빈)
金龍淳 (제용감 판관, 노량참 낭청, 외빈)
卞世義 (策應監官, 前오위장, 장용영 감관, 자궁 수라 담당, 나인 支供 담당)
洪樂佐 (행부호군, 장용영 감관, 자궁 수라 담당, 온돌 점화 담당, 자궁 가교 특별히 수행, 외빈)

將校
鄭道寬 (화성참 당상, 배행), 王道源 (시흥참 당상, 배행), 金鎭喆 (원소참 당상, 배행), 崔道興 (노량참 당상, 배행), 成鳳文 (사근참 당상, 배행), 呂鉉長 (都廳, 배행), 姜漢範 (노량참 낭청, 배행), 林福起 (시흥참 낭청, 배행), 宋大運 (사근참 낭청, 배행), 韓大彥 (원소참 낭청, 배행), 黃麟景 (각 참의 雨具 담당), 尹得莘 (木物 패장), 金德尙 (鐵物 패장)

書吏
張運翼, 金允文, 柳元榮, 白弘翼, 朴允默, 河敬魯 (이상 都廳). 尹仁桓, 池元逵 (이상 노량참). 李厚根, 李聖珏, 高有謙, 朴禧復 (이상 시흥참). 崔道植, 盧守一 (이상 사근참). 尹龍得, 金致德 (이상 원소참)

書寫
趙彥植, 庫直 (창고지기) 3명, 使令 5명, 牢子 (조선후기 각 군영에 소속된 특수 군인) 20명, 巡令手 32명, 燈籠軍 12명, 卜直 (짐꾼) 6명, 雨具直 2명, 文書直 4명, 使喚軍 9명, 政院待令書吏 李尙濂, 李陽祕, 군사 1명

別隨駕 將官 (7명)
吳毅常 (자궁 수라 담당, 내빈노인 일행을 보살핌, 각 참 먼저 가서 검칙, 온돌 점화 담당, 자궁의 가마 특별 수행), 李海愚 (자궁 수라 담당, 내빈노인 일행을 보살핌, 각 참 먼저 가서 검칙, 진찬 때 상차림 담당), 徐英輔 (班次 검칙, 내빈 출입문 파수), 李晳 (각 참 먼저 가서 검칙), 李東善 (駕前班次 검칙), 趙岐 (임금께 올리는 음식 담당, 駕前班次 검칙, 진찬 때 상차림 담당) , 李樣 (衛內에서 어가 따라감), 李光益 (衛內에서 어가 따라감)

各 差備 (46명, 2명 중복)
홍낙좌 (중복)
曹允植 (자궁 수라 담당)
丁遇泰 (자궁 가교와 유옥교 및 양군주 쌍교와 유옥교 담당, 내빈 일행 간검, 유여택 남변·중문 파수)
변세의 (중복)
李完基 (자궁 가교와 유옥교, 양군주 쌍교와 유옥교 담당)

金得源 (반차 검칙, 온돌점화 담당)
柳孝達 (반차 검칙)
尹得寧 (衛內에서 임금의 수레를 따라감)
朴道性 (내빈과 나인 세숫물 대령)
張世紈 (진지 담당, 각 참에 먼저 가서 검칙)
黃壽海 (진지 담당)
張忠顯 (내빈노인 일행 간검)
李海昇 (내빈노인 일행 간검, 각 참에 먼저 가서 검칙, 연회 때 상차림 등 담당)
千圭錫 (내빈 일행 간검, 연회 때 상차림 등 담당)
成元柱 (내빈 일행 간검)
宋文星, 崔誠道, 林百春 (이상 내빈 출입문 파수, 나인 일행 간검)
全大重 〔나인 일행 간검, 騎馬가 실어나르는 짐들(卜駄) 검칙, 진찬시 女伶鼓樂歌舞 담당, 장락당 파수 검칙〕
李德鳳 (傳命 司謁, 나인 일행 간검)
崔碩輝 (자궁 가교 별수가, 나인 일행 간검)
呂從周 (나인 기마 및 짐들 검칙, 가전반차 검칙, 온돌점화 담당, 궁속노비 담당)
申德就, 崔聖起 (이상 나인 기마 및 복태 검칙)
高龍得, 金百鍊 (이상 나인에게 음식물 이바지하는 일 담당)
金商鎭 (가전반차 검칙)
李興潤 (진찬시 상차림 담당)
丁允祚 (진찬시 女伶鼓樂歌舞 담당)
李溶, 尹再澄, 韓有春 (이상 福內堂 門 파수)
任慶麗, 金興哲 (이상 長樂堂 파수 검칙)
卞尙圭, 李邦九, 吳文周 (이상 維輿宅 남변 중문 파수)
李觀成, 李昇普, 任光胤, 張彦緯 (이상 유여택 남변 북문 파수)
朴道炯 (온돌점화 담당)
張安, 裵萬根 (이상 궁속노비 담당)
金重玉 〔짐이나 군수품을 운송하는 수레(輜重車) 담당〕
金壽輝 (나인 일행 간검)

爵卓 差備官 (7명, 4명 중복)
구응 (현릉원령), 이로수 (부사과), 홍대영 (부사과), 김용순 (제용감 판관)
趙鎭奎 (사복시 첨정, 외빈), 韓大裕 (판관, 양로연), 鄭東協 (수원판관 겸 이조啓差)

■ **承政院** (87명)
都承旨/ 李祖源 (행도승지, 양로연),
左承旨/ 李晩秀 (행좌승지, 內局 부제조, 閣臣)
右承旨/ 李益運 (행우승지)
副承旨/ 兪漢寧 (우부승지)
同副承旨/ 李肇源
假承旨/ 趙鎭寬 (별운검, 외빈), 李儒敬 (城役都廳, 먼저 가다)
　　　　洪仁浩 (부총관), 丁若鏞 (병조참지)
假注書/ 柳遠鳴, 具得魯
書吏/ 金德寬, 朴弘修, 李慶默, 金碩潤, 洪胤玟, 申敬玄, 朴孝行, 張錫疇, 朴聖汲, 金景燁
正書朝報書吏/ 李尙濂, 李陽秘
使令/ 朴周彩 등 26명
承旨帶隷/ 金泰順 등 23명
堂后帶隷/ 楊景仁 등 8명
軍士 5명, 水工 2명

■ **奎章閣** (74명, 6명 중복)
提學/ 沈煥之 (병조판서, 내국제조)
直提學/ 서유방 (검교 직제학), 서용보 (원임 직제학)
直閣/ 이만수 (검교 직각), 윤행임 (원임 직각), 南公轍 (검교 직각)
待敎/ 徐有榘 (검교 대교)
抄啓文臣/ 曹錫中 (摘奸史官, 먼저 감), 黃基天 (陪香官)
閣監/ 玄斌
司卷/ 洪五成, 윤득녕
檢書官/ 李蓋模, 李旭秀, 朴齊家 (전검서관)
領籤/ 이흥윤

監書/ 趙福文, 玄命遠, 秦東老, 李儀輔, 韓命奕, 尹得亨
書吏/ 林得明, 李基翼, 金性一 (朝報書吏)
使令/ 林德瑞 등 11명
帶隷/ 林聖德 등 16명
近仗軍士 (임금 행차 때 사람들 단속) 1명, 房直(방지기) 2명, 水工(뱃사공) 1명, 軍士 4명, 閣屬官 帶隷 12명 (朴一蕃 등), 檢書官 帶隷 2명 (姜致福 등)

■ **藝文館** (10명)
檢閱/ 吳泰曾 (선전관)   兼春秋/ 金良佩   書吏/ 李膺煥   使令/ 朴昌羽 등 2명   帶隷/ 金鑮秀 등 4명   水工 1명

■ **內醫院** (55명, 2명 중복)
都提調/ 洪樂性 (영의정, 장용영 도제조, 외빈, 양로연에도 참석)
提調/ 심환지
副提調/ 이만수
內醫/ 金孝儉 (전지사, 양로연), 周命新 (전동지), 白成一 (전동지), 李命鎰 (전첨정)
掌務官/ 秦東秀
書員/ 申翰周, 鄭尙蕃, 朴世源, 金宗軾
差備待令 醫女/ 蓮蟾, 德愛
水工 9명, 軍士 30명, 童便軍 2명

■ **弘文館** (13명)
副校理/ 徐有聞   副修撰/ 崔獻重   書吏/ 吳和盛, 金光宇
使令/ 金喜大 등 2명   帶隷/ 朴盛根 등 4명   軍士 2명   水工 1명

■ **兵曹** (196명, 2명 중복)
判書/ 심환지
參知/ 정약용
正郎/ 李安默, 洪秉臣 (화성어사, 먼저 가다), 洪樂游

各色執吏書吏/ 金命長, 金之聲, 方載弘, 龍興澤, 申景得, 白興允, 鄭道完
結束色書吏/ 孫昌福, 尹道仁, 金聖寬, 安宗翼, 金孟聃, 金聖潤
禮房書吏/ 崔聖仁
馬色書吏/ 尹道喆
政色書吏/ 鄭器重, 金壽彭, 林仁默, 金瑛省
記色書吏/ 明光輝
隨廳書吏/ 金德寬
朝報書吏/ 方義奎
政廳直/ 金興兌
帶隸/ 崔德信 등 21명
使令/ 金成彬 등 4명
禁喧使令/ 朴聖禧 등 2명
近仗軍士/ 崔順才 등 30명
官案直 1명, 皮剝直 4명, 軍士 2명, 炊飯軍 6명, 事知 (일을 많이 알고 손에 오래 익어 사무에 숙달된 사람) 4명, 雨具直 1명, 驀差備 3명
龍旗奉持 (龍旗를 들고가는 사람)/ 金一成, 金德禹, 文禧得, 文尙采, 朴東植, 金龍起, 姜彌聖
標旗奉持 (標旗를 들고가는 사람)/ 金廷郁, 朴宗文, 鄭再秀, 鄭壽大
步下奉持/ 金聲裕 등 15명
衛將所 書員/ 梁益三, 使令/ 趙大得, 驛書者 2명, 步從 46명, 驛馬夫 16명

■ **都摠府** (22명, 1명 중복)
都摠管/ 李敏輔 (보검, 양로연)
副摠管/ 홍인호 (보검)
經歷/ 李源龍
隨廳書吏/ 朴運盛, 金季弘
掌務書吏/ 張相五
帶隸/ 申世大 등 12명
使令/ 全昌孫 등 2명, 軍士 1명, 水工 1명

■ **別雲劒** (7명, 2명 중복)
閔鍾顯 (예조당상), 李秉鼎 (군직당상), 조진관, 洪義榮 (외빈), 安春君 융 (종친부 당상, 양로연殿座, 보검), 金箕性 (의빈부 당상, 외빈, 城操殿座, 양로연 전좌, 보검), 이시수 (성조 전좌, 보검)

■ **別軍職廳** (12명)
別軍職/ 張夢說, 李石求 (선전관), 趙雲行, 李孝承
書員/ 金命起
帶隷/ 李允金 등 4명
房直 1명, 軍士 2명

■ **宣傳官廳** (40명, 2명 중복)
宣傳官/ 金明遇 (寶劍 差備), 이동선, 梁堭, 鄭周誠, 尹養儉 (이상 元承傳)
啓螺差備/ 柳成逵
信箭差備/ 이석구, 金鎭鼎
交龍旗 招搖旗差備/ 柳命源
駕後/ 李商一, 李儒燁, 柳得源, 趙達洙, 李景德, 李亨謙
書員/ 金興良
內吹/ 李興得 등 15명
吹打手/ 金鼎三 등 6명
軍士 1명, 炊飯軍 (밥짓는 군졸) 2명

■ **內侍府** (35명)
寶差備/ 金完碩　挾侍/ 劉仁獐, 鄭國允　寶劍差備/ 金姓崔, 李潤碩
啓字差備/ 朱世章　隨駕/ 林宜馥, 白喜章　燈燭房/ 柳仁章, 金性鍊
惠慶宮 承言色/ 金允謙　掌務/ 金永曄　書員/ 申命昌　帶隷/ 金五同 등 12명
燈燭色/ 金德載　內班院 直只/ 金世良 등 2명　熟手(조리사) 3명　軍士 2명

■ **掖庭署** (199명, 1명 중복)
傳命司謁/ 이덕봉, 李元祥, 白景采, 尹得運

司謁/ 張光盍   司鑰/ 尹昌烈
別監/ 池養謙, 趙順得, 朴春煥, 崔命麟, 馬榮仁, 朴世蘊
　　　崔重崙, 金生麗, 卞昌信, 文禧福, 崔聖裕, 李壽百
待令別監/ 李良吉, 金胤瑞, 禹得範, 金項, 白聖奎, 白弘潤, 白景福, 金得龜
待令中禁/ 張榮孫, 尹聖孫
御軍服板 持去軍(임금 군복을 나무상자에 담아 가는 군졸) 6명, 駕後待令 方席持去軍 3명, 排設房 照羅赤 2명, 負持軍 3명, 竹契待令排設軍士 9명, 地衣待令排設軍士 6명, 書房色 조라적 1명, 司謁 司鑰 隨率군사 7명, 別監房留直 2명, 負持軍 2명, 炊飯軍 20명, 待令別監房卜直 3명, 中禁卜直 1명, 惠慶宮 司鑰 1명 (崔昌祿), 別監 8명, 負持軍 2명, 각참 炊飯軍 15명
惠慶宮 尙宮 3인, 侍女 10인 (婢子 10명, 從人 10명), 下內人 12인 (從人 12명), 淸衍郡主房 나인 3인 (비자 3명), 淸璿郡主房 나인 3인 (비자 3명), 宮所任 5명 (奴子 6명)

■ **宗親府** (14명, 1명 중복)
안춘군 흥   錄事/ 崔興祥   隨廳書吏/ 黃致儉   掌務書吏/ 高松殷
朝報書吏/ 金樂一   權頭 1명   帶隸 6명   使令 1명   軍士 1명

■ **議政府** (43명, 3명 중복)
領議政/ 홍낙성
左議政/ 유언호
右議政/ 채제공
錄事/ 金琓, 徐最光, 柳宗珊
隨廳書吏/ 權弼信, 裵度仁, 尹相弼
掌務書吏/ 申啓光
朝報書吏/ 李孟孫
權頭 3명, 帶隸 24명, 使令 1명, 軍士 1명, 負持軍 2명, 炊飯軍 1명

■ **中樞府** (33명)
奉朝賀/ 金鍾秀
判事/ 李秉模, 李命植 (장용제조, 양로연)
錄事/ 宋得輝, 宋道明, 林鳳來

隨廳書吏/ 鄭國良, 金興喆, 鄭國臣
掌務書吏/ 金宅呂
朝報書吏/ 朴景昌
權頭 2명, 帶隷 16명, 使令 1명, 軍士 1명, 炊飯軍 1명, 負持軍 1명

■ 敦寧府 (16명)
領事/ 金履素 (양로연)　　錄事/ 朴煐　　隨廳書吏/ 盧翼大　　掌務書吏/ 許俊
朝報書吏/ 崔禧大　　權頭 1명　　대예 8명　　사령 1명　　군사 1명

■ 儀賓府 (12명, 1명 중복)
光恩副尉/ 김기성　　錄事/ 宋之問　　隨廳書吏/ 洪壽哲
掌務書吏/ 尹福殷　　權頭 1명　　帶隷 7명

■ 義禁府 (34명)
堂上/ 형조당상 겸직　　經歷/ 李光德　　都事/ 申翼顯　　執吏書吏/ 金台鉉
考喧書吏/ 金潤迪, 金泓麗, 梁景鴻, 徐義恒
羅將 21명　　帶隷 2명　　印信直 1명　　軍士 2명

■ 吏曹 (30명)
判書/ 尹蓍東　　正郞/ 崔履亨　　隨廳書吏/ 安胤成　　政色書吏/ 安處得, 鄭仁重
文選司書吏/ 金鼎象, 安宇成, 安翼成　　祭享色書吏/ 張繼喆　　考功司書吏/ 李宇仁
掌務書吏/ 李有綱　　朝報書吏/ 李壽明　　書寫/ 河日瑞　　政廳直/ 朴象欽
帶隷/ 朴大蕃 등 9명　　使令/ 尹天雲 등 3명　　負持軍 2명　　印信直 1명　　炊飯軍 1명

■ 戶曹 (38명, 1명 중복)
判書/ 이시수　　參判/ 曹允亨 (양로연)　　佐郞/ 林秉遠　　計士/ 李昌奎
別例房書吏/ 李聖珏, 李命根, 徐義宅, 朴履福
前例房書吏/ 崔道植, 崔鎭祿, 嚴性天
朝報書吏/ 張斗煥　　帶隷/ 吳尙禧 등 14명
官使喚 8명　　文書直 1명　　印信直 1명　　炊飯軍 1명　　朝報軍士 1명

■ **禮曹** (18명)
判書/ 閔鍾顯　正郞/ 白慶楷　隨廳書吏/ 千大振　稽制司書吏/ 安一得, 嚴在和
典享司書吏/ 金用遠　書寫/ 金九瑞　帶隸/ 金鎭喆 등 7명
使令/ 方世文　文書直 1명　印信直 1명　炊飯軍 1명

■ **刑曹** (20명)
判書/ 李在學 (의금부 당상)　佐郞/ 李度翼　律學敎授/ 韓尙鎰　隨廳書吏/ 鄭殷錫
執吏書吏/ 金景溫　禮房書吏/ 邢翼淳　朝報書吏/ 姜在亮　帶隸/ 嚴德林 등 9명
使令/ 白道順　文書直 1명　印信直 1명　卜直 1명

■ **工曹** (17명)
判書/ 李家煥　正郞/ 安經心　隨廳書吏/ 金漢喆　掌務書吏/ 李繼聃　朝報書吏/ 崔尙崙
帶隸/ 劉季得 등 9명　朝報軍士 1명　幅頭匠 1명　角帶匠 1명

■ **司憲府** (21명)
大司憲/ 李祖承　監察/ 韓錫仁　陪書吏/ 黃大成　祭監書吏/ 朴道泰　掌務書吏/ 朴仁壽
禮都監書吏/ 金啓澤　朝報書吏/ 鄭文彬　書寫/ 柳東元　帶隸/ 李大福 등 9명
所由/ 申德起 등 2명　墨尺/ 金時復　啓板直 1명

■ **司諫院** (12명)
大司諫/ 徐有臣 (양로연)　陪書吏/ 韓昌祐　장무서리/ 朴遇豊　조보서리/ 方義奎
서사/ 金敏瑞　대예/ 吳成謙 등 5명　色掌喝導/ 張世大　啓板直 1명

■ **司僕寺** (6명, 5명 중복)
提調/ 홍낙성, 이시수　內乘/ 오의상, 具絑　僉正/ 조진규　判官/ 한대유

■ **掌樂院** (23명, 1명 중복)
提調/ 심이지　執事典樂/ 朴輔完　執拍典樂/ 金應三　先唱典樂/ 柳敬潤, 文孝潭
樂工/ 孫鳳郁 등 10명　女伶色掌 1명　卜直 5명　工人卜直 2명

■ **尙瑞院** (5명)
副直長/ 閔致謙   書員/ 韓載秀   대예/ 金甲得 등 2명   취반군 1명

■ **通禮院** (24명)
左通禮/ 李周顯   贊儀/ 趙明師   引儀/ 崔琡 (양로연), 金東覽 (양로연)
兼引儀/ 許矄   假引儀/ 趙德敷   書員/ 陳興基, 鄭得俊, 具德柱
庫直/ 李福成   대예/ 李漢起 등 12명   사령/ 李好同   군사 1명

■ **軍職廳** (7명, 1명 중복)
행부사직/ 이병정   대예/ 全宜文 등 6명

■ **備邊司** (10명)
郎廳/ 尹範益   書吏/ 韓祖範, 白純   대예/ 李盛根 등 3명
사령/ 金敬仁 등 2명   軍士 2명

■ **香室** (4명, 1명 중복)
陪香官/ 황기천, 忠義衛 沈纘之   守僕 金昌得   房直 1명

■ **忠義廳** (9명)
諭書差備/ 南建九   陽傘차비/ 趙明漢   水晶仗차비/ 宋奎采   鉞斧仗차비/ 慶弼國
織扇차비/ 崔光祐, 宣泰相   書員/ 邢興澤   房直 1명   軍士 1명

■ **禁漏官** (6명)
朴世潤, 李聖弼   서원/ 朴大喜, 禹泓, 金鼎瑞   취반군 1명

■ **宗廟署** (4명)
守僕/ 李昌彬, 金尙禮, 張萬翼, 卜直 1명

■ **景慕宮** (4명)
守僕/ 安孝達, 高斗瑋, 洪昌孫, 卜直 1명

■ **奉常寺** (9명)
祭物담당書員/ 趙得文
福酒담당서원/ 梁海雲　庫直/ 姜興大　卜手 4명　군사 2명

■ **尙衣院** (4명)
衣襨담당書吏/ 安光宅　轎子담당서리/ 嚴道一　靴子軍 2명

■ **內需司** (2명)
待令書員/ 南宗裕　奴子 1명

■ **濟用監** (3명)
冠帶차지서원/ 石有文　軍士 2명

■ **內資寺** (3명)
賜花차지서원/ 金象鉉　花匠 1명　負持軍 1명

■ **禮賓寺** (4명)
賜花차지서원/ 金聖得　花匠 1명　부지군 2명

각 영(各營)
(각 영의 명단은 너무 많아서 하급자의 이름을 생략함 – 필자)

■ **壯勇外營** (1,330명)
外營使/ 趙心泰
駕前前排 牢子담당교련관/ 黃致郁
巡令手담당교련관/ 文世駿
吹鼓手담당교련관/ 李彥寬

大旗手담당 교련관/ 李元榮
牢子 27명 (이름 생략)
巡令手 27명 (이름 생략)
吹鼓手 51명 (吹打手 金千奉 등 32명, 細樂手 韓好傑 등 14명, 列牌頭 朴千得 등 3명, 雨具直 3명, 同等 2명)
大旗手 44명 (淸道旗手 金道恒 등 2명, 주작기수 유봉원, 청룡기수 김삼불, 등사기수 조두인, 백호기수 서대노미, 현무기수 김금이, 홍신기수 이봉이, 남신기수 이노미, 황신기수 김수정, 백신기수 허대성, 흑신기수 허대종, 홍고초기수 윤덕상, 남고초기수 최이돌, 황고초기수 정종대, 백고초기수 유복대…)
外使陪行/ 哨官 金在喆
敎鍊官/ 金之澤, 尹赫周, 全恒一, 黃宗福, 崔致驥, 林俊昌
行軍교련관/ 徐大喆
旗鼓차지교련관/ 安文欽
旗牌官/ 安思欽, 金漢龍, 嚴喆武, 池繼殷
別武士/ 朴宗幹, 孫秀恒
書吏/ 李基豊, 金光得, 金光麗, 趙寬星
牢子/ 28명 (이름 생략)
巡令手/ 26명 (이름 생략)
吹鼓手/ 34명 (吹打手 朴者斤尙 등 28명, 細樂手 韓春福 등 6명)
大旗手/ 45명 (認旗手 金完伊, 淸道旗手 閔太成 등 2명, 朱雀旗手 李貴乭, 靑龍旗手 朴完乭, 螣蛇旗手 金日隱同, 이하 생략) 塘報手/ 14명 (이름 생략) 燈籠軍/ 13명 (이름 생략)
帳幕軍/ 15명 別牙兵/ 20명 別破陣/ 20명 別軍官/ 48명
馬醫 / 金以萬 從事官/ 鄭東協 陪旗手/ 12명 書吏/ 朴顯琓
親軍衛別將/ 曹允彬 別武士/ 李萬齡, 兪漢芳, 李東植
標下軍/ 28명 (前排軍 金聖大 등 12명, 吹打手 金福起 등 9명)
認旗手 河者斤老美, 藍神旗手 房實得, 이하 생략)
親軍衛 左列將/ 李邦運, 標下軍/ 5명 (認旗手 李今束, 鼓手 白甫音, 이하 생략)
左列親軍衛/100인
親軍衛 右列將/ 黃基定, 標下軍/ 5명, 右列親軍衛 100인
左司把摠/ 李運昌, 別武士 5명, 標下軍 24명

前哨官/ 崔命健, 哨軍 119명 (旗鼓手 崔千太 등 2명, 旗摠 金貴老美 등 3명, 이하 생략)
左哨官/ 李源亨, 哨軍 119명 (기고수 金仁男 등 2명, 旗摠 金東振 등 3명, 이하 생략)
中哨官/ 申大健, 哨軍 119명 (기고수 林興辰 등 2명, 이하 생략)
右哨官/ 柳聖台, 哨軍 119명 (기고수 韓興孫 등 2명, 이하 생략)
後哨官/ 朴宗林, 哨軍 119명 (기고수 安仰介 등 2명, 이하 생략)
政院待令教鍊官/ 洪履謇
書吏/ 朴在寅, 羅文碧, 徐文琦, 表天郁 (이상 1,176명)

■ **壯勇內營** (1,758명, 37명 중복)
都提調/ 홍낙성
提調/ 이명식
大將/ 서유대

駕前
前排牟子담당교련관/ 史廷煥
巡令手담당교련관/ 金鰲福
招搖旗담당교련관/ 韓弘賢
燈籠軍담당교련관/ 정도관
班次檢飭고관 (지구관)/ 金商鎭
牟子/ 32명 (挾馬 洪龍得 등 13명, 朱杖手 成時益 등 12명, 信箭手 이하 생략)
巡令手/ 26명 (挾馬 金得喆 등 9명, 巡視旗手 李仁大 등 4명, 이하 생략)
大旗手/ 5명 (招搖旗手 盧光春 등 2명, 壯勇衛 旗手 林國興 등 3명)
燈籠軍/ 39명

駕後
左統長/ 崔泰福   右統長/ 王廷哲   牙兵哨官/ 申純   牙兵차지교련관/ 金宗燁
啓稟교련관/ 吳再榮   令票지구관/ 徐有馨   班次檢飭 哨官/ 趙岐
班次檢飭지구관/ 呂從周   吹打차지교련관/ 金命淑   지구관/ 10명 (金昌仁, 朴道默, 梁祖謙, 朴萬榮, 李衍九, 천규석 외)   御軍幕차지교련관/ 皮聖麟
牙兵/ 36명 (銃手 李興龍 등 30명, 列牌頭 朴福興 등 2명, 雨具直 李福實 등 2명, 이하 생략).

別隨駕
前把摠/ 서영보
前善騎將/ 이해우, 李晋秀, 姜世重
前哨官/ 이용, 李栻, 이승보, 전대중, 柳相斗, 이광익, 변상규, 이관성, 이희
額外敎鍊官/ 황수해, 김득원, 李宗采
書吏/ 孫宗大, 尹翊運, 朴興修, 孫後成, 范潤祥, 鄭曍信
書寫/ 金珹
待令下人/ 金成大, 舍有幹, 金仁大, 趙光璧, 李福亨, 洪成孫, 趙成得
別庫監官/ 변세의
監官/ 홍낙좌, 高應濂, 秦泂
別付料/ 李觀德
藥房/ 卞瓛
壯勇衛/ 101명 (朴枝萬, 최석휘, 金尙孝, 陸重秀, 浪世龍, 韓大順, 유효달, 배만근, 王道吉, 한유춘, 최성기, 金春雲, 趙命載, 韓昌麗, 曹潤章, 임백춘, 宋應昌, 鄭重爀, 金景興, 金宗俊, 朴慶基, 윤재징, 柳台彦, 車道郁, 李仁默, 金冕禹, 박도형, 임광윤, 이방구, 李東煥, 金重默, 李道郁, 田百熙, 오문주, 黃千一, 曹元振, 卞鍾翕, 高喜喆, 장언위, 尹弘鼎, 李漢俊, 異在益, 朴東翼, 田春祐, 王道恒, 文命綸, 金鼎九, 宋文永, 崔振玉, 李珍國, 신덕취, 고용득, 李春馨, 李有豊, 浪世熙, 金履祐, 韓相五, 吳興德, 吳興亮, 장안, 최계도, 김백련, 朴昌植, 金光福, 朴枝興, 車道吉, 車道喆, 金好喆, 孫世隆, 趙明祥, 金彦楫, 金彦植, 李義默, 文命緝, 李時亨, 王道春, 柳在源, 趙命憲, 方禹鼎, 浪處浩, 高行侃, 崔宗祐, 安彰績, 金孝逸, 임경려, 金得成, 金興哲, 林壽福, 丁載忠, 金孝源, 宋光洙, 趙光國, 韓慶麟, 表建瞻, 金德禧, 金完喆, 尹得誠, 趙允門, 鄭德壽, 金壽聃, 崔旭

都提調陪行
敎鍊官/ 劉瓊
軍官/ 李謙培
陪旗手/ 5명 (李得燁 등)
提調帶隷/ 卞德鳳 등 3명
陪旗手 15명 (前排軍 姜光得 등 10명, 列牌頭 崔光崙 등 2명, 雨具直 申德文 2명, 燭直 鄭光鍊)

大將陪行

敎鍊官/ 李愼培, 金愼謙, 史廷爀
行軍敎鍊官/ 金鼎澤
旗鼓차지교련관/ 異景基
別武士/ 鄭東仁, 徐絳輔, 金潤彬, 金璟, 金順蕃, 李得臣, 曹始潭, 具弘運, 朴道說, 張泰秀, 趙福載
鍼醫/ 玄商興
書吏/ 黃度章, 金命聃, 韓相圭, 吳得麟, 廉在性, 趙明弼
書寫/ 黃椶
畵員/ 崔得賢
寫字官/ 李命藝
弓人 朴載遠, 矢人 李壽耼, 陪旗手 15명, 牢子 26명, 巡令手 21명, 吹鼓手 59명, 大旗手 55명, 塘報手 21명, 燈籠軍 11명, 牙兵 11명
從事官/ 홍수영, 陪旗手 9명
善騎別將/ 趙圭鎭
別武士/ 4명 (劉興基, 金泰福, 宋德煥, 姜世文)
吹手/ 28명 (前排軍 民再光 등 12명, 吹打手 姜再得 등 8명, 認旗手 金道尙, 이하 생략)
善騎左將/ 李溏
差官교련관/ 韓興後, 標下軍/ 4명 (棍杖手 嚴興蕃 등 2명, 이하 생략)
左哨善騎隊/ 99명 (旗鼓手 嚴世福 등 2명, 旗摠 鄭宗順 등 3명, 이하 생략)
善騎右將/ 閔致愼, 표하군 4명 (곤장수 崔彌興 등 2명, 이하 생략)
右哨善騎隊/ 98명 (기고수 趙文璧 등 2명, 이하 생략)
中司把摠/ 申鴻周
差官교련관/ 高千柱
別武士/ 李重燁, 趙擇柱
吹手/ 27명 (전배군 金致大 등 12명, 이하 생략)
中哨官/ 金烑, 哨軍/ 102명 (기고수 金麗彬 등 2명, 기총 鄭憲僑 등 3명, 이하 생략)
後哨官/ 尹灝東, 哨軍/ 102명 (기고수 李致潤 등 2명, 기총 林義彩 등 3명, 이하 생략)

後廂

左司 兼把摠/ 鄭학정

差官교련관/ 鄭宗淳
別武士/ 金麗宅, 田春遇
吹手/ 29명 (전배군 李瑞豊 등 12명, 열패두 朴次源 등 2명, 이하 생략)
前哨官/ 趙崍, 哨軍/ 109명 (기고수 朴致殷 등, 이하 생략)
中哨官/ 金處純, 哨軍/ 109명 (기고수 金德鳳 등, 이하 생략)
後哨官/ 白東脩, 哨軍/ 109명 (기고수 林一東 등, 이하 생략)
軍糧담당 別부료/ 金宗煥
柴馬草담당 哨官/ 姜彙喆
武士/ 車繼宗, 李德麒, 崔廷喆, 韓黎矢
譏察將 武士/ 鄭德漢, 方順大, 朴尙嚴, 趙珍哲, 金國平, 曹世彬, 金潤興, 李宗桓, 全致謙, 馬象箕
待令書吏/ 金德汶, 李陽馝
員役/ 42인 (書員 梁德敏 등 2명, 庫直 李完福 등 7명, 工匠牙兵 表德運 등 24명, 使喚軍 李若大 등 9명)
각색 輜重軍/ 272명 (帳幕軍 宋昌郁 등 41명, 卜馬軍 鄭再根 등 136명, 卜直 梁命福 등 78명, 軍糧直 金得千 등 17명)

■ 龍虎營 (226명)
禁軍別將
柳孝源 (捕將, 대예 5명)

駕後禁軍 (50명)
崔致浩, 柳淡, 高衡岳, 尹佐殷, 李枝英, 金虎臣, 白文赫, 金成集, 高道寬, 崔時泰, 朴履儉, 李仁郁, 吳彦輔, 朴秀文, 金懿琡, 賈大潤, 柳漢英, 張道斌, 朴宗英, 孫錫謨, 朴載潤, 金壽仁, 洪籌昌, 賈德潤, 文成彩, 許破, 全樣, 金哲得, 鄭春瑞, 辛弼文, 金亨錫, 片聖元, 玄思文, 鄭再臣, 金光益, 宋官英, 柳漢傑, 金擎麗, 廉漢范, 韓宗祿, 洪益聞, 朴師潤, 張繼孫, 金興仁, 宋匡殷, 李元祿, 車興彬, 韓亨祿, 池有璜, 安光烈
軍/ 10명 (駕後旗手 申繼得, 餘軍 金殷大, 雨具直 薛再文 등 2명, 이하 생략)

別將行軍교련관/ 朴致燁
火砲 韓時大, 馬醫 閔興基, 救療官 柳之赫, 書員 金廷說, 全敬大, 金昌孫

軍器庫直/ 河天福
牢子/ 4명 (貫耳手 羅喜慶, 令箭手 申聖運, 棍杖手 宋必寧 등 2명)
巡令手/ 4명 (巡視手 柳春大 등 2명, 令旗手 朴晩春 등 2명)
吹鼓手/ 2명 (鼓手 金弘仁, 鉦手 朴震英)
認旗手 裵德麟, 細樂手 6명 (長鼓手 趙完福, 鼓手 宋得成, 管手 김경득 등 2명, 笛手 魯東仁, 嵆琴手 金昌文)
燈籠軍 2명, 燭直 李孝得, 帳幕軍 5명, 各色餘軍 8명, 書牌 5명
差官 堂上軍官/ 劉忠澤
교련관/ 禹德遠
前驅禁軍/ 25명 (金世完, 金尙寬, 朴璜, 宋殷奎, 李德祿, 全泰禧, 韓聖信, 郭威漢, 崔喜寬, 河銀吉, 金致郁, 全亨喆, 申宇奎, 李桂暎, 朴興蕃, 韓思龍, 吳贊逸, 柳漢培, 金得麗, 李東運, 安仁顯, 韓重允, 崔致明, 金興淵, 金光順)
欄後禁軍/ 25명 (李英伯, 丁龍珠, 徐有行, 朴興燁, 宋洛謙, 李東恒, 全慶喆, 任百俊, 李廷福, 李德顯, 朴昌臣, 崔弘源, 李弘秀, 李馨蕃, 尹東喆, 朴時豊, 安聖麟, 車聖輪, 朴龍赫, 全昌顯, 崔完得, 金完碩, 金廷鉉, 宋允桂, 金仁燮)

兵曹判書 陪行
교련관/ 盧壽龍
堂上軍官/ 邊翰城
書吏/ 朴柬臣, 鄭寅壽
卜直 金昌仁, 牢子 6명, 巡令手 6명, 燈籠軍 2명, 入番旗手 6명, 三局旗手 3명, 帳幕軍 5명, 各色 牌頭 雨具直 5명, 卜馬軍 7명
政院待令교련관/ 朱泰亨
柴馬草담당 堂上軍官/ 李廷煥, 金在潤
卜馬軍/ 19명 (금군진 5명, 별장복태 2명, 각색 복태 5명, 이하 생략)

■ **訓鍊都監** (1,045명, 1명 중복)
도제조/ 채제공
대장/ 李敬懋
駕前前排뇌자담당 교련관/ 崔仁得

정조의 화성행차, 그 8일

순령수담당 교련관/ 朴在行
挾輦把摠/ 白泓鎭
哨官/ 申大益
中月刀담당 교련관/ 李亨馥, 金壽龍
大旗手담당 교련관/ 申鏷
御軍幕담당 교련관/ 李道煥
待令교련관/ 池得龜, 金性漑
뇌자/ 34명 (信箭手 朴相雲 등, 이하 생략)
순령수/ 32명 (巡視手 許晃 등, 이하 생략)
挾輦軍/ 179명 (正軍 文義大등 80명, 餘軍 宋俊興 등 50명, 이하 생략)
大旗手/ 20명 (淸道旗手 金聲夏 등 2명, 朱雀旗手 成德聖, 이하 생략)
초요기수 2명, 장막군 21명, 별파진 18명
武藝廳 左列統長/ 金重輝
武藝廳/ 梁洙昌, 張福漢, 林盛大, 黃仁喆, 金景漢, 金好淡, 朴景郁, 崔碩崙, 朴盛根, 李德崙, 金順大, 金尙廉, 金弘順, 潘海康, 金鎭芳, 高鳳麟, 鄭義大, 梁洙興, 金禹鼎, 李興蕃, 梁復綏, 韓益文, 金鼎輝, 李錫麟, 具興遠, 丁元瑞, 宋道明, 朴聖得, 李恒載, 李漢碩, 鄭光得, 金億載, 金宅亨, 文景周, 邊尙位, 李聖允, 禹錫祿, 李春燁, 許郁, 安尙龍, 朴光弼, 朴宗哲, 韓宗翼, 安處誼, 姜繼尙, 金禹績, 鄭源彬, 崔有宗, 金壽涵, 李世允, 李弘樑, 陳守宗, 金世重, 李珍曄
武藝廳 右列統長/ 王廷哲
무예청/ 金哲大, 曹世佑, 金壽輝, 金道成, 梁虎甲, 成道平, 金樂孝, 金瑞雄, 朴泰輝, 任光衍, 安尙仁, 金鳳雲, 黃重呂, 吳祥福, 金光秋, 張致福, 車道亨, 金大行, 崔興燁, 金敬國, 李宗瑞, 金光鍊, 吳慶得, 金孝淳, 姜繼武, 金最聲, 李擎日, 李希重, 玄重大, 金千載, 李東賢, 朴景麟, 金好孫, 盧有殷, 全得喜, 金繼雄, 金慶載, 金萬載, 權尙仁, 車命轍, 曹益助, 孟喜文, 崔宗佐, 崔道元, 金慶祿, 朴道明, 浪大順, 車德行, 李成郁, 張萬得, 崔成得, 李再興, 南宮植, 李哲得, 鄭點淳

都提調陪行
軍官/ 獨孤恬
교련관/ 劉繼潤
隨率軍/ 34명 (뇌자 姜致龍 등 5명, 순령수 金孝珍 등 5명, 이하 생략)

大將行軍 교련관/ 林麓
傳令差備 교련관/ 禹德運, 韓興國, 劉孝澤
기고수담당 교련관/ 曹景休
뇌자담당 교련관/ 韓淦勳
순령수담당 교련관/ 丁弘弼
난후초담당 교련관/ 車聖彬
작문신칙 교련관/ 李遇春, 林遇春
군관/ 洪聖彦
약방/ 張載遠
별무사/ 孟道文, 趙世輝, 韓致敦, 丁壽天, 申師俊, 姜鳳麟, 李泰根, 金益祿, 李珍烈
馬醫/ 姜福鳳
書吏/ 趙命濂, 趙性淳, 韓啓鎭
뇌자/ 10명 (貫耳手 李寬福, 영전수 金兌源, 이하 생략)
순령수/ 10명
吹鼓手 12명 (大砲手 李世俊 등 2명, 鼓手 金兌淵 등 2명, 大角手 朴枝興 등 2명, 喇叭手 郭得大 등 2명, 號笛手 金光鎭 등 2명, 鉦手 金兌郁, 摔鈸手 全大興)
大旗手/ 14명 (認旗手 申成道 등 2명, 淸道旗手 李興福 등 2명, 朱雀旗手 金震威, 이하 생략)
細樂手/ 6명 (鼓手 朴相文, 長鼓手 鄭壽大, 管手 李龍得 등 2명, 笛手 金聲玉, 琵琴手 李天得)
塘報手/ 4명
난후초군/ 15명 (등롱군 이운상 등 4명, 이하 생략)
별파진/ 4명
각색군/ 113명 (장막군 金興澤 등 10명, 이하 생략)
中軍/ 尹得逢
행군교련관/ 朴昌源, 별무사/ 李德寬, 李寬哲, 崔日成, 張漢根, 金麗彩
뇌자 4명, 순령수 4명, 각색군 37명
馬兵別將/ 洪仁默
차관교련관/ 李寅範, 별무사/ 田泰郁, 鄭觀得
표하군/ 27명
哨官/ 李聖濂
馬兵/ 117명 (인기수 李彌箕, 고수 宋仁彩, 기총 具澤城 등, 이하 생략)

파총/ 柳弘源
차관교련관/ 金道默
별무사/ 趙禧成
표하군 14명
前哨官/ 金宗赫, 哨軍 126명
中哨官/ 禹拓夏, 초군 126명
시마초 (땔나무와 말먹이꼴) 담당 별무사/ 金鼎郁
정원대령 교련관/ 金應潤, 柳孝遠
서리/ 廉民範

■ **禁衛營**
도제조/ 홍낙성
배행교련관/ 徐有用
서리/ 趙德珉
수솔군 12명 (배기수 崔碩興 등 2명, 이하 생략)
정원대령 교련관/ 崔鳳紀
별무사/ 李思愼
서리/ 高仁燾

■ **御營廳** (77명, 1명 중복)
도제조/ 유언호
駕前別抄/ 李明洽, 李仁煥, 李命喬, 廉在鉉, 崔彦喬, 李成祿, 黃泰江, 全取淳, 林德雨, 安在郁, 高麟得, 魯興國, 李雲淵, 方處興, 姜碩儶, 李邦顯, 金成宅, 咸允熙, 張鳳振, 張錫孝, 金志淳, 康道興, 崔喜得, 龍得珠, 韓德弼, 辛聖恒, 車廷熙, 全義喆, 洪處寬, 南宅玄, 金致賢, 張壽亮, 金光宇, 魚在羽, 崔奎星, 朴聖鎬, 韓光翊, 李漢忠, 崔復基, 洪聖澤, 林世喆, 姜道洽, 韓錫範, 李春培, 劉宗瑞, 孫聖俊, 金在琦, 金履赫, 梁珉赫, 李重秀 (이상 50명)
도제조배행 교련관/ 이원석
서리/ 김득풍, 수솔군/ 14명, 장막군 7명,
정원대령 교련관/ 김인환, 별무사 박후근
서리/ 강순득

■ 守禦廳 (44명, 1명 중복)
廳使/ 심이지
배행교련관/ 李溎, 鄭龍彬
군관/ 金載謙, 서리 蔡景民, 白智煥
뇌자/ 6명, 순령수 4명, 등롱군 3명, 장막군 2명, 敎師 2명, 각색군 17명
정원대령 교련관/ 李昌孫, 기수 2명, 서리 申啓興

■ 摠戎廳 (37명, 1명 중복)
廳使/ 서용보
배행교련관/ 金命旭, 洪㙉
군관/ 徐有稙
서리/ 申載源, 朴希淵
뇌자 7명, 순령수 9명, 등롱군 3명, 장막군 2명, 복마군 7명
始興果川 斥候摘奸 哨官/ 池友璧
정원대령 교련관/ 成道爀
서리/ 元仁喆

■ 左捕廳 (8명, 1명 중복)
대장/ 조규진   종사관/ 成彦霖   군관/ 朴文曾, 金應漢   군사 3명   취반군 1명

■ 右捕廳 (8명, 1명 중복)
대장/ 유효원   종사관/ 李源龍   군관/ 朴成德, 朴弘延   군사 3명   취반군 1명

■ 京畿 營邑 (108명, 1명 중복)

경기관찰사/ 서유방
裨將/ 金光冕, 徐有春   배행교련관/ 張世豊
前排담당 교련관/ 徐毅麟, 盧仁素
營吏/ 李宗大, 廉鎭盛, 李孝錫
뇌자 7명, 순령수 9명, 등롱수 3명, 장막수 7명, 驛吏 6명, 驛馬䭾養 色吏 6명, 待令馬軍 10명,

卜馬軍 11명
政院待令 교련관/ 鄭守寬
駕後待令 營吏/ 鄭允璧, 方福恒, 盧仁譚, 韓培義, 朴顯一, 李鴻瑞, 李孝顯
장용영 句管營吏/ 韓壽一

廣州府尹/ 徐美修 (都差使員, 대예 2명)
교련관/ 方景孺, 隨陪 2인
전배패두 1명, 뇌자 4명, 순령수 4명, 배기수 2명, 등롱수 2명

始興縣令/ 洪景厚 (대예 2명)
隨陪 1인, 뇌자 2명, 영기수 2명

果川縣監/ 金履裕
수배 1인, 뇌자 2명, 영기수 2명

良才察訪/ 李應燁, 隨陪 1인

행차에 쓰인 모든 물품의 비용과 지급된 돈 등의 재용(財用)

진청(賑廳)을 옮기고 머무는 데 들어간 비용

화성에 빌려 준 이자돈 26,000냥, 관서 철산 등 3읍의 아전의 포작전(逋作錢, 포흠의 준말로 국유 또는 공유물을 사사로이 소비하여 축내는 일. 작전은 세를 징수할 때 곡식 대신 값을 쳐서 돈으로 내게 하는 일) 31,081냥 8전, 덕천의 환곡 작전 14,220냥, 호남의 무미작전(貿米作錢) 중에서 쓰고 남은 것 24,800냥, 모조(耗條)작전 6,960냥으로, 총수입 103,061냥 8전.

지붕 있는 가교, 교군 6인, 가마를 만들고 보수하는데 드는 비용, 기명 조성에 4,267냥 9전 8푼.
본소에서 사용하는 무명과 베의 가격이 5,612냥.
혜청 무명이 51동(同, 피륙 1동=50필) 33필 13자 2치로 매필의 가격을 2냥씩.
베가 8동 45필 4자로 매필의 가격을 1냥씩 상하가 취용한다.
도청의 다양한 기명을 마련하는데 5,014냥 3전 8푼.
노량참이 504냥 1전 4푼, 본진(本鎭)에서 지붕이 있는 수레를 만드는데 84냥 4전 4푼.
시흥참이 1,292냥 6전 6푼.
사근참이 551냥 4전 9푼.
화성참이 6,933냥 7전, 준화상은 38냥.
원소참이 293냥 6전.
각종 조화의 가격이 990냥 8전 7푼.
겹 소차(小次, 거둥 때 임금이 잠깐 쉬기 위하여 막을 쳐 놓은 곳) 배설에 100냥.
기영이 다스리는 3참에 진배하는 잡물과 교량·은구 등에 8,316냥 4전 4푼.
내외빈 이하 각사(各司)의 반전(盤纏, 여비·노자)이 14,218냥 9전 4푼.
무예청의 군복·마삯·양식과 반찬에 1,089냥 7전 8푼.

사복시에서 옷감, 상전(賞格=賞典, 공로의 대소에 따라 상을 주는 격식), 군사에게 음식을 주어 위로하는데 드는 비용, 참(站)의 상 및 특별상전에 드는 비용을 합하여 1,531냥 4전 7푼이고, 명령을 기다리는 역자의 의복에 드는 비용이 25냥 4전.
임금의 대가(大駕)에 수행하는 각영의 남자[乾]에게 음식을 주어 베푸는 데 954냥 9전 9푼.
시유(柴油, 땔나무와 기름), 횃불과 촛불[炬燭] 및 명령을 기다리는 여러 종류의 촉(燭) 가격이 758냥 6전 1푼.
지필묵 355냥 9전 4푼.
아전[員役]과 장교 및 나졸[校卒]의 급료, 빌린 군복과 식량비가 513냥 2전 7푼.
여러 종류의 상전에 1,316냥. 사복(司僕)에서의 상전은 들어가지 않는다.
어사(御射) 때 여러 종류의 상전에 73냥.
화성의 둔(屯) 설치에 10,000냥.
제주도 구율민에 필요한 자재 10,000냥.
정리소 소유의 곡식 가격 20,000냥.
여러 가지의 상하(上下)로 부족한 돈 1,000냥.
궁중에 들여 놓는 진찬도 병풍 및 당랑 이하 계병(稧屛, 상호부조나 친목을 도모하게 위해 만드는 병풍)의 가격 2,550냥.
각종 물건을 운반하고 짐을 싣는 비용 및 기타 비용 1,651냥 5전 8푼.

이상 100,038냥 6전 8푼 사용.
남아 있는 돈 3,023냥 1전 2푼 및 장용영 군물(軍物, 군대에서 쓰는 무기, 깃발 따위) 소용에서 가지고 없앤 무명과 베 가격을 돈으로 다시 받아들인 것 1,319냥 7전, 이들 모두 의궤청에 이송한다.

옮겨온 혜청(惠廳)의 회록미(會錄米, 정부 소유의 곡물을 본 창고에 두지 못하여 다른 창고에 보관한 쌀) 80섬, 호조에 남아 있는 면주(綿紬) 3동, 본소(本所)에서 무역하여 가져온 무명 51동 33필 13자 2치 및 베가 8동 45필 4자. 도청에서 여러 가지 마련한 무명이 37필 22자.

겹소차를 배설하는 데 무명 2동, 베 1동.
액정서의 옷감에 소용되는 무명 28필.
무예청의 옷감에 무명 6동 12필.
본소의 아전·장교·나졸의 삭하(朔下, 급료) 및 군복용 무명이 6동 36필 24자 4치, 사령과 기수의 급료미가 54섬 1말.
장용영의 군물에 소입되는 무명이 12동 49필 1자 8치로 매필의 가격을 2냥씩 환봉(還捧)한다.
베가 21필 21자로 매필의 가격을 1냥씩 환봉한다. 쌀 20섬 7되 7홉.
상전을 위한 무명〔賞格木〕이 19동 38필, 베가 7동 19필, 면주는 1동 2필, 쌀 1섬.
어사 때 여러 가지 상전에 소용되는 무명이 7필.
화성 진찬 때에 여러 가지 상전용으로 내리는 내입(內入, 궁중에 물건을 들임)되는 무명이 1동 41필, 명주가 1동 48필.
기타 무명이 34필, 베가 4필 18자.

이상 무명 51동 33필 13자 2치, 베 83동 45필 4자, 명주 3동, 쌀 75섬 2말 2되 7홉, 여미(餘米) 4섬 13말 2되 3홉을 의궤청에 이송한다.

각 참의 찬품 소입과 준비

각 참에 소입한 것은 본소에서 전기(前期) 상하로 나누어 찬품을 마련한다. 각 참에서는 수시로 양을 잘 헤아려 거행하고, 찬품과 그릇수〔器數〕는 찬품 항목에 나타난 바와 같다.(각 항목별 가격의 단위는 모두 1그릇 기준)

자궁 수라상
죽수라도 같다.
밥 1냥(죽 1기도 반 1기와 같다), 국 1냥, 조치(2기) 각 2냥, 구이 3냥, 편육 2냥, 저냐 2냥, 자반 2냥, 젓갈 1냥, 채(菜) 5전, 침채 5전, 담침채 5전, 청장(淸醬) 1전. 이상이 주요 상차림〔元

盤)이다. 탕 2냥, 각종 적 3냥, 각종 어육 2냥, 이상은 원반이다.

대전 수라상
죽수라도 같다.
밥 1냥(죽 1기도 반 1기와 같다), 국 1냥, 조치 2냥, 구이 3냥, 자반 2냥, 침채 5전, 담침채 5전, 청장 1전.

청연군주·청선군주의 진지 및 죽진지상은 대전 수라상과 같다.

자궁 반과상
조다(早茶)·주다(晝茶)·만다(晚茶)·야다(夜茶)·별반과(別盤果)도 같다.
떡 6냥(별반과 때는 11냥), 약밥 3냥, 국수 1냥, 약과 15냥, 다식과 7냥 5전, 각종 다식 6냥(별반과 때는 10냥 5전), 각종 강정 5냥 6전(별반과 때는 11냥), 홍백빙사과(氷絲果) 8냥, 연사과(軟絲果) 5냥 6전, 각종 당 10냥(별반과 때는 12냥), 조란·율란 5냥(별반과 때는 7냥), 유자 12냥, 배 7냥 5전, 밤 2냥 5전, 산약(山藥) 3냥(별반과 때는 5냥), 각종 정과(正果) 9냥(야다 때는 7냥, 별반과 때는 12냥), 수정과 1냥, 별잡탕 6냥(야다 때는 5냥), 열구자탕 6냥, 완자탕 4냥(야다 때는 3냥), 편육 7냥(야다 때는 5냥, 별반과 때는 10냥), 각종 저냐 7냥(별반과 때는 11냥), 각종 화양적(花陽炙) 5냥, 닭찜 5냥, 해삼찜 11냥, 각종 어채(魚菜) 4냥(별반과 때는 5냥), 생선회 2냥, 꿀 3전, 초장 1전, 겨자 2전.

대전 반과상
주다·만다·야다도 같다.
떡 6냥, 약밥 3냥, 국수 1냥, 다식과 4냥 5전, 각종 당 8냥, 정과 6냥, 탕 2냥, 저냐 5냥, 꿀 3전, 초장 1전.

청연군주·청선군주의 반과상은 대전반과상과 같다

재용(財用)

자궁 찬안
떡 23냥, 약밥 5냥, 국수 1냥, 약과 30냥, 만두과 20냥, 다식과 20냥, 흑임자다식·송화다식·밤다식·홍갈분(紅葛粉)다식 각 1기 각15냥, 산약다식 10냥, 삼색강정 각 1기 각 20냥, 삼색연사과 각 1기 각 15냥, 홍백감사과 각 1기 각 10냥, 삼색요화(蓼花) 각 1기 각 15냥, 각종 팔보당·인삼당·오화당 각 1기 각 15냥, 조란·율란·강란 각 1기 각 15냥, 용안·여기 20냥, 밀조·건포도 20냥, 민강 15냥, 귤병 20냥, 유자 24냥, 석류 24냥, 배 25냥, 준시 20냥, 밤 5냥, 황율 7냥, 대추 10냥, 대추찜 12냥, 호두 5냥, 산약 7냥, 잣 7냥, 각종 정과 15냥, 수정과 3냥, 배숙[梨熟] 10냥, 금중탕(錦中湯) 3냥, 완자탕 4냥, 저포탕 4냥, 계탕 2냥, 홍합탕 5냥, 편육 10냥, 절육 50냥, 생선저냐 30냥, 꿩저냐 10냥, 전치수(全雉首) 7냥, 화양적 8냥, 꿩찜 3냥, 숭어찜 2냥, 해삼찜 13냥, 어린돼지찜 10냥, 각종 만두 3냥, 어만두 4냥, 어채 5냥, 생선회 2냥, 숙합(熟蛤)회 2냥, 숙란 2냥, 꿀 1냥, 초장 1전, 겨자 2전.

소별미상
미음 5전, 떡 2냥, 침채만두 1냥, 각종 유밀과 2기 각 2냥, 실과 2기 각 1냥 5전, 정과 3냥, 잡탕 2냥, 열구자탕 6냥, 어만두 4냥, 저포(猪胞) 2냥, 꿀 3전, 초장 1전.

대전 찬안
떡 12냥, 약밥 4냥, 국수 1냥, 약과 16냥, 각종 다식·각종 연사과 10냥, 각종 강정 10냥, 민강 10냥, 귤병 14냥, 유자·석류 10냥, 배 15냥, 준시 12냥, 밤 2냥 5전, 정과 10냥, 수정과 2냥, 금중탕 3냥, 완자탕 4냥, 편육 6전, 절육 28냥, 각종 저냐 15냥, 생선회 2냥, 꿀 1냥, 초장 1전, 겨자 2전.

소별미상
미음 5전, 떡 2냥, 침채만두 1냥, 유밀과 2냥, 실과 1냥 5전, 정과 3냥, 잡탕 1냥, 열구자탕 6냥, 저포 2냥, 꿀 3전, 초장 1전.

청연군주·청선군주의 연상(宴床) 및 소별미상은 대전의 찬안상 및 소별미상과 같다.

내빈·궁인 및 제신 이하 아전에게 제공되는 반가(飯價) 준비

내빈상

아침과 저녁밥, 아침죽, 낮음식, 야찬 모두를 포함한다.

밥 2전, 죽 1전, 국 2전, 조치 5전, 자반 4전, 적 4전, 젓갈 1전, 침채 1전, 간장 2푼, 국수 1전, 탕 5전, 떡 5전, 실과 5전, 편육 5전, 저냐 7전, 꿀 1전, 초장 3푼.

궁인

밥 3합 2냥, 국 3합 3냥, 적 30곶 6냥, 채 3합 3냥.

외빈 및 본소당랑 각신 이하 아전에게 제공된 밥은 매끼를 합하여 22냥 7전.

각 방에 땔나무와 기름을 청구하여 준비

당상방에 매달 2냥 7전 / 매일 9푼씩 탄가(炭價, 숯값) 모두 들어감. 숙직할 때에는 매일 시가(柴價, 땔나무)를 상하의 방에 6푼씩 추가하며, 상하방에서 소모되는 초는 상하방에서 사용되는 바에 따라 들어가는 대로 값을 친다.

도청방에 매달 1냥 8전 / 매일 6푼씩 탄가 모두 포함.

낭청방 3개처, 매처에 매달 1냥 8전 / 매일 6푼씩 탄가 포함. 숙직할 때는 시유가(柴油價)를 상하 8푼씩 추가한다.

장교방에 매달 3냥 / 매일의 낮과 밤 당직의 시유탄가 합하여 1전씩.

서리방 1처, 창고지기방 1처에 매달 3냥 6전씩 / 매일의 낮과 밤 당직의 시유탄가 합하여 1전 2푼씩.

사령 숙직이나 일직의 시유가는 매달 1냥 5전 / 매일 5푼씩.

관청에 들어가 숙직하는 기수의 시유가는 매달 2냥 4전 / 매일 8푼씩.

아전의 급료 준비
서리 16인과 서사 1인 및 창고지기 3명에게 각각 무명 2필.
사령 5명에게 각 무명 1필과 쌀 2말.
문서직 2명과 사환군 10명에게 각 무명 1필.
차모(茶母) 1명에게 2냥.
정원대령서리(政院待令書吏)에게 무명 1필.
군사 1명에게 2냥.
사환기수 68명에게 각 쌀 2말.

장교 아전의 군복을 청구하여 준비
교련관 6원(員)에게 각 무명 3필과 전대(戰帶)에 들어가는 돈 1냥 및 상모(象毛) 3전.
별무사 5인에게 각 무명 2필 대신에 돈 4냥과 전대에 들어가는 돈 1냥 및 상모에 3전.
서리 16인에게 각 무명 1필과 3새(升, 피륙을 세는 단위)의 3필 대신에 돈 6냥 및 남화주(藍禾紬) 2자 5치 대신에 돈 1냥과 상모(象毛) 5전 대신에 돈 2전.
서사 1인에게 무명 1필과 3새의 2필 대신에 돈 4냥 및 남화주 2자 5치 대신에 돈 1냥과 상모 5전 대신에 돈 2전.
창고지기 3명에게 각 무명 2필, 사령 5명과 문서직 2명 및 사환군 10명에게 각 무명 1필.

궁중에 들여 놓는 진찬도 병풍 및 당랑 이하의 계병풍을 청구하여 준비
궁중에 들여 놓는 대병풍은 3좌로 매좌의 가격은 100냥.
중병풍은 3좌로 매좌의 가격은 50냥.

총리대신 1원(員)과 당상 7원(員) 및 낭청 5원에게 각 대병풍 1좌인데 가격은 80냥.
감관 2원에게 각 중병풍 1좌인데 가격은 30냥.
별부료(別付料) 1인과 장교 11인에게 각 20냥, 서리 16인에게 각 30냥, 서사 1인과 창고지기 3명에게 각 15냥. 대령서리 2인과 사령 5명에게 각 5냥. 문서직 4명에게 각 4냥, 사환군 9명과 대청군사 1명 및 대령군사 1명 기수 72명에게 각 2냥.

상전(賞格)의 활과 화살 대금을 준비
서총대 상전은 본소에서 반급(頒給, 임금이 봉록이나 물건을 나누어 줌)하고, 이를 상하(上下)가 따른다.
후궁(帿弓) 1장(張)에 돈 4냥. 장궁(長弓) 1장에 3냥 5전. 상현궁(上弦弓) 1장에 3냥. 통개〔사통(射筒) 죽통(竹筒)〕 1부(部)에 5냥. 궁시 1부에 4냥 5전. 궁전(弓箭, 활과 화살) 1부에 4냥. 장편전(片箭, 짧고 작은 화살) 1부에 7전, 장전(長箭) 1부에 1냥 5전.

정조의 화성행차, 그 8일

지은이 한영우
1998년 9월 30일 초판 1쇄 발행
2013년 10월 25일 초판 5쇄 발행

펴낸곳 효형출판
펴낸이 송영만

표지 디자인 DESIGN SEED

인쇄 대신문화사

등록번호 제406-2003-031호
등록일자 1994년 9월 16일
주소 경기도 파주시 교하읍 문발리 파주출판도시 532-2
전화 031·955·7600
팩스 031·955·7610
홈페이지 www.hyohyung.co.kr | **이메일** editor@hyohyung.co.kr

ⓒ Han YoungWoo, 1998
ISBN 89-86361-20-5 03910

※ 이 책에 실린 글은 효형출판의 허락 없이는 옮겨 쓸 수 없습니다.

값 20,000원